普通高等教育体育旅游类“十三五”精品教材系列

New Perspectives on the Development of Sports Tourism

体育旅游发展新论

主编◇曾博伟　张晓宇

中国旅游出版社

前 言

开创体育旅游产业的美好未来

体育产业是极具增长潜力的产业，旅游产业是蓬勃发展的朝阳产业。党中央、国务院高度重视体育旅游的发展。2009年，《国务院关于加快发展旅游业的意见》提出，大力推进旅游与文化、体育、农业、工业、林业、商业、水利、地质、海洋、环保、气象等相关产业和行业融合发展。2010年，《国务院办公厅关于加快发展体育产业的指导意见》要求，发挥体育产业的综合效应和拉动作用，推动体育产业与文化、旅游、电子信息等相关产业的复合经营，促进体育旅游、体育出版、体育媒介、体育广告、体育会展、体育影视等相关业态发展。2014年，《国务院关于加快发展体育产业促进体育消费的若干意见》明确要求，发展健身休闲项目。大力支持发展健身跑、健步走、自行车、水上运动、登山攀岩、射击射箭、马术、航空、极限运动等群众喜闻乐见和有发展空间的项目。鼓励地方根据当地自然、人文资源发展特色体育产业，大力推广武术、龙舟、舞龙舞狮等传统体育项目，扶持少数民族传统体育项目发展，鼓励开发适合老年人的休闲运动项目。2014年，《国务院关于促进旅游业改革发展的若干意见》指出，积极推动体育旅游，加强竞赛表演、健身休闲与旅游活动的融合发展，支持和引导有条件的体育运动场所面向游客开展体育旅游服务。2016年，《“十三五”旅游业发展规划》中也明确要求：促进旅游与体育融合发展。编制体育旅游发展纲要，建成一批具有影响力的体育旅游目的地，建设一批体育旅游示范基地，推出一批体育旅游精品赛事和精品线路。培育具有国际知名度和市场竞争力的体育旅游企业和品牌。引导和鼓励特色体育场馆、设施和基地向旅游者开放共享。支持有条件的地方举办有影响力的体育旅游活动。2016年10月，国务院办公厅出台《关于加快发展健身休闲产业的指导意见》，对健身休闲产业发展提出了指导思想和一系列工作部署，大力发展体育旅游产业成为其中的一大亮点。从宏观层面要求制定体育旅游发展纲要，实施体育旅游精品示范工程，编制国家体育旅游重点项目名录，发展一批体育旅游示范基地；从微观层面要求支持和引导有条件的旅游景区拓展体育旅游项目，鼓励国内旅行社结合健身休闲项目和体育赛事活动设计开发旅游产品和路线。这为体育旅游下一阶段的发展指明了方向。

发展体育旅游产业，首先需要从不同的视角来理解体育旅游。总体来看，休闲是时间的视角，即工作之余闲暇时间的安排；旅游是空间的视角，即离开日常生活环境，前往异地，陶冶身心的一种行为；体育是活动方式的视角，即包含身体锻炼、游戏、竞争要素的身体运动。因此，从休闲的角度看，体育旅游是居民将一部分闲暇时间用于前往异地从事身体运动；从旅游的角度看，体育旅游主要是以身体运动为主要目的的一种旅游产品；从体育的角度看，体育旅游大体与时下热门的户外运动所包含的内容一致。可以说，不论从哪个视角看，体育旅游都是值得大力发展的一个产业。具体而言，有以下三个方面的问题值得引起体育业界和旅游业界的关注。

一、促进体育与旅游的共荣共兴

体育与旅游关系密切，体育与旅游的共荣共兴并非生拉硬扯，而是现实的需要。其一，体育、旅游都与民众的生活息息相关。如果说，过去“发展体育运动，增强人民体质”更多是国家号召的话，现在随着生活水平的提高，特别是民众对身体健康的重视，体育已经成为我国民众生活内容中的重要选项。更为重要的是，民众体育活动的方式也不再局限于广播体操、乒乓球、篮球、羽毛球等日常性体育活动，而是利用周末、大小长假、带薪休假的时间，越来越多地前往外地参加各类户外运动。同样，旅游也从过去的“奢侈品”变成了如今生活的“必需品”。目前中国城乡居民人均出游次数已经达到3次，2016年的国务院政府工作报告更是旗帜鲜明地提出了“迎接正在兴起的大众旅游时代”。按照马斯洛的需求层次理论，体育和旅游对应的主要是社会交往、尊重和自我实现等中高层次需要。这也就意味着，经济社会越发展，体育和旅游发展潜力越大。

其二，体育、旅游都是“扩内需、促消费”的重要领域。随着我国经济进入新常态，经济下行压力加大，扩内需、促消费的任务更为迫切。特别是在供给侧结构性改革的大背景下，去产能、去库存之后如何培育经济新动能和增长点，实现新旧动能的转换是各级党委政府经济工作中的头等大事。体育和旅游对应着新兴消费领域，具有广阔的发展前景。此外，体育和旅游都不同程度存在经济不景气时销量上升的“口红效应”。因此，在我国未来的经济增长中，二者的分量自然会不断加重。

其三，体育、旅游都是体验经济和幸福产业。随着城乡居民物质生活的充裕，我国经济已经总体告别了物质资料的短缺。在这样的背景下，更多的人将不再关注占有多少物质，而是关注在有限的生命中能有多少体验。体育和旅游都是丰富体验的重要途径，因此必将在体验经济中占据重要位置。此外，2016年李克强总理在夏季达沃斯论坛中，明确把旅游、文化、体育、健康、养老定位为五大幸福产业。未来随着小康社会建设进程的加快，旅游和体育也无疑会迎来更大的发展机遇。这样，面向未来，促进体育和旅游两大产业的发展都有非常重要的意义。

二、推进体育与旅游的互补互促

体育和旅游具有很好的互补性，二者之间的融合发展具有天然的优势。其一，从发展角度看，体育是旅游业最值得充分利用的资源，旅游则是体育业最好的市场渠道。当前，我国旅游业正在从以观光旅游为主向以度假旅游为主的发展模式转变。在这个过程中，如何利用不同的资源打造具有吸引力的旅游产品，是旅游业界极其关注的问题。体育实际上为度假旅游提供了重要的内容支撑。比如海洋旅游，如果仅仅是观光，很难有吸引力，而仅仅是相对静态地躺在海边晒太阳，内容也颇为单调，但如果依托大海，开展帆板、冲浪、游艇、垂钓、沙滩排球、潜水等体育活动，体验感将会很丰富。对体育而言，非常重要的是要扩大运动项目的覆盖面，特别是要将过去主要由专业运动员从事的竞技类体育活动拓展为广大民众参与的活动，而旅游则为各类体育活动的普及提供了重要平台。

其二，从发展历程看，过去我国发展体育更多和中华民族的崛起与复兴连接在一起，这样体育关注的重点自然就是竞技体育，就是在奥运会等国际重大赛事中多拿金牌。随着中国已然成为竞技体育大国以及国民心态的变化，发展体育的重心必然会转移到关注民众的身体健康上来。正因为如此，如何通过政府和市场的力量，扩大体育的规模和领域，促进体育产业的发展自然也就成了政府和民众关心的问题。对旅游而言，从改革开放之初，就把工作的重心放到了扩大旅游市场，发展旅游经济上。经过 40 年的发展，中国旅游业已经具备相当的规模，据国家统计局的测算，2016 年，旅游产业增加值已经占到 GDP 比重的 4.44%。目前旅游业已经成为国民经济的重要产业，并正在向国民经济的战略性支柱产业迈进。体育和旅游的不同发展历程，使得二者之间有巨大的借鉴和合作空间。

其三，从发展属性看，体育和旅游都具有产业属性和事业属性两方面的特质。相较而言，体育的事业属性发育更好，但产业属性比较弱；而旅游的产业属性强，事业属性弱。未来体育和旅游都同时面临着促进产业和事业协调发展的问题。这就要求体育界和旅游界在战略层面开展更多合作，以促进二者的共同发展。

三、实现体育与旅游的联动联合

体育和旅游都是国家层面关注的热点，近年来国家体育部门和国家旅游部门采取了一系列措施来推动体育旅游的加快发展。2016 年，国家体育总局和原国家旅游局签署了《关于推进体育旅游融合发展的合作协议》；同时两个部门还共同发布了《关于大力发展体育旅游的指导意见》，就引领健身休闲旅游发展、培育赛事活动旅游市场、培育体育旅游市场主体、提升体育旅游装备制造水平、加强体育旅游公共服务设施建设等方面工作做了全面部署，并且提出“到 2020 年，在全国建成 100 个具有重要影响力的体育旅游目的地，建成 100 家国家级体育旅游示范基地，推出 100 项体育旅游精品赛事，打造100条体育旅游精品线路，培育100家具有较高知名度和市场竞争力的体育旅游企业与知名品牌，体育旅游总人数达到10亿人次，占旅游总人数的15%，体育旅游总消费规模突破1万亿元”。这为体育旅游的发展指明了方向。2017年7月国家体育总局和原国家旅游局又共同发布《“一带一路”体育旅游发展行动方案》，提出“加大体育旅游宣传力度、培育体育旅游重点项目、加强体育旅游设施建设、促进体育旅游装备制造、推动体育旅游典型示范、发展体育旅游目的地、打造体育旅游合作平台、强化体育旅游智力支撑”八大行动以及配套的20项任务。除此之外，两个部门还在2017年和2018年分别在江苏无锡和海南海口共同举办了两届全国体育旅游大会，极大地推动了体育旅游的快速发展。

此外，全国许多地方也在探索体育旅游发展方面做了很多有益的尝试。上海、浙江、安徽、广东等省(市)已经推出了促进体育旅游发展的政策文件和工作举措。像浙江的富阳、安徽的黄山、深圳的大鹏新区等地，体育旅游产业已经成为当地经济发展的重要组成部分，并展现出良好的发展前景。

未来，旅游和体育部门有必要顺势而为、乘势而上，加强联合，通过共同引导建设不同类型的体育旅游示范基地，来培育和激发巨大的市场潜力；通过共同制定和推广标准等方式，来规范体育旅游的发展和提升体育旅游的服务水平；通过共同推动重点领域的体育旅游发展，迅速提高体育旅游在体育产业和旅游产业中所占的份额；通过共同调动社会资本的投入，来增强体育旅游产业发展的后劲。我们有理由相信，只要体育和旅游各个方面的力量团结起来，就一定能够开创体育旅游产业的美好未来！

目　录

第一章

体育旅游概述

第一节 发展背景

一、经济发展背景

改革开放前，我国经济发展速度相对较慢，人们的温饱问题还难以解决，包括体育旅游在内的旅游业还是一块待开垦的“处女地”。自1978年改革开放至今，我国的经济已经持续高速增长四十年，特别是进入21世纪以后，我国的经济总量不断上升，迅速成长为全球第二大经济体。伴随经济的快速发展，我国城乡居民人均收入稳步提升，生活水平极大改善，旅游也因此从“旧时王谢堂前燕”开始“飞入寻常百姓家”。2016年，旅游产业增加值占到GDP比重的4.44%。旅游业已经成为国民经济的战略性支柱产业。同时，随着中国经济发展进入新常态，经济下行压力加大，扩内需、促消费的任务更为迫切，体育和旅游作为“扩内需、促消费”的重要领域，二者之间的融合不断深入，体育旅游也因此展现出广阔的市场前景，并逐渐成为人们外出旅游的一种新选择。

二、社会发展背景

随着人们生活水平的提高，特别是民众对身体健康的重视，体育运动已经成为我国民众生活内容中的重要选项。更为重要的是，民众体育活动的方式也不再局限于广播体操、乒乓球、篮球、羽毛球等日常性体育活动，而是越来越多地利用周末、大小长假、带薪休假的时间，外出参观重要体育比赛，以及参加各类户外运动。同样，旅游也从过去的“奢侈品”变成了如今生活的“必需品”。目前我国职工平均年法定休息日为125天（其中法定节假日11天，周休日104天，职工带薪年休假平均10天），已超过全年时间的1/3，闲暇时间的大幅增加，为人们体育健康休闲活动提供了时间的保障。2017年，中国城乡居民年人均出游已经接近4次，旅游业的发展方兴未艾。2016年的国务院政府工作报告更是旗帜鲜明地提出了“迎接正在兴起的大众旅游时代”。2017年，李克强总理又提出要培育旅游、文化、体育、健康、养老五大幸福产业。再加上现代科技的发展，让人们能够更便捷的得知全球各种资讯，极大地刺激了人们的消费意识。这些社会发展条件都进一步催生了体育旅游的发展。

三、产业发展背景

（一）旅游业发展简况

从市场潜力看，目前旅游业的发展正进入“黄金时代”。过去60年，世界旅游业收入年均增长率达6.9%，每隔十年左右就会翻番。2016年国际游客数量达到13.22亿人次，预计2025年，会达到18亿人次。在中国，2017年国内旅游人数超过50亿人次，增长12.8%，中国国内旅游市场居世界第一，改革开放以来增长了20倍；入境游客1.39亿人次，改革开放以来增长70多倍；出境旅游1.3亿人次，是世界第一大旅游客源国；旅游总收入5.4万亿元，旅游业对GDP的综合贡献率达到11.04%；旅游直接间接就业7990万人。

从政府的支持力度来看，我国的旅游业发展宏观环境不断优化，国务院于2001年发布《关于进一步加快旅游业发展的通知》强化21世纪的旅游发展之路。最近几年国务院又相继发布了《关于加快发展旅游业的意见》《国民旅游休闲纲要（2013—2020年）》《关于促进旅游业改革发展的若干意见》等文件，2013年《中华人民共和国旅游法》正式出台，这都进一步促进了我国旅游业的健康发展。目前，我国几乎所有的省区市都把旅游业作为战略性支柱产业加以重点培育；85%以上的城市、80%以上的区县将旅游业定位为支柱产业。可以说，我国旅游业迎来了前所未有的发展机遇。

（二）体育产业发展简况

总体而言，体育产业市场化的发展要晚于旅游业。随着人们健康运动意识的加强，体育产业开始逐步发展。近几年随着国家政策的密集出台，体育产业进入高速发展期。2010年3月，发布《关于加快发展体育产业的指导意见》（国办发〔2010〕22号）；2011年2月，发布《全民健身计划（2011—2015年）》；2014年10月，发布《关于加快发展体育产业促进体育消费的若干意见》（国发〔2014〕46号）；2016年10月，发布《健身休闲产业的指导意见》（国办发〔2016〕77号）。这些政策的出台，为我国体育产业的健康可持续发展起到了很好的引导作用。

据2013年第六次全国体育场地普查数据显示，全国体育场地数达到169.46万个。到2014年年底，全国经常参加体育锻炼的人数比例达到33.9%，比2007年提高了5.7个百分点。社会体育指导员已超过170万人，职业社会体育指导员达到12万人。2016

年，中国体育产业总规模达到 1.9 万亿元，体育产业增加值占同期 GDP 的比重是 0.9%。

在政府相关政策的引导下，我国居民健康运动意识开始觉醒，越来越多的人投入到体育运动中，体育产业得到了前所未有的发展机遇。

（三）体育和旅游融合发展

体育和旅游都是综合性很强、产业边界很广的产业，二者的融合有很强的产业基础和市场基础。

2016 年，原国家旅游局、国家体育总局联合发布《关于大力发展体育旅游的指导意见》，文件强调要大力发展体育旅游，强调要丰富旅游产品体系、拓展旅游消费空间、推动全民健身和全民健康深度融合、推动体育产业提质增效及培育经济发展新动能、拓展经济发展新空间。2017 年，国家体育总局和原国家旅游局发布《"一带一路"体育旅游发展行动方案（2017—2020 年）》，这使得"体育 + 旅游"的模式在政府层面的合作基础更加牢固。为了进一步推动体育旅游的发展，2017 年 5 月，国家体育总局发布的《关于推动运动休闲特色小镇建设工作的通知》，明确指出"到 2020 年，在全国扶持建设一批体育特征鲜明、文化气息浓厚、产业集聚融合、生态环境良好、惠及人民健康的运动休闲特色小镇"。目前，我国已经在全国范围内（除港澳台）初步选定了 96 个体育小镇示范性试点，以推动我国的体育旅游小镇的建设与发展。

第二节　发展历程

体育旅游与人类旅游活动的产生、发展相伴相随，从人们的旅游动机中可以直接地看到这一点。人们的旅游动机主要有五种类型：身体方面动机、文化方面动机、人际（社会交往）方面动机、地位和声望方面动机、购物方面动机。而这其中，身体方面的动机是人们外出旅游的主要动机之一，即人们以度假休闲、强身健体、康复医疗为动机而外出旅游。

一、国外体育旅游发展历程

（一）早期体育旅游的发展

体育旅游最早的文献记录可以追溯到公元前 776 年的奥林匹克运动会。从公元前 776 年至公元 393 年，在古希腊曾举办过 292 届古代奥林匹克运动会，历届奥林匹克运动会均可吸引 4 万多名来自希腊各地的观众[①]。人们在同一时间通过陆路、海路等不同的

---

① Van Dalen D B, Bennett B L. A world history of physical education: cultural, philosophical, comparative [J]. A World History of Physical Education Cultural Philosophical Comparative, 1953, 3 (1): 72-74.

交通方式前往同一目的地。运动会期间几乎所有人都没有其他任何安排[①]。

当时运动会中的旅游行为，被作为一种政治工具加以强调、利用。体育旅游被认为有助于加强不同种族、不同文化间的紧密联系，因此古代运动会的主要目的就是强化人们的文化融合观念。

16 世纪开始，交通运输的快速发展使得人们的旅行变得容易，因此人们参加体育旅游的机会也大大增加。从 16 世纪开始至 19 世纪期间的“欧洲皇室旅游”促进并加速了欧洲各地社会财富在不同目的地之间的流动。而“大旅行”（也译为欧洲皇室旅游）对体育旅游产生了实际、广泛的影响。欧洲皇室旅游是早期旅游业的典型代表，它设计了专门的旅游线路，带动了旅游设施的发展，是早期体育旅游的雏形。尽管“大旅行”主要针对上层阶级，但它毕竟为大众旅游的发展奠定了基础，并推动着大众旅游的不断发展。与此同时，欧洲皇室旅游不仅开创了阿尔卑斯旅游的先河，也对体育旅游的发展产生了重大意义。

随着旅游业在欧洲的不断发展，一些特色的赛事（如格斗比赛和赛车）在欧洲逐渐兴起。同时，还出现了一种新的时尚旅游运动——水浴。欧洲的一些城镇因其水浴设施完备而逐渐成为旅游胜地，如比利时的斯帕（SPA）小镇、德国的 Baden-Baden、以色列的 Tiberias 和英国的 Bath 等[②]。

（二）工业革命时期体育旅游的发展

19 世纪以前，交通工具和道路等交通设施都相对落后，而且交通成本十分昂贵，落后的交通运输制约了 19 世纪以前体育旅游的发展。

Vamplew 指出，铁路的发展“是英国体育发展的革命”，它使体育竞技者能够参加全国性的比赛，同时扩展了体育馆中的可达范围[③]。

铁路的发展是工业革命的产物，而体育旅游是伴随着城市化进程的不断加速以及人们对体育旅游需求的增加而不断发展起来的，有关城市工业化发展对体育旅游活动影响的认识逐渐出现了两大趋势：一是体育的发展要求参与者自己前往目的地；二是体育活动的发展能带来旅游观光者。

对于体育旅游参赛者来说，一种是为了参加体育比赛而旅行；另一种是为了使用运动设施或资源，而这些设施或资源是参与者所在地没有的，因此他们慕名前往目的地。

随着体育赛事商业化和职业化的不断发展，数量可观的观众也日益成为其发展的重要因素。1860—1913 年，实际工资增长率高达 91%。由于人们可自由支配的收入在历史上第一次大规模地增加，加上休闲时间的增多以及铁路的发展所带来的旅行便利，使体育观众人数迅速增长。铁路的发展使得体育赛事迅速加入到滨海旅游的行列，并成为

① Finley M I，Pleket H W. The Olympic games：the first thousand years［M］.New York：Viking Press，1976.

② Kurtzman J，Zauhar J. Sport Tourism，by Joy Standeven and Paul DeKnop. Human Kinetics Europe［J］. International Journal of Tourism Research，2002，4（4）：356.

③ Vamplew W. Pay up and play the game［M］. Cambriage：Cambridge Vniversity Press，1988.

工薪阶层休闲生活的一部分。出游能力的增强不仅使人们可以前往目的地支持他们的球队，也丰富了旅游本身的经历。

（三）20世纪体育旅游的发展

体育旅游具有的经济、社会文化作用已受到世界范围内的认可，得到了国际上的广泛重视。在20世纪初，“带薪假期”运动和“带薪假期法案”的颁布，使每一个工人都可以享受到带薪年假的待遇，因此大多数工薪阶层都有机会享受体面的假期。20世纪后半叶，随着国际旅游业的迅猛发展，体育旅游得以快速发展。工作日的不断减少，使人们可用于休闲度假的时间明显增多，加上可支配收入的增加以及交通运输条件的不断改善（尤其是汽车和飞机的使用），使普通大众不仅可以大规模地出游观看比赛，而且可以跨地区地参加比赛。

因此，对旅游者来说，参与体育活动的旅游方式显得愈加重要。越来越多的旅游目的地把体育赛事和体育活动纳入旅游产品体系以丰富和充实旅游产品，体育旅游项目日渐丰富并趋向多元化，如帆船、冲浪、攀岩、漂流、探险、高尔夫和网球等。

国际旅游的发展也带来了各种体育旅游形式的繁荣，例如，国际经济体育活动的增加必然会刺激运动员和观众人数的增加，冬季体育运动的发展和多种形式的体育假期的产生都会吸引人们前往独具特色的目的地参与比赛或观赛。20世纪末，许多国家的政府都开始意识到某种体育的形式，特别是大型体育赛事可以吸引游客、繁荣经济，于是开始积极申办大型国家体育赛事。很多城市通过刺激体育的发展而带动旅游和经济的发展，从而使经济和环境都得到改善。另外，旅游与体育部门的合作也更加紧密。1999年世界旅游组织（UNWTO）和国际奥委会（IOC）开始在体育方面与旅游方面进行合作；2004年的第25个世界旅游日的主题就被定为“体育与旅游”。

综上所述，国外体育旅游得到迅速发展主要原因有：首先，铁路的发展带来旅行便利；其次，工业化的发展，使人们可自由支配收入大幅度提高，且闲暇时间的增加也使得一些商业化和职业化的体育赛事拥有数量可观的观众；最后，拥有特殊旅游资源和设施的旅游目的地吸引了大批旅游者，如从1890年起，阿尔卑斯山滑雪逐渐成为探险旅游者最喜爱的活动之一，而其他有影响力的体育旅游活动有登山、徒步远行、观看国际曲棍球比赛以及足球联赛等。

二、国内体育旅游发展历程

（一）体育旅游的萌芽阶段（1985年以前）

在原始社会，人们为了求生而进行狩猎活动。到阶级社会后，狩猎活动演变成为贵族阶层的一种享乐和健身活动，其内容不断丰富，形成了具有中国特色的狩猎文化。到近代，体育旅游也仅仅在某些阶层或个人身上表现得比较突出。

无论是原始社会人们的求生需求，还是阶级社会贵族阶层的享乐活动需求，都不能算是真正意义上的体育旅游。

早期中国人还没有明确的体育旅游意识，其活动带有一定的自发性或阶级性；鉴于当时的社会经济水平、人们收入水平以及交通设施等条件的限制，体育旅游还没有形成一定的市场规模。所以说早期的这些活动与现代意义上的体育旅游还存在着相当大的差距，因此我国体育旅游业的兴起和发展都滞后于西方国家。

1984年，西藏自治区体育运动委员为了满足国外登山爱好者登珠穆朗玛峰的需求，成立了我国第一家体育旅游专业公司——西藏国际体育旅游公司，该公司标志着我国体育旅游产业步入了起步阶段，也为我国体育旅游开创了先河。

（二）体育旅游的探索起步阶段（1985—1994年）

我国现代意义上的体育旅游业始于20世纪80年代中后期。1986年，国家体育运动委员会（1998年3月改组为国家体育总局）组建了全国体育旅游管理机构——中国国际体育旅游公司，统筹兼顾全国体育旅游管理，并促进了体育旅游的快速发展。一些体育旅游公司（社）相继成立，如贵州省国际体育旅游公司、湖南省体育旅行社、甘肃国际体育旅行社、广东省国际体育旅游公司等，但当时这些体育旅游公司（社）主要经营普通旅游项目，所以体育旅游活动项目非常少。

20世纪90年代以来，随着我国经济快速发展、改革开放步伐加快、人民生活水平日益提高，及国务院颁布新的休假条例，使得国内掀起旅游热潮。由于体育旅游具有刺激、娱乐等独特魅力，所以受到人们的欢迎，一些体育旅游项目如登山、滑雪、漂流、沙漠探险等开始在我国兴起。我国各地也因地制宜，开发了各种体育旅游产品，较著名的有青藏高原登山、黄河漂流、东北滑雪、湖北赛龙舟、郑州少林武术、内蒙古那达慕大会等。

（三）体育旅游的稳步发展阶段（1995—2008年）

1995年，国家体育运动委员会张发强副主任做了《关于体育旅游业的几个问题》的报告，这也是国内首次把体育旅游作为一个产业提出，因此吹响了体育旅游业大发展的号角。该报告深刻地阐述了体育和旅游、体育旅游与健身的关系等问题[①]。2000年悉尼奥运会时，国内旅游行业也提出了“体育旅游”的概念，并组织1114名国内游客分批赴悉尼感受奥运会的魅力，这也是我国第一次大规模民间组织的奥运会观摩活动。

2001年，原国家旅游局开展了主题为“中国体育健身游”的活动，同时推出60项具有地方特色的大型体育健身旅游活动和11大类80个专项体育健身旅游产品和服务，并推动构建以“两湖”（“环太湖体育圈”和“北京龙潭湖体育主题公园”）基地体育健身设施和活动建设为主的20个全民健身景观。2005年，国家体育总局公布了在全国建

① 张发强.关于体育旅游业的几个问题［R］.1995.

设以“环青海湖民族体育圈”为代表的16个“体育圈”项目。2008年我国开展了“中国奥运旅游年”的活动。随着体育旅游产品多样化，体育旅游消费大众化，体育旅游经营产业化，体育旅游经济高效化，与世界接轨的、可持续发展的良好局面开始形成，我国体育旅游业也因此进入一个崭新的阶段。

（四）体育旅游的快速发展阶段（2009年至今）

2009年12月1日，国务院下发《国务院关于加快发展旅游业的意见》（国发〔2009〕41号），其中多处指出与体育产业融合发展的措施。此时，上至国务院下至各省（市、自治区）政府都纷纷出台推进体育旅游发展的相关措施或方法。

2009年12月10日，国家体育总局、原国家旅游局联合发出的《促进中国体育旅游发展倡议书》指出：“旅游部门和体育部门科学谋划，努力实践，创新体育旅游产业融合发展体制机制，积极探索促进发展的工作方式和方法，研究相关政策措施，引导体育旅游产业健康发展”；国家体育总局也把体育旅游列入了《体育产业“十二五”规划》，明确指出“大力发展体育旅游业，创建一批体育旅游示范区，鼓励各地建设体育旅游精品项目”。在这些政策、措施的促进下，我国的体育旅游业取得了长足发展，主要表现在以下三个方面：

第一，各地方体育旅行社、体育俱乐部等体育旅游从业机构逐渐增多。随着旅游产业的繁荣，我国的体育旅游也得到了迅猛发展，呈现出崭新的面貌，产生了一批体育旅游从业机构。

第二，体育旅游产业带来的经济效益和社会效益已初见端倪。

第三，已初步形成体育赛事、冰雪运动、水上运动、民族民俗项目等相结合的、多样化的体育旅游产品体系。随着人们的旅游消费由单纯的观光向休闲、度假、体验、参与的全面推进，一些旅游目的地更加重视体育旅游产品的开发，期望通过优化旅游产品结构，吸引游客，延长旅游地的生命周期。

三、体育旅游的发展趋势

（一）体育旅游活动普及化

随着新一代年轻消费群体的崛起，体育旅游将成为重要的消费领域。大量过去只有专业运动员才能参与的项目，开始有了普通消费群体的参与。比如像过去的贵族运动——网球和高尔夫球，也受到越来越多普通群众的喜爱。其他体育运动旅游项目同样受到广大群众的喜爱，据统计，在美国，有一半的人会参加徒步、露营、钓鱼、自行车、慢跑等各类户外运动，按照美国的标准，我国的体育旅游活动普及化还有很长的路要走。

（二）体育旅游市场细分化

随着人们的技能越来越专业化，人们对体育运动的细分化要求越来越明显。以奥运会为例，在举办第一届夏季运动会时，仅有 9 个运动大项，而随着时代的发展，现今的夏季奥运会已经有接近 30 个大项，300 多个小项。受夏季奥运会比赛季节的限制，人们在 1924 年又开始举办冬季奥运会，现在的冬季奥运项目近 20 大项。如果再加上大量非奥运体育项目，以及大量的民族体育运动项目，体育活动的玩法至少上百种甚至更多。未来基于互联网和俱乐部等平台和载体，体育旅游的市场将被进一步细分。

（三）体育旅游引导规范化

为了体育旅游更好更健康地可持续发展，旅游主管部门与体育主管部门制定“体育旅游示范基地标准”等一系列相关标准，以便更好地引导和规范体育旅游市场的发展。未来，通过标准化的方式引导体育旅游发展，将成为政府部门推动体育旅游发展的重要工作手段。

（四）体育旅游发展国际化

随着入境游、出境游旅游人数的增加和体育全球化程度的不断加深，国际体育旅游者也越来越多。在“互联网 +”的全面介入下，赛事的本体、主体、载体和媒体都发生了深刻变革。对于体育旅游爱好者来说，能够到现场观看或者参与其中，是一件非常荣幸的事情。如 2016 年巴西里约热内卢奥运会的召开，吸引了很多国内的体育爱好者到赛场参观比赛，中国女排在里约奥运会的决赛吸引了很多中国球迷到现场观看比赛，马拉卡纳齐诺体育馆成为红色的海洋，在中国球迷的现场加油助威声中，中国女排最终夺得冠军。再如，世界六大马拉松赛事经常是一票难求，很多的中国路跑爱好者会积极报名参加国际六大马拉松赛事，形成了全球追赛的景观。与此同时，也有越来越多的外国游客参与到中国的体育旅游活动中。

（五）体育旅游工作协同化

随着国家政策的出台，体育部门和旅游部门的合作正在不断深化，体育、旅游部门与其他部门的联动也将不断增加。伴随着政府、社会和企业力量的凝聚，彼此都在发挥着各自的优势，以促进体育旅游的快速发展，这也意味着体育旅游发展的合力在不断增强。

第三节　体育与旅游的相关概念

一、体育的概念

体育是一种社会文化现象，是社会文化的组成部分，是人类发展进程中根据生产和生活的需要，遵循人身心的发展规律，以身体练习为基本手段，达到增强体质、提高运动技术水平、进行思想品德教育、丰富社会文化而进行的一种有目的、有意识、有组织的社会活动。

二、体育产业的概念

国外学者主要从体育产业的价值方面定义体育产业，主流观点认为：体育产业的实质就是体育所蕴含的经济价值。

而在国内，1985 年体育产业正式列入了第三产业范畴。有专家认为：体育产业应该是为社会提供体育产品（包括非实物性的劳务或服务活动）的同一类经济活动以及同类部门的集合[①]。

2008 年 6 月，有专家结合国内外体育产业实践界和理论界的经验，从统计工作的角度出发，将体育及相关产业的概念界定为：为社会公众提供体育服务和产品的活动，以及与这些活动有关联的活动的集合[②]。

三、旅游的概念

（1）根据英国旅游协会的定义，旅游是“人们离开其日常生活和工作的地点向目的地作暂时的移动以及在这些目的地做与短期逗留有关的任何活动”。

（2）根据旅游科学专家国际联合会的定义，旅游是“由人们向既非永久定居地亦非工作地旅行并在该处逗留所引起的相互关系和想象的总和”。

（3）世界旅游组织（UNWTO）在 1991 年 6 月对旅游的基本概念重新作了界定：“旅游是指人们离开平时的环境，为消遣、公务或其他目的地而到外地旅行或逗留连续时间在一年内的活动。”

（4）1942 年，旅游被有的专家定义为“非定居者的旅行和暂时居留而引起的现象和关系的总和”。[③]

（5）20 世纪 50 年代，奥地利维也纳经济大学旅游研究所给旅游下的定义为“旅游可以理解成暂时在异地的人的空余时间活动。旅游的主要目的是出于休养，其次是出于受教育，扩大知识和交际的原因，再次是参与这样或那样的组织活动，以及改变有关的关系和作用。”

（6）1996 年，法国学者梅特森认为“旅游是一种消遣活动，它包括旅行或离开定居地地点较远的地方逗留。其目的在于消遣、休息或为了丰富经历和文化教育”。

---

① 陈少宇，邓伟雄，宋迎东．再议体育产业与体育事业［J］．广州体育学院学报，2004，24（3）：18-19.

② 国家体育总局，国家统计局．体育及相关产业分类（试行）［S］．2013.

③ 张吉献．旅游学概论［M］．北京：机械工业出版社，2012.

四、旅游产业的概念

黄安民将旅游产业定义为“以旅游资源为凭借，旅游设施为条件，旅游者为对象，为旅游者的旅游活动、旅游消费创造便利条件并提供所需商品和服务的综合性产业”。

雷珀将旅游产业定义为“提供旅游产品的一系列企业和组织的总和”。

美国旅游学家伦德伯格将旅游产业定义为“是为国内外旅游者服务的一系列相互有关的行业，旅游活动过程中相关联的游客、食宿供应、交通方式等其他各种事物，构成了一个综合性的概念”。

狭义的旅游产业是指那些提供核心旅游产品以满足旅游者旅游需求的旅游企业的集合，在我国主要指旅行社、旅游饭店、旅游车船公司以及专门从事旅游商品买卖的旅游商业等行业。广义的旅游产业除专门从事旅游业务的部门以外，还包括与旅游相关的各行各业。

体育旅游的概念非常复杂，因为体育和旅游有其各自独立的领域，在各自范围内都比较复杂，相互之间的融合比较困难。体育旅游作为旅游产业和体育产业交叉渗透而产生的一个新的领域，是以体育资源为基础，吸引人们参加与感受体育活动和大自然情趣的一种新的旅游形式，是体育与旅游相结合的一种特殊的休闲生活方式，它既是体育产业的一个重要组成部分，也是旅游产业的一个重要组成部分。实际上，体育旅游不同于一般旅游活动，也不是旅游产业的一个普通分支，它有其专业性和特殊性，它始终离不开体育活动的参与、组织与指导。

第四节　体育旅游的定义

一、国外学者的定义

（1）Ruskin（1987）定义体育旅游是指“在特定休闲时间的人们行为方式的表达，如假期，部分因为特殊自然吸引物或人工体育和户外休闲设施，或度假过程中涉及参与观战的体育旅游活动。”

（2）北美两位著名学者 Hinch 和 Higham（2004）总结体育旅游为“在限定时间内以体育为基础的外出旅游活动，而且体育活动有其特殊的比较规则，能体现体育的竞技性和娱乐性。”

（3）美国著名体育旅游学者 Gibson（1998）认为体育旅游是“度假过程中涉及参与和观赛的体育旅游活动，以休闲度假为基础的旅行，主要是个人暂时到外地参与体力活动，观看体育比赛或者观看跟体育活动有关的吸引物”。

（4）Hall（1992）把体育旅游定义为“为了参加或参观体育活动，而离开日常生活范围的、非商业性的旅游”。

（5）Standeven 和 De Knop 将体育旅游定义为“一切主动或者被动参与体育活动的形式，且参与形式可以是随意的，也可以是有组织的，其目的可以是为了非商业利益，也可以为了商业利益，但必须是离开居住地和工作地的出游行为”。

二、国内学者的定义

（1）韩丁（2000）以产业的角度认为体育旅游是“一项融体育、娱乐、探险、观光为一体的专业性旅游服务产业”。

（2）谭白英、邹容（2002）认为：“体育旅游是以非营利目的离开家庭所在地，前往某一目的地参与或观摩相关体育活动为主要内容的主题旅游。”

（3）陆光兆（2003）认为体育旅游是“是旅游的一个组成部分，是以体育资源和一定的体育设施为条件、以旅游商品的形式，为旅游者在旅行游览过程中提供多种服务于一体的一种经济活动”。

（4）杨秀丽（1999）将体育旅游的概念分为广义和狭义，她认为广义的体育旅游“是旅游者在旅游中所从事的各种身体娱乐、身体锻炼、体育竞赛、体育康复及体育文化交流活动与旅游地、体育旅游企业及社会之间关系的综合”；从狭义而言，体育旅游是“为了满足和适应旅游者的各种体育需求，借助各种各样的体育活动，充分发挥其多种功能，使旅游者的身心得到和谐发展，从而达到促进社会物质文明和精神文明，以丰富社会文化生活为目的的一种活动。”

在国内研究中，对体育旅游的界定并不清晰，一些研究对体育旅游与传统旅游和身体健康活动的区分不够，认为“体育旅游是游客借助各种自然资源并通过旅游而获得心理满足”；另一些研究对体育旅游与旅游者参与的体育活动的区分不够，认为“体育旅游是借助多种多样的体育活动，使旅游者的身心得到和谐发展，从而达到促进社会物质文明和精神文明，丰富社会文化生活的目的的一种社会活动”。目前，学界较为一致的看法是，体育旅游是一种旅游活动。另外，体育旅游的主要特点是异地性、暂时性、非就业性、以体育为主要形式或目的，具有体育和旅游双重目的或形式。

通过分析国内外的体育旅游研究资料发现，学者们在划分体育旅游的类型时，大都是从参与形式上把体育旅游划分为观赏型体育旅游和参与型体育旅游，其中，观赏型体育旅游包括观赏各种体育竞赛、体育表演、体育场馆古迹等活动；参与型体育旅游就是体育旅游者亲自参与到体育活动中去。在这些问题上，国内外学者们的见解具有高度的一致性。

但是在研究观赏型体育旅游和参与型体育旅游的类型时，国内外学者的观点有着很大的差异。国外学者 Standeven，De Knop（1999）从体育在体育旅游者的动机中的重要性程度来划分参与型体育旅游，把参与型体育旅游划分为假期中的参与型体育旅游和非假期中的参与型体育旅游，然后又把假期中的参与型体育旅游按照体育动机的强弱分为体育度假和度假体育。国内学者夏敏慧（2005）则从体育活动的强弱来划分参与型体育的类型，将参与型体育旅游分为：休闲型体育旅游、健身型体育旅游、竞技型体育旅游、刺激型体育旅游、民俗型体育旅游。在划分观赏型体育旅游的类型时，Standeven，De Knop（1999）用观赏者观赏赛事动机的强弱作为标准，把观赏型体育旅游分为假期中的观赏型体育旅游和非假期中的体育旅游，而假期中的观赏型体育旅游又按照观赏者对赛事的时间投入程度分为专家型观赏者的体育旅游和偶然型观赏者的体育旅游。国内学者通常按照观赏的活动内容划分观赏型体育旅游，如观赏体育场馆遗址、观赏体育赛事等。

第二章

体育旅游者特征

体育旅游是体育爱好者的一种社会活动。正是由于体育爱好者活动规模的扩大，才使得体育旅游形成市场，从而造就了新的商业机会。因此，不仅旅游本身是人的活动，而且旅游的一切接待服务无一不是针对和围绕参加旅游活动的人设计的。换句话说，没有旅游者便没有旅游活动，所以体育旅游者是体育旅游活动的主体，是体育旅游得以进行的关键。

Nogawaeta 认为"体育旅游者是暂时离开常住地，停留在比赛区域内 24 小时以上，且他们的主要目的是参加体育比赛，而观看比赛是次要的一类人"。

Gammon 和 Robinson 提出体育旅游者是指外出旅行或停留在他们不熟悉的地方，主动或被动参与竞技性或休闲性活动的个人或集体（把体育作为首要旅行动机）。

柳伯力等认为"体育旅游者是为了满足精神享受和自我实现的需要，暂时离开常驻地，以参加体育活动或观赏体育活动为目的，并在此过程中进行经济消费的人"。

夏敏慧认为"体育旅游者是以体育和旅游为双重目的，以欣赏、观看或参与体育活动部分内容的旅行者"。

一、体育旅游者分类标准

（一）按国境国界分类

1. 国际体育旅游者

国际体育旅游者是指暂时离开自己的定居国或长居国，出境到其他国家进行体育旅游的游客。

2. 国内体育旅游者

国内体育旅游者指暂时离开自己的定居地或长住地，到国内其他地区去开展体育旅游活动的游客。

（二）按年龄阶段分类

1. 老年体育旅游者

一般指 60 岁以上的体育旅游者。这种类型的体育旅游者具有充足的可随意支配时间以及一定的经济条件。他们参与体育旅游的主要目的为休闲、健身，也有部分是为了挑战实现自我等。具体项目包括钓鱼、球类项目比赛、自行车骑游、自驾游等。

2. 成年体育旅游者

一般指成年后阅历丰富、有事业、有收入的体育旅游者。对这类体育旅游者来说最关键的在于是否有足够的闲暇时间参与到体育旅游当中。因此，他们多利用“黄金周”参加体育旅游活动，或是在寒暑假带着孩子一起参加。这类体育旅游者对于体育旅游的要求较高，一般要求环境宽松、条件舒适、设备精良。他们参与体育旅游的主要目的是为了放松身心、商业交流、缓解压力等。

3. 青年体育旅游者

一般指那些富有生气、思想解放、追求时尚的青年体育旅游者。一般情况下，这类旅游者喜欢竞技、刺激冒险的体育旅游活动，如蹦极、探险、越野、漂流等，主要目的为挑战自我、表现自我。

4. 少年儿童体育旅游者

一般指参加由父母或学校组织的夏令营、冬令营、训练营等，由少年儿童参与的体育旅游活动。该类体育旅游者受学业的限制，没有充足的时间进行体育旅游，多数情况都是短期、近距离的一些体育旅游活动项目。

（三）按旅游组织形式分类

1. 团队体育旅游者

又称团体体育旅游者，由一定组织并具有一定人数的体育旅游者的群体；特点是事先由一定的组织进行安排、统一组织、编制体育旅游项目，旅游活动中的一切事宜均由组织者统一安排。团队体育旅游者会减少前期的筹划准备工作，可以有更多的时间解决其他的问题，方便省心。由于是团队、集体出游，所以在体育旅游的自主性上会差一些。

2. 散客体育旅游者

又称个体体育旅游者或自助体育旅游者，旅游活动中的一切事宜都由游客自行安排。这类游客有充分的自由时间，可以尽情参加自己喜欢的体育旅游活动，不受时间限制，在旅行过程中可以根据自己的喜好，随时做出调整，这类体育旅游者的旅行有自主灵活性。

3. 半自助体育旅游者

是介于团体、自助体育旅游者之间的体育旅游者，其特点是组织相对松散，旅游者具有一定的自由度，可以根据目的地的实时情况对自己的体育旅游行程，进行一定的调整，更大限度地满足自己对体育旅游活动的需要。

（四）按运动强度及危险性分类

1. 休闲健身型体育旅游者

即依托休闲健身类体育资源而进行体育旅游的体育旅游者。这种类型的体育旅游者主要目的是为了活动筋骨、放松身心，喜好运动量不太大、危险性较小、安全性有保障的活动，具体项目为钓鱼、高尔夫球、保龄球、乒乓球、网球等。

2. 技术竞赛性体育旅游者

即依托技术竞赛类体育资源进行体育旅游的体育旅游者。这种类型的体育旅游者主要目的为参与某项或几项运动技能技巧竞赛，具体项目包括定向穿越、驾车越野、帆船、滑雪、溜冰、射箭等。

3. 冒险刺激型体育旅游者

即依托冒险刺激类体育资源开展体育旅游活动的个体。这种类型的体育旅游者主要目的为通过惊险刺激的运动项目来挑战自我，在战胜自我过程中实现自我。具体项目包括登山、攀岩、漂流、溯溪、探险、蹦极等。

（五）按旅游者参与的程度分类

1. 参与型体育旅游者（直接参与）

即亲自参与到体育旅游项目中去亲身体验其中乐趣的旅游者。这类体育旅游者往往是对某项体育运动非常着迷，且对此项体育运动有一定的了解，所以会经常性地参与到此项体育运动中。在我国非常流行的篮球、羽毛球、乒乓球等运动都有众多受众，往往这类体育旅游者也非常喜欢挑战一些其他类别的体育项目，所以他们参与的体育旅游项目是多元化的而非单一的。

2. 观赏型体育旅游者（间接参与）

即为观赏各类体育比赛（如奥运会、足球世界杯、世界田径钻石联赛、跳伞、漂流、攀岩比赛等）而参与旅游活动的旅游者。这类体育旅游者经常会参加自己钟爱的体育项目的赛事观赏，他们对于钟爱的体育赛事比赛的观赏，是跨越时间和地理位置的。比如国际上知名的综合性体育赛事——奥运会、足球世界杯等。

（六）按目的地与居住地之间的距离分类

1. 短线体育旅游者

即要到达的目的地与居住地距离较近，交通相对便利，一般交通工具一天之内可以往返，没有特殊情况，无须住宿的体育旅游者。

2. 长线体育旅游者

即要到达的目的地与居住地较远，当日不能往返，需要在外住宿的旅游者。

（七）按体育旅游资源类型分类

1. 山地项目体育旅游者

即依托山地资源开展体育旅游活动者。这种类型的体育旅游者喜好的项目一般为登山、攀岩、越野、狩猎、高山速降、高山探险、秘境探险等。

2. 水上项目体育旅游者

即依托水资源开展体育旅游活动者。这种类型的体育旅游者多在夏季或温热带地区活动，喜好的项目有冲浪、滑水、潜水、帆船、漂流、溯溪、钓鱼等。

3. 空中项目体育旅游者

即依托空中资源开展体育旅游活动者。这种类型的体育旅游者喜好的项目有滑翔伞、热气球等。

4. 冰雪项目体育旅游者

即依托冰雪资源开展体育旅游活动者。这种类型的体育旅游者喜好的项目有滑雪、溜冰、攀冰、雪橇、冰雪雕塑等。

5. 陆地项目体育旅游者

即依托公路资源开展体育旅游活动者。这种类型的体育旅游者喜好的项目有路跑、自行车、摩托车、汽车等。这类项目的限制性因素较小，受众也相对较多。

（八）按旅游者出游目的分类

1. 首要体育旅游者

首要体育旅游者是被直接讨论的群体，是体育旅游市场中的“主流”群体，即把参与体育活动作为出游首要目的的体育旅游者，如职业运动员、体育观众、足球迷和板球迷、高尔夫球和滑雪旅游者等

2. 附带体育旅游者

把体育活动作为出游的动机之一，这类人群往往是在参加商务公务、观光度假、探亲访友之余顺便参加体育旅游活动。

二、体育旅游的特征

体育旅游者除了具有一般旅游者呈现在目的地上的异地性、经济上的消费性、时间安排上的闲暇性、地域上的差异性等共同特征外，还有区别于大众旅游者的特征。如下：

（一）旅游目的双重性

体育旅游者一般都是以体育和旅游为共同目的，在旅游过程中参加体育活动，在体

育活动中实现旅游过程。这是体育旅游者区别于大众旅游者的主要特征。

（二）旅游方式参与性

体育旅游者在整个旅行活动中都会直接或间接地参与体育活动。直接参与型旅游者将会直接参加体育健身活动，如潜水、登山和探险等，使身体得到锻炼，体育活动的欲望得到满足；间接参与型旅游者在旅游过程中欣赏或观看高水平的体育比赛，通过鼓掌、欢呼、摇旗和呐喊等，满足其体育旅游需求与感受。

（三）旅游需求独特性

体育旅游者在体育旅游活动过程中表现出的需求多样性，主要表现为需求弹性大、需求敏感度强、需求扩展性大、需求季节性明显、需求依赖性强。

（四）旅游群体特定性

不是所有人群或旅游者都是体育旅游者，体育旅游者的特定性是指旅游者中具有体育基本素质，并且热爱体育运动，具备一定的体育知识和技能，可以欣赏或参与体育活动的特定群体。体育旅游者相对于大众旅游者而言有一定的门槛。

（五）旅游体验高度性

旅游者更关注旅游体验的深入性，然而，体育旅游者在关注一般的旅游体验过程中，更关注体育旅游活动所带来的独特的体验性。如参加刺激类体育旅游项目的旅游者，他们渴望得到的是一种超出普通旅游活动所带来的特殊体验。

三、体育旅游者态度特征

体育旅游者的态度、需要、动机三方面的分类、层次始终影响着体育旅游者的主观因素。

（一）正负向性

体育旅游者的态度存在明显的正负向性，体育旅游者对体育旅游目的地、旅游条件、旅游项目的态度有肯定与否定之别。赞成、喜欢、关心，这是肯定性的态度；而反对、厌恶、冷漠、是否定性的态度。当然，体育旅游者的态度会因为不同对象和条件做出不同的反应与调整，因此，态度的正负向性较复杂，但总体会表现为肯定或者否定的态度。

（二）高度协调性

态度由认识成分、情感成分、意向成分组成，一个心理正常的人，其态度的三种成分是相互一致和协调的。

（三）高度稳定性

态度一旦形成，将持续一定的时间，成为个性的一部分，因而具有稳定性。由于态度具有相对的稳定性，要想影响人们的体育旅游项目选择和产品购买行为，就应当注意不要在人们已经产生了不良和消极的情绪后又试图去改变他们的态度，这样做的难度非常大。与此同时，体育旅游项目独特的吸引性与针对性，也会促使体育旅游者形成高度稳定的支持态度。因此，应在体育旅游者项目的选择阶段对其态度予以重点关照。

（四）间接性

态度是人们内在的一种心理体验，它虽然能够影响行为，有一定的意向性，但是并不等于行为本身，所以不能直接观察，只能从一个人的言行、表情中，通过观察、分析和推理间接地了解。体育旅游者的态度在平时的旅游购买中不会太过显著，因此，对体育旅游者态度的挖掘应给予足够关注。

（五）强针对性

旅游态度总是指向一定的旅游对象和旅游条件，因而具有一定的针对性。各种态度可以分成不同的程度或等级，比如最喜欢、很喜欢、喜欢、最反对、很反对、反对，这表明了态度在强度上的不同。体育旅游者对某一固定的项目会表现出强烈的兴趣，多次购买、参加、体验之后会形成较高的喜爱程度与喜爱等级，表现出很强的针对性。

第三章

体育旅游产品类型

第一节 体育旅游的分类

一、国外体育旅游的分类

国外的体育旅游最早可以追溯到古希腊的奥林匹亚运动会期间，随着历史的发展与社会的进步，体育旅游的形式也越来越多样化。在顾拜旦先生将中断多年的奥运会重新建立后，体育旅游迎来了一个新的发展机会。在此之后无论是西方发达国家，还是经济增长的发展中国家，体育旅游都呈现快速发展的态势。因此，国内外学者对于体育旅游的研究越发重视。从不同侧重的体育旅游定义出发，国外研究者对于体育旅游的分类也有不同的见解。

De Knop（1990）将体育旅游活动分为三类：一是在假期中以运动参与为主的纯粹运动假期；二是在假期中会使用运动器械但是并不以运动为主的假期；三是在假期中参与非正式的、偶发性的比赛的私人运动假期。

随着时间的推移和体育旅游的发展，体育旅游的分类有了更多的类别，如 Nogawa，Yamaguchi 和 Hagi（1996）提出将体育旅游活动分为四类：一是竞技性或非竞技性运动事件的参与者；二是观看一个有组织性运动事件的观赏者；三是因自身的爱好而参与体育旅游的运动爱好者；四是参与运动相关性的产业的怀旧运动观光者。而 Gibson（1999）提出将体育旅游活动分为三类：离家主动性参与体育旅游、运动赛会欣赏旅游、参观怀旧体育旅游。

进入 21 世纪后，Kurtzman 和 Zauhar（2003）把体育旅游活动领域划分为更加细致的五项；一是乡间或都市地区的运动观光景点；二是综合各项运动设施的运动观光度假村；三是运动观光游程；四是以体育活动为吸引物的运动观光赛会；五是以体育活动或运动为主的运动观光游览[①]。

以上具有代表性的学者，根据不同的角度对体育旅游进行了分类，根据体育旅游的分类我们可以分析出，体育旅游最主要的分类方式就是以旅游者是否参与体育运动为参考依据进行划分。

二、国内体育旅游的分类

国内体育旅游的发展相较于国外的体育旅游要晚很多，1840—1949 年间，中国正在遭受着战争的侵扰，人们最基本的温饱问题都没有得到解决，绝大多数人没有闲情逸致参加体育旅游活动。中华人民共和国成立后，人们安居乐业，收入水平逐渐提高，慢慢地才有时间和金钱参加旅游活动。1990 年中国成功举办了第 11 届亚运会后，国内学者对于体育旅游的相关研究才逐渐展开，对于体育旅游分类的研究也是各抒己见。

柳伯力（2004）将体育旅游划分为六类，即观光型体育旅游、度假型体育旅游、健身娱乐型体育旅游、竞赛型体育旅游、拓展型体育旅游以及极限型体育旅游[②]。

同时还有一些学者将体育旅游活动划分为五大类，分别是：以休闲为目的的休闲体育旅游，以强身健体为目的的健身体育旅游，以观看体育赛事为目的的观赏型体育旅游，以追求冒险、刺激为目的的极限体育旅游，以体验传统体育项目为目的的传统体育项目旅游。

此外还有一些学者根据体育旅游的形式，将其分为四类：一是度假型体育旅游；二是娱乐休闲型体育旅游；三是民俗型体育旅游；四是观光型体育旅游。还有学者根据旅游者是否亲身参与体育活动将其划分为两大类，即参与型体育旅游和观赏型体育旅游。

国内外学者根据研究对于体育旅游的分类，都是为了自己的研究需求或管理需要。从不同角度对体育旅游进行分类，能够有效帮助人们明确体育旅游的基本范畴。以旅游者参与体育的程度依据，我们将体育旅游划分为：体育场馆参观游、体育比赛观赛游和运动休闲旅游（即户外运动）三大类。

---

① 付业勤，郑向敏．国外体育旅游的内涵与类型［J］. 湖南医科大学学报，2010（4）：211–212.

② 柳伯力 . 中国西部体育旅游开发：理论探讨与对策研究［M］. 成都：电子科技大学出版社，2004.

第二节　体育旅游的类型

一、体育场馆参观游

体育馆是进行运动训练、运动竞赛及身体锻炼的专业性场所。它是为了满足运动训练、运动竞赛及大众体育消费需要而专门修建的各类运动场所的总称。体育场馆主要包括对社会公众开放并提供各类服务的体育场、体育馆、游泳池和游泳馆，体育教学训练所需的田径棚、风雨操场、运动场及其他各类室内外场地，群众体育健身娱乐休闲活动所需的体育俱乐部、健身房、体操房和其他简易的健身娱乐场地等。

体育馆（Gymnasium）是在室内进行体育运动的场所。体育馆按使用性质可分为比赛馆和练习馆两类；按体育项目可分为篮球馆、排球管、冰球馆、田径馆等；按体量规模可分为大、中、小型，一般按观众席位的多少划分。我国现把观众席超过 8000 个的称为大型体育馆，少于 3000 个的称为小型体育馆，介于两者之间的称为中型体育馆。

体育馆的地面、空间高度、光照度、温度、通风、音响等均应符合该项比赛竞赛规则的要求。体育馆内四周应设置梯形看台，并配有专门管理人员和教练员，负责比赛业务和训练工作。基层体育馆一般按篮球比赛场地要求建设，也可进行其他项目的训练或比赛，四周也可设看台。学校还可以修建具有体育馆、电影场、会场等多种功能的综合馆。

体育场馆有多种分类标准，不同的标准可以将体育场馆分为不同的类型，表 3–1 所列的是几种比较常见的分类方法。

表 3–1　体育场馆的分类

序号	分类标准	分类内容
1	使用性质	体育比赛场馆、教学训练场馆、体育健身娱乐场馆
2	用途、功能	综合性场馆、单一性场馆
3	占地面积	大型体育场馆、中型体育场馆、小型体育场馆
4	隶属系统	体育、教育、工会、国资委
5	管理模式	企业、事业

（资料来源：北京体育蓝皮书，北京：社会科学文献出版社，2015.）

表中 1、2、3 是按照场馆的自然属性进行分类的，4、5 是按照场馆的社会属性进行分类的[1]。

体育场（Stadium）是在室外进行体育运动的场所。大型体育场为综合性运动场，通常会建有一个标准田径场，田径场内建有一个标准的足球或者橄榄球场。田径场的四周设有看台，加之其他配套设施可进行多项运动的训练或比赛。一般体育场为单项运动的场地，该体育场建有田径场和看台。无论大型体育场或一般体育场均配有专职或兼职管理人员和教练员，负责训练和比赛工作。

根据我国第六次全国体育场地普查数据显示，截至 2013 年 12 月 31 日，我国共有符合第六次全国体育场地普查要求的各类体育场地 169.46 万个，其中室内体育场地 16.91 万个，室外体育场地 152.55 万个。人均体育场地面积为 1.46 平方米。与第五次全国体育场地普查（截至 2003 年 12 月 31 日）相比较，全国体育场地数量增加 84.45 万个，人均场地面积增加 0.43 平方米[2]，如表 3-2 所示。我国的体育场地数量不断增加，这也彰显着我国体育运动的需求不断增加，人们对于运动、健康的意识不断加强。

表 3-2[3]　各系统体育场地数量及面积情况

系统类型		场地数量（万个）	数量占比（%）
合计		169.46	100.00
体育系统		2.43	1.43
教育系统	中等院校	4.97	2.94
	中小学	58.49	34.51
	其他教育系统单位	2.59	1.53
	合计	66.05	38.98
军队系统		5.22	3.08
其他系统		95.76	56.51

（资料来源：第六次全国体育场地普查数据公报）

据不完全统计，目前我国拥有各种标志性的体育场馆（博物馆）272 处。最具代表性的体育场馆观光游是北京奥林匹克公园参观游。2008 年 10 月，奥运盛会之后的“鸟巢”、水立方正式对外开放旅游参观。截至 2011 年上半年，“鸟巢”累计接待游客近 1300 万人次，旅游收入超过 5.4 亿元，并在 2010 年的“十大新京味旅游名片”评选活动中荣膺榜首。水立方从 2008 年 10 月到 2009 年 10 月，实现经营收入 1.36 亿元，其中旅游门票收入 9928 万元，旅游收入占总收入比重为 73%，并被评为“最具人气体育场馆”。截至 2010 年年底，奥林匹克公园实现区级财政收入 1.87 亿元，2010 年全年接

① 北京体育蓝皮书［M］. 北京：社会科学文献出版社，2015.

② http：//www.sport.gov.cn/n16/n1077/n1467/n3895927/n4119307/7153937.html.

③ 全国第六次体育场地普查数据公报［Z］。

待游客突破 4500 万人次，中心区平均每日接待游客约 11 万人次，节假日高峰时期最高达 50 万人次。2011 年 5 月 17 日，奥林匹克公园游客达到 1 亿。累计旅游收入超过 7 亿元。奥林匹克公园不仅成为国家 5A 级旅游景区，而且也成为北京旅游的新地标[①]。

二、体育比赛观赛游

体育比赛观赛游是指组织各项体育赛事的观众前往比赛举办地进行观摩并参加各种节庆活动的旅游产品。

体育赛事是不经常发生且具有一定期限，以体育竞技为主题的集众性活动，是现今社会最重要的旅游吸引物之一。体育赛事的发展也是一个国家发展程度的重要标志。

体育比赛观赛游，也被称为观赏性体育旅游。这类体育旅游参与的人数较多，如世界杯、奥运会、亚运会等赛事活动，往往能够吸引大量体育爱好者到现场参观。体育赛事对举办国或举办地的旅游与经济发展都有非常好的促进作用，能够很好地彰显当地的文化特色，吸引众多的游客到此旅游。

体育比赛观赛游的时间是不固定的，由于赛事举办的周期不一样，所以观看比赛的时间也是不固定的，如奥运会每四年举办一次，足球世界杯也是四年举办一次，游泳世锦赛每两年举办一次，而排球世锦赛却是每四年举办一次等。这会给体育运动爱好者到现场参观带来时间限制。

体育比赛观赛游会提高当地的经济收入。对于体育爱好者来说，会抽出一定的时间到比赛现场观看比赛，奥运会、世界一级方程竞标赛、世界杯足球赛被称为世界三大赛事。此外还有很多知名的专项赛事，可以吸引来自世界各地的体育爱好者和游客到现场参观。

据统计，F1 上海大奖赛每年都会吸引大量的游客到上海参观比赛，2004 年吸引境外游客 5 万人次，在上海平均停留 3 天，消费约 5 亿美元。在赛事期间，累计 26 万人次到现场参观比赛。F1 上海大奖赛，直接促进了旅游业的发展，丰富了上海的旅游产品，间接带动了金融、保险、房地产等相关产业的发展。根据估算，F1 上海大奖赛的举办，将会使周边 20 平方千米的土地 5 年内增值 10 倍，每年产生上百亿元的直接营业收入和 325 亿元的间接收入，同时也向国际社会成功展示和塑造了上海作为国际化大都市的形象。2010 年，在广州举办的第 16 届亚运会期间，广州市接待游客 866 万人次，同比增长了 42.10%。其中过夜游客 386.19 万人次，同比增长 32.22%；海外旅客 85.45 万人次，同比增长 83.80%。全市旅游收入 70.47 亿元，同比增长 50.13%[16]。2016 年温网举办期间，有 50 多万人购买了温网的观赛门票，再加上周围的一些产品售卖，这期间的收入达到 5000 万英镑。该数据还未将赞助费、转播费等纳入其中。2012 年上海网球大师赛吸引了 14.8 万人次的观赛游客，同年的澳大利亚网球公开赛吸引了来自世界

① 体育旅游调研报告［R］. 2011.

各地的游客 68.6 万人次，其中境外游客达到 10 万人次。大量的体育比赛观赛游的游客在短时间内进入同一个地点，会给当地的餐饮、住宿、景点旅游等带来大量的客源，从而拉动当地的经济发展。可见，体育比赛观赛游的市场前景非常大，已经成为体育旅游不可忽视的组成部分。

为满足群众对体育运动参与和观赏的需要，中国承接的大型体育赛事正在逐渐增加。除每年定期在国内举办的世界女排大奖赛（现已更名为世界女排联赛）的各个分站赛，上海的 F1 大奖赛以及网球大师赛，北京的国际马拉松以及中国网球公开赛等国际知名赛事外，国内举办的国际网球赛事从最初的 1 站增加到近年来的 10 站，马拉松赛事也由 2011 年的 22 场增加达到 2017 年的 500 多场，此外，还有各种国际赛事正在进入中国；国内足球、排球、篮球等联赛的规模与赛制也在不断地变化，以适应当今的体育旅游观赛者的需求。

体育比赛观赛游有着非常好的市场前景，在国外有非常好的观赛群众基础，近年来，随着国民经济收入的增加，国内的观赛群众人数也在逐渐增加。在我国举办的各种大型体育赛事活动中，体育爱好者成为重要的观赛游客的客源，同时也吸引了越来越多的国际体育旅游观赛者到中国参观体育赛事。

三、运动休闲旅游（户外运动）

（一）运动休闲旅游的定义

运动休闲旅游从体育的角度讲主要指户外运动。李久全，高捷（2008）认为，户外运动是一种带有探险挑战性质的运动，包括徒步及负重行军、器械穿越、徒手与器械攀岩、速降、攀冰、山地滑雪、登山、洞穴探险、定向、拓展、峡谷运动、河湖横渡、溯溪、漂流、野外生存等。李武绪（2015）认为户外运动分有广义和狭义之分，广义的户外运动是指在非人工的自然环境中的空间位移；狭义的户外运动是指在自然场地（非专用场地）开展的体育活动。自然场地（非专用场地），包括大自然场地和人工非运动目的的建筑物，如公路、楼房等，它们对于户外运动来说，是一种自然存在的状态。史登登（2013）认为，户外运动是指在自然环境当中开展的与自然环境关系较为密切，且参与者与自然生态有互动关系的身体活动①。

作者认为，运动休闲旅游是指在自然场地中参与的具有一定挑战性的各种与大自然关系密切的运动休闲活动。运动休闲旅游不同于体育场馆参观游和体育比赛观赏游，也不同于在室内场馆中从事的羽毛球、网球、篮球等运动项目，运动休闲旅游注重的是在特定环境下体育运动的参与性，在参与体育运动的同时，达到放松身心、强健体魄的目的。

① 史登登. 户外运动相关概念辨析与界定［D］. 沈阳：沈阳体育学院，2013.

（二）运动休闲旅游的分类

近年来，运动休闲旅游的分类也有很多学者进行了阐述。董立在《大学生户外运动》（2010）一书中，按照户外运动的自然场地，将户外运动分为水上户外运动（漂流、扎筏、溯溪、泅渡等）、空中户外运动［滑翔（有动力、无动力）、热气球、跳伞等］和陆地户外运动（山地、海岛、荒漠、高原等）三大类。目前，我国开展较广泛的主要是陆地户外运动[①]。董范，刘华荣，国伟在《户外运动组织与管理》（2009）一书中，按照开展活动的地形，将户外运动分为五大系列，即山地运动系列、峡谷运动系列、海岛运动系列、荒漠运动系列、建筑物运动系列[②]，如表 3–3 所示。

表 3–3　户外运动分类

大项	系列	项目
山地运动	丛林	滑草、定位于定向、丛林穿越、丛林宿营、丛林觅食、丛林联络、丛林急救、紧急救援等
	岩壁	（器械）攀岩、岩降、攀冰等
	其他	群众登高活动
峡谷运动	谷内	横渡、溯溪、攀瀑、溪降、漂流等
	谷缘	搭索过涧、溜索、悬崖跳水等
海岛运动	荒岛生存	觅食（水）、海水淡化、宿营、联络、求援等
	滩涂运动	滑沙、滩涂运动游戏、结绳负重等
	峭壁运动	海上攀岩、悬崖跳水、溜索等
	近岸水域运动	木筏环岛、水中滚木等
荒漠运动	沙漠运动	滑沙、沙漠穿越、沙漠生存等
	戈壁运动	戈壁穿越、隔壁生存等
	荒原运动	穿越项目、生存项目等
建筑物运动	垂直户外运动	攀楼、攀塔、地下管道攀降等
	水平户外运动	自行车、汽车公路穿越、直排轮公路穿越、公路徒步穿越、地下管道穿越等

（资料来源：董范，刘华荣，国伟 . 户外运动组织与管理［M］. 北京：中国地质大学出版社，2009.）

通过对以上运动休闲旅游分类的分析研究，本书将运动休闲旅游划分为以下八大类：冰雪运动休闲旅游、水上运动休闲旅游、山地运动休闲旅游、自行车汽车摩托车运

① 董立 . 大学生户外运动［M］. 成都：西南交通大学出版社，2010.
② 董范，刘华荣，国伟 . 户外运动组织与管理［M］. 北京：中国地质大学出版社，2009.

动休闲旅游、路跑运动休闲旅游、低空飞行运动休闲旅游、汽车露营运动休闲旅游和民族特色运动休闲旅游。

第三节　运动休闲旅游的分类

一、冰雪运动休闲旅游

（一）冰雪运动休闲旅游概念

冰雪运动，又称冬季运动，是以冰雪为载体而开展的各种体育或娱乐活动，是在天然或人工冰雪场地借助各种装备进行的冬季体育运动的总称。通常分为冰上运动和雪上运动两大类。但冰雪运动因受自然条件的限制，需要有必要的冰源和雪源，早期只能在严寒的冬季，纬度较高或者海拔较高具有结冰或积雪条件的地区开展。随着人工制冰场的普及和人造雪场的出现，大部分冰上项目已可在世界各地、不分季节地在室内展开。我国也在大力推行“北冰南展”，在我国的上海、浙江、广东等地，都建有不同规模的人工室内冰场或者雪场，供冰雪运动休闲旅游爱好者进行近距离的实地体验，加大我国的冰雪运动群众基础。伴随着我国 2022 年北京—张家口冬奥会的申办成功，冰雪运动在我国进入快速发展阶段，为今后我国冰雪运动休闲旅游的发展提供了重要机遇。

孟令军在《论冰雪文化资源的内在机理及开发》（2014）一文中指出：“冰雪运动休闲旅游主要是以冬季自然景象为主要内容，制造出与冰雪相关的旅游休闲项目，通过让人们观看冰雪景观、游玩冰雪项目，体验到大自然的冰雪原生态，全身心与大自然接触[①]”。

张丽梅等在《冰雪旅游策划》中认为，冰雪旅游是非定居者出于观摩或参与冰雪活动目的的旅行和逗留而引起的现象和关系的总和[②]。

（二）冰雪运动休闲旅游特征

冰雪旅游是以冰雪气候旅游资源为主要的旅游吸引物，是体验冰雪文化内涵的所有旅游活动形式的总称，是一项极具参与性、体验性、健身性和依赖性的旅游产品。

1. 参与性

冰雪运动具有极强的参与性，这是由冰雪旅游的起源与游客的旅游需求决定的。冰雪旅游为旅游者提供了很多参与性的活动，如滑雪、雪地足球、越野滑雪、冬季两项、跳台滑雪、冰壶、速度滑冰、狗拉雪橇等项目。这些冰雪运动项目都有极强的参与性，能够让冰雪运动休闲游的爱好者很好地体验到冰雪运动的魅力。

---

① 孟令军 . 论冰雪文化资源的内在机理与开发［J］. 冰雪运动，2014（2）：59-63.

② 张丽梅 . 冰雪旅游策划［M］. 哈尔滨：哈尔滨工业大学出版社，2011.

2. 体验性

体验性是冰雪旅游的重要特征，与传统的观光式旅游仅仅依赖一些自然资源或者历史遗产，为游客提供一种视觉感受的满足感不同，冰雪旅游注重的是“为游客提供参与性和亲历性的活动，使游客从感悟中感受愉悦”。旅游者亲身参与到活动中，才能感受到冰雪运动的乐趣，体会当地的风土人情。

3. 健身性

冰雪运动大多是在户外进行，在户外能够接触更多的阳光照射，由于人体皮肤中的脱氢胆固醇在太阳光紫外线的作用下可转变成维生素 D，维生素 D 可以促进人体对钙和磷的吸收及利用，而钙和磷是构成骨骼的主要成分，给参与者的骨骼带来益处。同时，冰雪运动可以增强参与者的心血管功能及预防心血管疾病，不仅如此，通过冰雪运动的参与还能促进心肺功能的改善。冰雪运动使游客能够获得一种身心的放松，在运动中感受自然的气息，有利于游客的身体和心理健康[①]。

4. 地域性

冰雪旅游的开发对资源具有较强的依赖性，必须同时具有寒冷的气候条件和适宜的地形条件。从我国的冬季体育项目的开展情况就可以看出，我国的冰雪运动主要集中在纬度较高的北方，纬度较低的南方由于环境因素的影响在冰雪运动的开展上面还是受到很大的限制。随着国内交通和科技的发展，冰雪旅游的局限性会逐渐减小，能够让更多的人体验到冰雪运动休闲旅游的魅力。

（三）冰雪运动休闲旅游的发展概况

1. 国外冰雪运动休闲旅游的发展

早期的国外冰雪运动发展主要集中在欧洲，最早的冰雪运动距今已有 5000 多年。查阅历史资料可以发现，在 4000 多年以前，在北欧、西伯利亚、中国北部等地已经有人开始滑雪。在北欧，由于地理环境的因素导致该地区的冰雪运动发展得较早、较快。早在几千年前，挪威人为了应对较长的雪季时间就发明了滑雪板，以方便在雪地行走。现在在奥斯陆的滑雪博物馆里，我们可以看到 1500 年前的滑雪板样品，这是至今能见到的最早的滑雪板。这足以说明北欧的冰雪运动是传统的运动项目（近代世界滑雪产业发展阶段如表 3–4 所示）。

表 3–4　世界滑雪产业的发展阶段及特点

发展阶段	重点区域	特点
19世纪中叶至20世纪20年代	法国、瑞士、奥地利	运动为主、旅游为辅，依赖山村滑雪场，设施简陋
20世纪30年代至60年代	欧洲、北美	运动、旅游融合发展的阶段，20世纪60年代是欧美滑雪运动蓬勃发展的开端

① 黄海燕，张林 . 体育旅游［M］. 北京：高等教育出版社，2016.

续表

发展阶段	重点区域	特点
20世纪70年代至80年代	日本、韩国	全面扩张时期
20世纪90年代至今	全球范围	多样化升级发展：在保留滑雪运动古朴宁静的乡村风格的基础上，提供现代化的基础设施和服务

（资料来源：孙承华，伍斌，魏庆华等．冰雪蓝皮书——中国滑雪产业发展报告［R］．北京：社会科学文献出版社，2016.）

随着社会的发展，滑雪运动受到越来越多的人喜爱。虽然作为一项供人消遣娱乐的体育活动，已经存在 100 多年了，但是真正让这项冰雪运动作为旅游流行起来，却是在 20 世纪 50 年代的奥地利和瑞士。在瑞士的瓦莱州，常住人口仅有 26 万，而滑雪场却有 100 多个，各类索道 600 多条，每年接待的冰雪运动旅游者接近 1200 万人次。该项运动成为当地的支柱型产业，每年都会给当地带来巨大的经济收入。在法国，滑雪运动的发展模式已经进入到成熟期，设施设备以及后勤保障都位居全球前列。据有关数据显示，法国每年大约要接待 5489 万人次的滑雪运动爱好者。

在北美，“二战”后美国的冰雪运动开始逐步发展，此后的 40 年间美国的冰雪运动休闲旅游均呈现快速发展的态势。1989 年美国有 2100 万人次滑雪者，2000 年时滑雪者达到 5220 万人次。根据最新数据显示，每年参加滑雪运动的美国人有 5415 万人次，目前参加滑雪运动的人数占到美国旅行和游憩活动总人数的 3%。在 20 世纪 60 年代初，美国约有 1400 个滑雪场，而 1979 年却降到 929 个，1984 年为 689 个，现在仅有 525 个滑雪地区。主要原因是小型滑雪场遭到淘汰，增加了大型滑雪场的容量，从而使得总体的接待能力得以提升。加拿大的冰雪运动也开展较早，早在 1894 年就有冬季节庆活动的报道，经过此后 100 多年的发展，加拿大已经成为全球首屈一指的冬季运动强国。就拿冰球来说，全球注册的冰球运动员大约在 130 万人左右，而加拿大的注册冰球运动员就有 60 多万人，可想而知冰球在加拿大的受欢迎程度。而花样滑冰和冰壶同样受到加拿大人的喜爱。

在新西兰和澳大利亚所处的南半球，其利用独特的地域优势，为冰雪运动爱好者提供季节差异明显的冰雪运动休闲游的特殊体验。

在亚洲，中国、韩国、日本等地区借助优越的自然条件和广阔的客源市场，结合先进的旅游开发理念，坚持走现代化的冰雪旅游发展之路。例如，日本拥有世界四大冰雪节之一的札幌雪节，以及非常有特色的北海道冰雪节，这使得日本的冰雪旅游成为全球瞩目的焦点，日本每年参与冰雪运动的人数大约有 3283 万人次，参与冰雪运动的人数约占到其总人口的 10%。正是这样庞大的人口基数才使得日本在冰雪运动上有一些非常优秀的运动员和优势运动项目。而韩国也有多个和冰雪相关的节庆活动，比如太白山雪花节、大关岭雪花节等；同时还有特色的旅游开发项目以及冰雪博物馆、冰雪旅游与高尔夫和室外温泉旅游的最佳组合。在冰雪运动方面，花样滑冰、短道速滑都是韩国的优势项目，虽然韩国的总人口不多，却有非常多的人参与到冰雪运动旅游中来。据不完全统计，在韩国，参与冰雪运动休闲旅游的人数约占总人口的 10%。

就目前而言，全球约有 6000 个滑雪场，北美及欧洲为滑雪场的主要聚集区，全球每年约有 4 亿人次参加滑雪运动，收入达 700 亿美元。在欧洲和美洲的一些冰雪旅游资源大国，冰雪产业已经具有相当的规模（见表 3–5、表 3–6）。

表 3–5 世界主要冰雪旅游目的地国家开发比较

国家	发展历史	旅游开发特色	主要节庆活动
瑞士	阿尔卑斯山早在1864年就开展了滑雪运动	阿尔卑斯山滑雪天堂，欧洲乡村型度假村镇	阿尔卑斯山山地旅游节、格林德尔瓦尔德国际冰雪节
加拿大	1894年已有关于冬季节庆活动的报道	全球最佳的滑雪乐园，一年四季的滑雪度假胜地	魁北克冬季狂欢节（世界三大狂欢节之一）、渥太华冬令节
挪威/瑞典/芬兰	世界滑雪故乡，世界滑雪比赛的诞生地	北极圈风光，圣诞老人故乡，冰旅馆，湖泊之城	挪威奥斯陆滑雪节（世界四大冰雪节之一）
日本	1911年引进现代滑雪技术	高品质的冰雪温泉度假旅游，冰雪博物馆	札幌雪节（世界四大冰雪节之一）、北海道冰雪节
韩国	最早的滑雪场始建于1975年	冰雪博物馆，冰雪旅游与高尔夫和室外温泉旅游的最佳组合	太白山雪花节、大关岭雪花节、Fun Ski and Snow Festival

（资料来源：王玲 . 国内外冰雪旅游开发与研究述评［J］. 生态经济，2010（3）：66–69.）

表 3–6 世界四大冰雪节比较

国家	创办时间	持续时间	冰雪节名称	主要活动项目
加拿大	1894年	10天，每年二月的第一个周末开始	魁北克冬季狂欢节	冰雕和雪雕展览、圣劳伦斯河独木舟大赛、攀冰运动、越野滑雪比赛、轮胎滑雪比赛、大型滑车、狗拉雪橇赛、冰上赛马等
挪威	1892年	每年三月的第一个星期六	奥斯陆滑雪节	国际跳台滑雪等
日本	1950年	5天，每年二月的第一个星期，到周日为止	札幌冰雪节	国际雪橇比赛、文化展览、艺术家盛会、大小型冰雕雪雕、音乐会、冰雪滑道和迷宫等
中国	1985年	1个月，每年1月5日到2月5日	哈尔滨国际冰雪节	雪雕游园会、冰灯游园会、冬泳比赛、冰球赛、雪地足球赛、高山滑雪邀请赛、冰雕比赛、冰上速滑赛、冰雪节诗会、冰雪摄影展、冰雪电影艺术节、冰上婚礼等

（资料来源：编者根据网页数据整理、汇总）

2. 国内冰雪运动休闲旅游的发展

冰雪运动休闲旅游的发展与整体旅游业发展进程基本保持一致，尽管都起步比较晚，发展速度却比较快。从考古看，中国滑雪历史可以上溯到1万年前。2005年，在新疆阿勒泰市发现了一幅岩画，该岩画上有一排7人，其中4人尾随牛马等动物，3人弯腰撅臀，手持木棍，专家学者称此为单杆，脚下踩着长条形物件极似滑雪板，此岩画就是阿勒泰人单杆滑雪狩猎的场景。而后，很多专家学者从考古、草原文化和岩画角度，将这幅岩画与法国、西班牙的岩画进行比较后推断出，其年代属于旧石器时代晚期，距今约1.2万年或更早，也就是说早在1.2万年前，阿尔泰山居民已发明了滑雪板。因此，阿勒泰也被作为人类滑雪的发源地。但我国最早关于滑雪的记载是1300年前，生活在大兴安岭地区的室韦族的生活记录，他们在野山雪地上"骑木而行"①，进行射猎。直到中华人民共和国成立初期，政府开始比较重视普及群众性体育活动，在北方漫长的冬季中，冰雪运动成为政府关注的重点。1963年创办的哈尔滨冰灯游园会使冰雪运动开始在我国东北地区发展，当地人们都愿意参加到冰雪运动中来，以达到健身娱乐的目的。1985年哈尔滨市创办首届冰雪节并获得成功，燃起了人们对冰雪运动休闲旅游的热情，同时标志着中国冰雪旅游正式拉开序幕。1992年中国在阿尔贝维尔冬季奥运会上取得奖牌，让中国的冰雪旅游迎来了一个发展的小高潮。1996年亚洲冬季运动会在哈尔滨召开，滑雪旅游开始升温。1998年黑龙江省举办了国内首届滑雪节，从而推动了中国滑雪旅游进入蓬勃发展阶段。21世纪以来，随着人们生活质量的提升，滑雪运动走入普通大众的生活，冰雪旅游得到快速的发展。目前形成以东北三省为首，带动北京、河北、新疆、四川等地的全国冰雪旅游发展新格局。国内每年参与滑雪的人数也有了明显的提升，从1996年的2万~3万人次提升到2015年的1200万人次。2022年北京—张家口冬季奥运会的成功申办，极大地刺激了我国冰雪运动的发展。

为进一步落实《国务院关于加快发展体育产业促进体育消费的若干意见》，国家体育总局在2016年11月发布了《冰雪运动发展规划（2016—2025年）》，这其中指出"到2025年，实现冰雪运动基础更加坚实，普及程度大幅提升，直接参加冰雪运动的人数超过5000万，并'带动3亿人参与冰雪运动'；冰雪运动竞技水平和国际竞争力全面提升，力争在2022年冬奥会上综合实力跻身世界先进行列；产业体系较为完备，2020年冰雪产业总规模达到6000亿元，2025年冰雪产业总规模达到10000亿元的目标"。②与此同时发布的《全国冰雪场地设施建设规划（2016—2022年）》中明确提出"到2022年，全国滑冰馆数量不少于650座，其中新建不少于500座；滑雪场数量达到800座、雪道面积达到10000万平方米、雪道长度达到3500千米，其中新建滑雪场不少于240座、雪道面积不少于7000万平方米、雪道长度不少于2500千米"的建设目标③。据统计，到2015年，全国滑雪场的数量达到568家，这些雪场分布在全国多个省（市、

① 孙轲．中央拟建政策性森林保险［EB/OL］．（2008-11-21）．http：//www.cs.com.cn/bxtd/02/200811/t20081121_1661145.htm.

② http：//www.sport.gov.cn/n14442/c773627/content.html.

③ http：//www.sport.gov.cn/n14442/c773626/content.html.

区）（见表 3–7）。

表 3–7 国内主要冰雪旅游目的地的发展状况

地区	主要节庆活动	滑雪场数量	滑雪人数（万人次）
北京	北京延庆冰雪旅游节、密云旅游冰雪节、北京鸟巢欢乐冰雪季、龙潭湖冰雪嘉年华等	23	169
黑龙江	哈尔滨国际冰雪节、中国黑龙江国际冰雪节等	120	149
吉林	中国长春净月潭冰雪节、吉林国际雾凇冰雪节等	37	96
山东	济南滑雪文化节、潍坊仰天山冰雪节等	51	85
河北	中国崇礼国际冰雪节等	40	85
新疆	新疆阿勒泰国际冰雪艺术旅游节、乌鲁木齐丝绸之路冰雪风情节等	52	77
山西	太原冰雪嘉年华、芦芽山冰雪节等	32	72
浙江	青田乐园灯光滑雪狂欢节等	17	70
辽宁	沈阳冰雪节、大连冰雪游园会等	31	65
内蒙古	呼伦贝尔中国开雪节、阿尔山冰雪节等	26	59
河南	嵩顶冰雪文化旅游节等	33	58
四川	中国南国冰雪节、峨眉山冰雪温泉文化节等	10	42

（资料来源：根据《中国滑雪产业白皮书（2015）》，旅游信息网站整理）

（四）冰雪运动休闲旅游的发展思路

1. 合理的产业开发理念

（1）无论是在根基牢固、发展历史悠久的旅游目的地进行冰雪运动休闲旅游的开发，还是在发展时间较短的旅游目的地进行开发，都需要到实地进行充分的考察与调研。尽最大的努力保证前期调研工作的准确性，避免因调研不当而引起的不必要且不可挽回的损失。

（2）在开发冰雪运动休闲旅游时，旅游目的地的硬件设施设备需要同步发展，当地政府应当加强宣传与市场营销，注重冰雪运动休闲旅游者的体验性、安全性与满意度，以保证冰雪旅游业的成功与可持续发展。

（3）注重保护生态环境。保持当地现有的自然环境状况，合理规划突出当地的人文历史等，加强环境保护措施。

2. 多样化的冰雪旅游内容

（1）主要开发滑雪运动休闲旅游以及冰上运动休闲旅游产品，在配套设施方面建设适量的度假村及酒店，不断完善酒店设备设施，设计不同类型冰雪主题的客房与旅游产品，吸引游客的注意力，以满足各类游客的需要。创办多样化冰雪主题活动吸引游客注意力，提升游客的运动满意度。

（2）举办冰雪运动竞技赛事，如大学生冬季运动会、花样滑冰世锦赛、冰壶世锦赛等；也可举办当地特色的民族冰雪运动赛事，如冰灯游园会、雪地足球赛、狗拉雪橇比赛，攀冰比赛等。这些赛事活动不仅能够吸引世界各地的游客，还能够普及大众冰雪运动，促进冰雪运动休闲旅游的发展。

（3）策划并举办冰雪节庆活动，在活动中突出当地的地方特色，以文化主题活动以及市场营销为依托，吸引世界各地的游客，让游客最大限度地参与活动。

3. 组合化的旅游开发手段

（1）提升冰雪运动休闲旅游产品的质量，提高市场销售的合理性，提供更加人性化的产品。

（2）秉承人性化的理念，将该理念融入冰雪旅游的宣传与实际操作之中，重点强调冰雪运动休闲旅游产品的魅力，让游客体验冰雪运动的刺激性。

（3）为所有游客提供详细具体的旅游产品信息，充分利用顾客的口碑效应，扩大老顾客对潜在冰雪运动休闲旅游消费者的影响，为开发潜在市场做好准备。

（五）滑雪场未来发展的趋势

近年来我国的滑雪场建设快速发展，虽然已经具有相当的规模，但与国外发达的成熟滑雪场仍存在不小差距，未来我国的滑雪市场还会有很大的提升空间。

（1）开发合理化，设计规划更加专业化。在申奥成功后，冰雪运动在我国逐渐流行起来，由此也体现在滑雪场的数量上，2015 年比 2014 年增加了 108 家，这使得滑雪场的竞争越来越激烈，专业化分工越来越明显，为保证滑雪场的竞争力，越来越多的专业人员会参加到规划、建设及运营中。合理化、专业化就要求设计规划、开发等一系列的活动都要以适应当地的自然环境，保护环境为前提。在开发建设时可以借鉴国外优秀的开发、经营案例，保证国内滑雪场建设的可持续发展。

（2）滑雪场的经营模式需要多样化。单一的滑雪场经营模式很难适应当前的市场需求，也很难实现盈利。在滑雪场附近除了必要的餐饮与住宿服务外，还应该建设相应的娱乐项目和商业配套设施，尽最大的努力满足体育旅游者的需求。在国外的一些滑雪场，体育旅游者除了能够参加滑雪运动外，还可以观赏滑雪场周围的自然景观、名胜古迹，体验当地特色的风土人情。这种有运动、有文化体验的体育旅游能够产生很大的联动功效（如万达长白山国家度假区），可以刺激并带动周边产业的发展。

（3）经营管理更加规范化。随着国内滑雪市场的迅速增大，大众的滑雪水平不断提升，对于滑雪场经营管理的要求也越来越高。运营不规范，管理能力不够的滑雪场，必将被淘汰。为了保证冰雪运动健康、有序的发展，政府的相关部门也要制定相应的政策法规，对冰雪运动市场进行规范与监督。因此，加强经营管理的规范性是冰雪运动场馆未来的发展趋势。

（4）服务更加专业化。服务质量的好坏对于体育旅游者来说是至关重要的，优质专业的服务能让体育旅游者有美好的体验。在互联网大时代下，充分利用网络发布相关的信息、票务等，可以避免因为排队等造成的时间浪费。此外，还要对冰雪运动指导员进行专业化的培训，培养他们的素质，为冰雪旅游者提供更完善的指导，指导员的作用不仅是教授滑雪、滑冰等的专业技能，还要将冰雪运动的安全知识告知冰雪运动者。

（5）滑雪场的四季经营模式。一般情况下，会将滑雪场的四季经营模式分为两季——“雪季”和“非雪季”。在雪季（一般指 11 月到次年的 3 月），可以充分利用雪资源和场地资源，最大化的完善各种雪上活动，如单板滑雪、越野滑雪、雪地摩托、冰雪马拉松等运动，还可以引进节庆活动，如滑雪节、冰雕比赛等，丰富雪上项目，以满足不同人群对于冰雪运动的需求。在非雪季（一般指 5 月至 10 月），则可以利用地形地势、场馆等，开展一些音乐节、美食节等活动，拓展一些登山、攀岩、高尔夫、徒步、滑翔伞等运动项目。在一年四季中，都有相应的体育旅游吸引物，让游客到此进行体育旅游。国内已经有一些雪场在进行这方面的探索，如东北的北大壶滑雪度假村有丛林真人 CS、迷你高尔夫、登山徒步、山地自行车等非雪季运动项目，再比如华北的怀北滑雪场有汽车露营、穿越、扎筏泅渡、山地 CS 等非雪季的运动项目。这些项目的设立为各个滑雪场在非雪季时增添了生气与活力。

（六）冰雪运动休闲旅游案例

1. 国外冰雪运动休闲旅游案例

（1）加拿大惠斯勒滑雪场。

简介：惠斯勒山滑雪场是北美洲面积最大的滑雪胜地，该场地位于温哥华以北约 130 千米的惠斯勒。惠斯勒度假村（Whistler Resort）于 1908 年建立，该度假村是被黑梳山和惠斯勒山包围的山中小城，被公认为是北美地区四季皆宜的旅游度假胜地之一。度假村主要由惠斯勒村和上村组成，还有一些高尔夫球场、湖泊、公园等。惠斯勒曾获得“北美第一滑雪地”及“最佳度假胜地设计”等称誉，它也是 2010 年冬季奥林匹克运动会的滑雪场。惠斯勒同时也是家庭友好型的旅游度假目的地——在猫途鹰网（TripAdv-isor）发起的“2011 游客票选”的“最佳家庭度佳胜地”评选中，惠斯勒摘得加拿大十佳家庭度假胜地次席宝座，并吸引了诸如在 4 月的泰勒斯国际单板和滑板滑雪节（TELUS World Ski and Snowboard Festival），和 11 月的惠斯勒美酒美食街（Cornucopia Whistler’s Celebration of Wine and Food）在此举办。

规模：惠斯勒山滑雪场占地面积 1462.8 公顷，高 1530 米，拥有 100 多个滑雪道，其滑雪道数量是加拿大所有滑雪场中最多的。其中有 25% 的雪道适合专业选手滑行，55% 的雪道为半专业滑雪者设计，20% 的雪道为初学者使用。（如表 3–8 所示）

表 3-8　惠斯勒山雪场信息

年度降雪量	1168厘米/460英寸
雪场面积	3307公顷/8171英亩
垂直高度	1610米/5280英尺
海拔	2285米/7494英尺
缆车线路/雪道数量	38/200
最长雪道	11千米/6.8英里

配套设施：小镇的街道上随处可见餐厅和酒吧，截至目前度假村中拥有各种类型的度假饭店约 115 家，各种商店约 200 家，餐厅约 90 家。惠斯勒小镇目前拥有 1 万多人，经营着当地特色的工艺品、高档时尚服饰、珠宝、滑雪用具和野营所需的专业设备。

特色：四季皆宜。春季滑雪一般开放到 5 月底左右，会有越野滑雪、双板滑雪、单板滑雪等项目。夏季的惠斯勒不仅是避暑胜地，还是音乐和庆典举办的首选。在这里可以进行高尔夫、钓鱼、爬山、漂流等户外运动。惠斯勒山海拔 2182 米，降雪量充足，平均气温在 −12℃ ~−5℃之间。惠斯勒山拥有 100 多条滑雪道，其中有 75% 的雪道都很宽阔，非常适合初中级滑雪者，而资深的滑雪玩家可以选择北美地区标高第一的黑梳山进行高难度的挑战，一尝在真正世界级滑雪场滑雪的滋味。

经营状况：每年冬天，有超过 200 万游客来到小镇惠斯勒。不管滑不滑雪、无论年龄多大，惠斯勒的雪地摩托车、穿上雪网鞋于丛林漫步、狗拉雪橇、雪地越野、履带雪车之旅、马拉雪车等活动都可以让人玩到尽兴。

（2）奥地利因斯布鲁克滑雪场。

简介：奥地利的蒂罗尔州首府因斯布鲁克，位于阿尔卑斯山心脏地带，有全欧洲最著名的滑雪场地，曾举办过两届奥林匹克冬季运动会。在这里滑雪，感觉是特殊的，经常能找到人与雪、人与山的共鸣，每个在这里滑过雪的游客都会有一种身处在白雪皑皑童话般世界的感觉。

规模：因斯布鲁克共有 9 个滑雪区域，其中有 6 个主要的滑雪场，雪道总长 200 千米，59 条缆车随时供游客使用，并只收取缆车费。滑雪季节为 11 月至第二年 5 月。

配套设施：位于 2600 米海拔的 BODELEHUTTE 餐馆，每滑一段就有一处，非常方便，有租雪具的商店，也可以买雪具，试用雪板。由于因斯布鲁克的滑雪场多数处于 2000 米以上的区域，滑雪以及溜冰等运动项目的设施设备完善，适宜高山滑雪。一般在每个滑道的山脚下都有许多餐厅和咖啡店供人们休息和品尝美食。很多滑雪场还安排夜间的活动，比如篝火烧烤、舞会、抽奖等。

特色：饮酒聊天可以算作是奥地利滑雪场的特色文化。

经营状况：每年游客量可达 100 多万人次。

（3）瑞士采尔马特滑雪场。

简介：采尔马特（Zermatt）滑雪场位列世界顶级滑雪胜地之列，地处马特宏峰脚下，拥有 250 千米长的滑雪道，拥有世界第二大垂直落差，海拔高差有 2200 米，共 74 套各类登山运输设施供滑雪者使用。

采尔马特滑雪场有 62 条缆车，缆车可以覆盖三个独立区域和意大利的 Breuil-Cervinia 山镇之间。乘坐缆车可以抵达 Sunnegga-Blauherd 区域，在这里可以乘坐缆车到达 3400 多米的天堂 Rothorn。

第二个区域就是 Gornergrat，这里的大部分是人造雪，有几条雪道可以从山顶滑到 Riffelberg，可以乘坐火车或缆车从 Riffelberg 出发，体验不同变化的中级道，有些线路可直接抵达酒店。

第三个区域是科林马特洪（Klein Matterhorn）或者是马特洪峰的冰川天堂区，该区域是采尔马特面积最大的区域，越界可达意大利的 Cervinia。

采尔马特小镇人口不足 4000 人，海拔 1640 米。小镇全长 1500 米，宽 400 米。在阿尔卑斯山的群峰之中，采尔马特有着“冰川之城”的美称，该地没有汽车只有电瓶车，被称为无汽车污染的山间旅游胜地。也可以乘坐“冰川快车”参观阿尔卑斯山区旅游胜地圣摩里兹和采尔马特两大景点，全程 400 多千米，运行约 8 小时。沿途可以欣赏冰川遗迹、91 条穿山隧道、290 多座桥梁，以及阿尔卑斯山随海拔高度的变化而展现出的不同风光。

规模：采尔马特（Zermatt）小镇拥有 38 座海拔 4000 米以上的高峰，拥有初级雪道 17.5 千米，中级雪道 106 千米，高级雪道 70.5 千米。此外，共有 74 套各类登山运输设施提供给各类滑雪者使用，同时拥有 62 条缆车随时供游客使用。

配套设施：这里拥有几十家酒店供游客入住，随处可见。

特色：在这里的行人，有一半是穿着各式滑雪服、背着各种滑雪板的爱好者。道路两侧有售卖各种体育用品的商店。

经营状况：每年至少接待 200 万游客到此参与滑雪。

2. 国内冰雪运动休闲旅游案例

（1）吉林北大壶滑雪场。

简介：吉林北大壶滑雪场主峰海拔 1408.8 米，山峰坡度平缓，冬季平均气温 -10.2℃，年积雪时间可达 160 天，自然条件优越。雪场三面环山，可避风，气候非常适宜。雪场能满足跳台及高山滑雪等雪上项目的建设要求，已达到国际水平。

规模：雪道总长度约 37 千米，最长雪道 3000 米。其中有初级雪道 3 条，中级雪道 5 条，高级雪道 5 条。最低海拔 474 米，最高海拔 1404 米，垂直落差 930 米，是目前国内雪道山体落差最大的滑雪场，具备举办任何级别国际赛事的自然条件，且拥有国际标准雪道 19 条。

配套设施：雪场拥有冬季现代两项靶场 1 座，国际标准单板 U 形槽及单板公园一座，滑雪跳台两座，自由式空中技巧滑雪台一座，旱地雪橇滑道 1 座，各类滑雪用具 2000 副。

特色：适宜的气候，能够获得非常好的体验；雪场内植被丰富，风景优美，有时可以遇到雾凇，宛如童话世界；粉雪丰富，尤其树林间都是干粉雪，有足够的深度让野雪爱好者爽翻天。北大壶滑雪场是中国滑雪期最长的雪场，长达 140 天左右。

经营状况：日游客量超过 3000 人，日接待能力为 6000 人。

（2）新疆丝绸之路滑雪场。

简介：丝绸之路国际滑雪场位于新疆南山水西沟镇平西梁景区，地处天山山脉，公路网络较为发达，交通十分便利。雪场处于天山北坡 1800 米以上，2500 米以下的区域，是夏季避暑、冬季滑雪的首选之地。

规模：位居国内三大滑雪场之一的丝路滑雪场总面积 12 平方千米，拥有滑雪道 8 条，包含初、中、高三级滑雪道，该雪场可同时接待 1 万名滑雪运动爱好者，丝路滑雪场拥有专用滑雪及观光缆车 3 条，并专门设有儿童及成人滑雪教学区，为初级滑雪运动爱好者提供教学服务。

配套设施：建有 6000 平方米生态酒店、雪地飞碟欢乐园、单板公园、动力三角翼会员飞行体验基地，国际标准高山滑冰场、滑雪综合服务接待大厅、国际品牌雪具专卖店、1200 平方米的休闲木平台阳光食街等滑雪配套服务设施。滑雪场还有咖啡屋、迷你吧等设施。

特色：新疆雪期长达 4~6 个月，是天然的“野雪”，且雪质较黏，很适合滑雪。

经营状况：可同时容纳 1 万人滑雪。

（3）浙江天池滑雪场。

安吉江南天池度假村位于浙江省天目山北麓的安吉县境内，充分利用海拔高、冬季雪量丰富的天然优势，在 2006 年建立了江南首个高山野外滑雪场。该滑雪场全长 800 米，落差 40 米，宽 40~150 米，总面积达 6 万多平方米，是华东地区目前唯一的野外露天滑雪场。为了满足不同人群的对滑雪的需求，滑雪场内设有初、中、高级滑雪道以及儿童雪圈道等，这里每年可接待众多来自国内外的滑雪爱好者，仅 2013 年接待游客达 57 万人次，营业收入上千万元。该度假村除了有滑雪场之外，还建有高山泡澡城，共设置了 50 多个大小泡池。在冬季，滑雪和高山泡汤是江南天池度假村的主打项目，因此赢得了“冰火两重天”的美誉。

优美的景区环境、清新宜人的空气，使得江南天池度假村成了远近闻名的高山旅游休闲胜地。近几年来，随着运动休闲旅游工作的开展，江南天池度假村已发展成为一个成熟的风景旅游区，先后被评为国家 4A 级旅游景区、浙江省服务品牌、湖州市服务品牌、国家水利风景区、浙江省全国爱国主义教育基地、全国工业旅游示范基点、湖州市服务业百家优强企业、湖州市创建文明风景区先进单位、湖州市优秀旅游景点、消费者信得过单位、湖州市十大旅游景区、旅游工作先进单位、浙江省休闲运动示范基地等。

二、水上运动休闲旅游

（一）水上运动休闲旅游的概念

水上运动是指全部过程或主要过程都是在水下、水面或水上进行的各种形式的体育比赛和活动，它是为了区别于陆上和空中体育项目，根据所处的运动环境而命名的。为了追求新的带有刺激性和冒险性的运动，人们把许多路上的运动项目移植到水中进行，创造出水下、水上形形色色的新项目①。水上运动可分为水上竞技项目、船类竞技项目、滑水运动、潜水运动（如表 3-9 所示）。水上运动休闲旅游是以水资源为基础，体验水上运动文化内涵的所有旅游活动形式的总称，是一项极具参与性、体验舒适性、健身性、交通便利性和冒险性的旅游产品。水上运动项目因参与性强且近距离接近自然，而受到运动员与民众的喜爱。除了这些运动项目外，海边的水上运动会有游乐设施，如香蕉船、甜甜圈等；这些虽然不用自己掌握技巧或者大量的训练，但是在摩托艇牵着香蕉船等设施前进时，为了自己的安全需要紧抓手柄并保持身体平衡防止被甩到水里，对体能也有一定要求，这些运动也可算作水上运动休闲旅游的一部分。水上运动内容丰富多彩，融运动竞赛、科学技术于一体，兼具休闲、娱乐、探险、旅游等多重功能，正在得到广大休闲爱好者的青睐。水上运动通常在天气环境适宜的情况下进行，水上运动休闲旅游爱好者可以充分体验水、空气和阳光的滋润，也因此逐渐成为人们新的生活和休闲娱乐的方式。

表 3-9　水上运动种类

	种类	项目名称
水上运动	水上竞技项目	游泳、跳水、水球和花样（艺术）游泳等
	船类竞技项目	划船运动、赛艇运动、皮划艇运动、帆板运动、摩托艇运动等
	滑水运动	水橇、滑水板、冲浪等
	潜水运动	竞速潜泳、水下橄榄球、水下曲棍球、长距离蹼泳、水下定向等

（二）水上运动休闲旅游的特征

1. 参与性

水上运动休闲旅游具有非常强的参与性。这项运动对场地的要求不像冰雪运动的要求那么高，只要是游泳池、河边、海边都可以进行。此外，该运动受季节的限制也比较小，冬季人们可以在室内游泳池进行各项体育运动，也可以在室外进行冬泳运动。水上运动休闲旅游让人们在紧张的工作压力下，通过运动放松身心。

① 吴业锦 . 临沂市“水上运动”市场开发的研究［C］. Proceedings of 2015 5th International Conference on Education and Sports Education（ESE2015），2015.

2. 体验舒适性

体验舒适性是水上运动休闲旅游的重要特征。传统的观光旅游形式大都是“走马观花”，而水上运动休闲旅游强调体验舒适性。参与旅游的人群要加入到水上运动中，亲身体验各项水上运动休闲旅游的运动项目，感受水上运动的乐趣，体会当地各色水上运动项目中含有的风土人情。特别是在夏天，人们到海边冲浪、晒日光浴等。海边的空气中氧和臭氧的含量比较高，空气质量往往比其他内陆城市好，这也是吸引人们参与水上运动休闲游的一个重要吸引点。另外，受海洋的影响，沿海的城市一般气温变化较小，空气洁净，阳光充足，且海水中含有丰富的微量元素对人体十分有益。

3. 健身性

水上运动具有很强的健身性。水上运动可以分为室内水上运动和室外水上运动。室内水上运动主要是水上竞技项目，室外水上运动主要是船类竞技项目、滑水运动、潜水运动。这些运动都需要全身上下协同合作才能完成相应的技术动作，对体能的消耗非常大。水上运动特别是游泳，不仅可以增强心、肺功能，还可以减肥、增强身体的协调性，甚至还可以缓解颈椎病，促进腰腹部的血液循环。

4. 交通便利性

交通便利性是水上运动休闲旅游的一个重要特点。由于开展水上运动的城市大都是相对比较发达的东部沿海城市，因此一般都会具有比较优越的地理位置和相应的交通基础设施。

（三）水上运动休闲旅游的发展概况

1. 国外水上运动休闲旅游的发展概况

国外水上运动休闲娱乐项目的发展要早于中国。早在 1896 年第一届奥运会就设有游泳项目的比赛，但当时只有三个比赛项目。在随后的发展中，水上运动项目逐步丰富，专业的比赛项目增加到 6 大项，67 小项的比赛。非专业的、有趣味性的比赛项目更多。在欧美发达国家，水上运动项目很受欢迎。由于他们天生具有冒险意识，很多的水上极限项目，都是由他们创造的，就好比极限跳水、水上摩托等。虽然中国的跳水运动在世界上属于强国之列，但是对于极限跳水的 27 米（男）高台，却很少有人染指。同样，在中国柳州举办的 2014 世界水上极速运动大赛，所有挑战项目的冠军无一例外都被外国人夺走。

水上运动休闲娱乐产业已经成为北美、西欧和日本的重要产业。以美国为例，2010 年水上运动休闲娱乐产业总产值高达 2100 亿美元；若将水上运动休闲娱乐产业直接产值与间接产值加在一起，总和接近 5000 亿美元。2013 年的数据显示，美国有 1000 万人参加独木舟运动、1000 万人参加皮划艇运动，370 万人参加漂流运动，150 万人参加桨板运动。2013 年英国官方调查统计显示，英格兰 14 岁以上的人群每月参与垂钓的人数为 63.28 万人，游乐渔 15.58 万人，海钓 24.59 万人；皮划艇运动 13.33 万人；水上划船 1.18 万人，帆板冲浪 4.75 万人，户外游泳 1.74 万人[①]。

再比如冲浪，这个项目在国外的海边非常常见，而且在很多优质的海边举行过冲浪比赛，秘鲁、南非和澳大利亚黄金海岸都举办过这类活动。这是一项充满挑战性与体验性的运动项目。它的起源至今有两种不同的说法。一种说法认为这项运动起源于澳大利亚，据说在欧洲人登上澳大利亚以前，当地的土著居民，乘独木舟时，忽而冲上浪峰，忽而跌入低谷，这就是冲浪运动的前身，一种认为冲浪运动起源于 20 世纪五六十年代的美国夏威夷，据说在 1778 年的时候，英国探险家就曾在此地看到夏威夷的居民有这种活动。1908 年传到欧美其他国家，然后逐渐传到大洋洲和东南亚等国，并在澳大利亚兴盛起来。

帆船在国外的发展历史也是非常久远，如德国早在 1882 年就开始举办的基尔帆船节，至今已经有 135 年的历史。在基尔帆船节期间，大约有来自世界各地的 50 多个国家和地区的 2000 多艘赛艇、5000 多人参加比赛，同时这里会吸引 300 万人的观众到现场参观消费。除了帆船比赛，这里还有潜水、海岛自行车、海钓、游艇休闲等运动项目，吸引着来自世界各地的体育旅游运动爱好者。同样是帆船，在美国的美洲杯帆船赛已经有 150 多年的历史，在 1870 年时美国与英国首次举办了横跨大西洋的美洲杯帆船比赛。现今世界上有五大帆船赛事，具体如表 3–10 所示。

表 3–10　世界五大帆船赛事

创办国	赛事名称	创办时间	赛事特色
法国	法国旺底不靠岸单人环球航海赛	1989年	从法国启航，驶向非洲海岸，途经好望角，环绕南极大陆，跨越合恩角，经过南美海岸，最后抵达法国大陆。在约4个月的时间里独自航行2.6万海里，只经由卫星电话及电子邮箱来联络，是人类对极限的挑战。
美国	美洲杯帆船赛	1851年	历史最悠久、影响力最大、声望最高的帆船赛事。美洲帆船赛更多是以企业实力和合作精神为载体的国家竞争。
英国	沃尔沃环球帆船赛	1973年	是目前全世界影响力最大的专业帆船赛之一，被称为“航海的珠穆朗玛峰”，每四年举办一次。路线设计上包含四大洋、五大洲。比赛时间长达9个月。
英国	克利伯环球帆船赛	1996年	3.5万海里、历时10个月的航程，使克利伯环球帆船赛成为规模最大的业余环球航海赛事和世界最著名的环球航海赛事之一。
澳大利亚	悉尼至霍巴特帆船赛	1945年	离岸比赛赛程约628海里，多年来该赛事吸引大量政治家、商界巨头、体育传奇和帆船英才参与，由于靠近南极，航行过程中经常突然出现无法预计的风暴。

（资料来源：编者根据网页资料整理）

2. 国内水上运动休闲旅游的发展概况

相较国外水上运动休闲项目，国内的水上运动休闲项目发展较晚。20 世纪 60 年代，中国水上运动项目取得了突破性的成绩，如戚烈云、穆祥雄、莫国雄三人五次打破游泳

① 党挺 . 英国户外休闲产业发展经验及其启示［J］. 体育文化导刊，2016（8）：147–151.

项目世界纪录。改革开放后，我国的水上运动休闲项目得到快速发展。进入 21 世纪以来，在 2008 年北京奥运会的推动下，我国进一步加快了水上运动的发展，在竞技比赛方面，赛艇、帆船、游泳、花样游泳（艺术游泳）、空开水域游泳比赛等项目上都有上佳的表现；在水上休闲娱乐方面，多地开始建设水上乐园、普及全民健身的游泳馆等。目前全国各地拥有水资源的城市，都在利用自身优势积极地探索各种水上休闲运动产业的发展之路。例如，青岛、日照、威海、烟台、三亚、海口、大连等城市的水上休闲产业发展非常迅速，并且已粗具规模，在国内具有较高的知名度。比如，日照正在着力打造水上运动之都，并成功举办了 2010 中国水运会。为了更好地促进水上运动休闲产业的发展，国家体育总局在 2016 年 11 月份发布的《水上运动产业发展规划》中提到："打通水上运动产业发展壁垒，探索特色水上产业集聚区构建、运作模式，实现规模化产业发展。到 2020 年，水上运动产业总规模达到 3000 亿元。水上运动俱乐部达到 1000 个，全国水上（海上）国民休闲运动中心达到 10 个"。并且还提出要加强运动设施建设、丰富体育赛事活动，如重点关注的赛事：中国杯帆船赛、赛艇中国杯、中国摩托艇联赛等。

在"一带一路"发展的大前提下，原国家旅游局和国家体育总局联合发表了"一带一路体育旅游发展行动计划"，这里面专门提到了以"一带一路"体育旅游节庆为统领，重点在沿线国家和国内沿线省市发展水上运动系列赛等。

根据第六次全国体育场地普查数据显示（如表 3-11 所示），我国在水上运动的场馆设施有大幅的提升。为水上运动休闲旅游的发展提供了基础性保障。

表 3-11　全国分场地类型体育场地状况

单位：个

场地类型	合计	不开放	部分时段开放	全天开放
游泳馆	5279	1025	2250	2004
跳水馆	34	20	12	2
室外游泳池	9111	2085	5531	1495
室内游泳池	50	30	15	5
水上运动场	208	99	55	54
海上运动场	27	13	7	7
天然游泳场	289	5	118	166

（资料来源：国家体育总局体育经济司，第六次全国体育场地普查数据汇编）

（四）水上运动休闲旅游的发展思路

1. 合理开发水上运动休闲旅游的项目产品

（1）根据自身的条件和优势，认真考察市场需求，设置相应水上运动休闲项目的时候，要有大局观念，进行科学的论证。要根据当地的民风民俗以及传统的民族体育文化，结合当地的资源特点，适当开发民族传统体育项目，让游客置身中国传统体育文化之中，领略中国传统体育文化的魅力。为继承、保护和弘扬中国传统的体育文化做出贡献。

（2）合理开发专项产品，打造特色水上运动品牌。根据区域内自身条件的特点，因地制宜，开发具有特色的水上专项运动休闲旅游产品。做好本区域内的特色水上运动休闲旅游，不仅是满足水上运动休闲旅游爱好者的需要，而且也是区域旅游市场发展的需要。

2. 周期性地举办有奖赛事及嘉年华活动

组建各种水上运动协会，与国家水上运动协会接轨；组建当地业余水上运动队，经常性的与其他城市之间水上运动队进行对抗赛，地方性赛事要与相关互动活动结合在一起；俱乐部要实行会员管理制度；有计划针对团体推广各种水上拓展活动和各种水上派对活动。用赛事的影响力带动人们对水上运动的热情，使水上运动得到更好的发展。

3. 制定周期性的水上运动休闲旅游的发展规划

当下，水上运动的赛事活动越来越多。国内承办水上运动赛事的城市也越来越多，如何最大效益地发展水上运动，让赛事活动刺激游客消费，应当提前做好规划。政府应当以本地现有资源为基础，主导制定规划，依托当前的社会经济基础，并利用水上地区的资源优势，合理开发，防止环境破坏，并进一步加强对投资行为的监管力度[①]。

根据赛事的要求，提前为未来各种形态的水上休闲俱乐部预留发展空间；赛场的建设要考虑到未来参与水上运动体验人群定位，安排好百姓的水上运动体验区、常态俱乐部区、VIP 区，同时考虑到他们的水域的划分、航行路线。

4. 加强水上运动休闲旅游的基础性设施建设

发展水上运动休闲旅游，还需要建设相关的交通、景区设施、综合配套设施、环境设施、公共服务设施等。政府还可以通过市场的力量，鼓励企业和当地居民建立住宿、餐饮、娱乐一体的旅游服务单位，同时给予相应的补贴，推动旅游区域的服务基础设施完善。

（五）水上运动休闲旅游案例

1. 国外水上运动休闲旅游案例

（1）新西兰昆斯敦急流冲浪。

昆斯敦河从每年 10 月到次年 5 月可以冲浪，基本的游泳技能是必要的。激流冲浪者在浪花之上乘着卡韦劳河的湍流飞速前进，加上卡韦劳河谷激动人心的陡崖和连绵的群峰（在电影《指环王》中能看到）。800 米长的 Chinese Dogleg 是新西兰最长的急流，让你感觉到自己像是陀螺一样旋转。这样的浪非常适合桶式翻滚和保持冲浪姿势，而且一点也不用担心安全问题。

（2）法国红牛极限悬崖跳水。

这是法国当地借助地理优势开展的一项“悬崖跳水”活动，借用当地的一座高塔，

① 江伟，曲进．“一带一路”背景下广东滨海体育旅游发展策略研究［J］．广州：广州体育学院学报，2016.

在塔的上方，架构出跳台，此项跳水的高度为27米，更有意义的是跳水的落地点就是大西洋。在2013年时，这项运动只有14名来自世界各地的极限跳水运动爱好者参加比赛。这项运动有很大的危险性，只有专业的人员才会参加。由于这项运动有巨大的冲击力，运动员跳落至水面时，时速可以达到每小时100千米，如若没有很好的技巧与训练，稍有不慎，跳水者就可能会头骨碎裂，命丧当场。

选手需在落水前，表现各式翻转及花式动作，在无任何防护之下，自27米高台，急速下降跃入水中，考验选手在重力加速度之下，高度专注力、技巧及对身体掌握度的全然展现。和室内跳水的最高十米台不同，悬崖跳水的高度一般是20多米。而在重力加速度的作用下，人的下落速度已达到每小时100千米，因此悬崖跳水与我们常见的室内跳水最大的不同就是一定要脚先入水。

（3）澳大利亚黄金海岸花样滑水。

澳大利亚黄金海岸位于东部海岸中段，该海岸长约长约42千米，拥有10多个连续排列的优质沙滩。黄金海岸拥有充足的日照、宜人的气候以及险急的海浪，是滑水与冲浪活动的首选之地。所谓花样滑水，就是滑水者利用各种手拉、拖绳或脚拖绳等方式，完成转体、跨越拖绳、空翻等动作。花样滑水是滑水运动竞赛项目之一，比赛场地长175米，两端各有15米的准备区。滑水是人借助动力的牵引，在水面上滑行。在比赛中，运动员根据国际滑水联合会竞赛规则中规定的动作编出两套完整的动作，并分别在两个20秒的滑程内完成这两套动作。滑水可根据运动者是否使用水橇或使用水橇的种类，分成花样、回旋、跳跃、尾波、跪板、竞速、赤脚等项目。花样滑水使用的水橇是一块长约100厘米，宽约30厘米两端呈弧形的单板，没有尾鳍，板体上表面设有脚套。虽然滑水的种类很多，但世界滑水锦标赛及世界杯滑水赛等重大比赛只是将花样、回旋、跳跃这传统三项作为正式比赛项目。

2. 中国水上运动休闲旅游案例

（1）秀姑峦溪漂流。

秀姑峦溪为我国台湾省花莲县卓溪乡内河流，发源于中央山脉的秀姑峦山，沿花东纵谷北流，于瑞穗乡东折，横切海岸山脉，于大港口注入太平洋，全长约104千米，秀姑峦溪主要支流有富源溪、红叶溪、丰坪溪、卓溪、乐乐溪。秀姑峦溪下游河口兼有台湾第一座拱式单孔长桥，取名“长虹桥”。为台湾东部最大的河川，也是台湾唯一切穿海岸山脉的河川。秀姑峦溪切穿海岸山脉，切割出许多陡峭的峡谷，造成的曲流、河阶等地形景观，非常发达，有“秀姑漱玉”之称。秀姑峦溪泛舟活动的起点在秀姑峦溪游客中心，设有露营区，每年5、6月为泛舟季节。秀姑峦溪泛舟大致可分成两段，第一段因水流较为平缓，通常用作默契及技术训练。第二段水流湍急，在水力作用下可不划桨前行，但是在方向控制上拥有较高难度，控制不当极易翻船。全程共23处激流，其中长虹桥至奇美之间分布有16处激流。

（2）西岛水上运动。

西岛又名玳瑁岛，西瑁岛，位于海南省三亚市三亚湾内，全岛面积 2.8 平方千米，是海南省沿海仅次于大洲岛的第二大岛屿。

1）西岛潜水。

西岛位于海南省三亚市国家级珊瑚礁自然保护区附近，是世界公认的潜水胜地之一。西岛的西面海域是专设的潜水海域，水深 10~20 米，海水清澈湛蓝，能见度高。

①堡礁潜水。这是一种大众式的潜水，在潜水教练的指导下穿戴潜水服及设备，然后进行专业培训，跟随教练下潜到珊瑚礁聚集的地方，在这里可以看到五颜六色的珊瑚，培训加下潜的时间在 1 小时左右。

②远海潜水。与堡礁潜水装备一样，准备好后乘坐快艇到海上舶船，以船舶为平台进入水中，相比岸潜，船潜可以拥有更广阔的视角，看到更迷人的景色、更丰富的海洋生物，通常在培训后由教练陪同可潜入海底 10~20 米的地方。

③海底摩托。无论男女性别，无论年长年幼，是否熟知水性，在专业人员简单的手势指导下，穿好潜水服，由工作人员带您坐上海底摩托，就可以在海底尽情观赏海洋生物。

2）海上运动。

①拖曳伞。拖曳伞一般是在海上浮台完成所有的动作，即从起飞到降落的全过程。这是一项极富刺激性的海上运动。起飞前，工作人员会为你穿好降落伞，系好拖绳，拖绳和高速快艇相连。随着快艇加速，穿着降落伞的您会因空气阻力而升空，最高可达 20 米，降落伞在空中绽开，可单飞也可双飞，并可“蜻蜓点水”一至二次。“蜻蜓点水”就是把手竖起大拇指，然后往下指，开摩托艇的师傅会让你的脚在水面轻轻一点再把你迅速拉起来。

②摩托艇。摩托艇是日渐流行的一项水上休闲娱乐活动。摩托艇运动集竞技、刺激、欣赏于一体的一项富有现代高科技特征的水上速度运动。其比赛的场面壮观激烈、精彩纷呈、惊心动魄，赛艇马达轰鸣、浪花飞溅、扣人心弦。

③香蕉船。香蕉船是惊险、刺激的海上娱乐活动之一。香蕉船形似香蕉状而得名，坐在香蕉船上由一艘快艇以 50 千米 / 小时的时速拉着在海上飞驰，随着海浪的起浮，香蕉船犹如一匹脱缰的骏马自由穿梭在碧蓝的大海之中。

④滑水。滑水是日渐流行的一项水上休闲娱乐活动。它刺激又充满挑战。站在滑水板上由一艘豪华快艇从海里将您托起，此时的您就站在海面上，跟随着豪华快艇在海面上飞驰。

（3）水上运动休闲天堂——桐庐东方云水涧旅游度假区。

东方云水涧旅游度假区是浙江省运动休闲基地，位于杭州市桐庐县，由杭州东方文化园桐庐旅游开发有限公司投资建设，计划总投资 5.4 亿元，是桐庐目前最大的水上娱乐中心，户外人工冲浪池，多种水上娱乐设施，还可畅游室内游泳池。项目分南北两个功能区块，南区是集休闲、旅游、度假、会务于一体的高星级酒店，占地 6 万平方米，北区是水上运动中心，占地面积 3.3 万平方米；跨线桥连接南北两区。度假区建设总规模为1.5万平方米，分为水上休闲运动中心、健身运动休闲中心和娱乐休闲中心。这样的三区规划意在填补浙西旅游线上无大型休闲娱乐运动中心的空白，结合了潇洒桐庐、休闲桐庐的特色，成为桐庐最大的休闲运动城。

休闲运动城分为三大休闲中心，分别为水上休闲运动中心、健身休闲运动中心、娱乐休闲中心。在这里，你可以畅快与水亲密接触，也可以尽情运动挥洒汗水，还可以尽享各种时尚娱乐，体验丰富的休闲运动产品，活动类型丰富，风格鲜明，老少皆宜。

水上世界丰富多彩。海博水世界面积1500平方米，水浪达1.5米，内有儿童戏水池、阳光茶吧，是浙西旅游线上最大的水上休闲娱乐中心，同时可容纳500人冲浪、嬉水、娱乐，拥有丰富的水上节目演出。室内恒温游泳池，总面积800平方米，为25米×12米的标准游泳池，并配套独立的干湿蒸房和养生地热理疗床，可同时容纳150~200人游泳。

休闲娱乐产品功能全。拥有保龄球馆及各种球类运动馆。保龄球馆是浙西线上唯一的保龄球馆，设备投入100万元。红馆娱乐，面积为2500平方米，拥有19个包厢，可同时容纳400人。600平方米的多功能厅，装修风格生态豪华，功能齐全。富宫馆理疗，拥有20间包厢和一流的足浴师和SPA美容师。

（资料来源：浙江省旅游局，浙江省体育局．浙江省运动休闲旅游范例［M］．北京：中国旅游出版社，2015.）

三、山地运动休闲旅游

（一）山地运动休闲旅游的概念

山地户外运动作为一种生存手段，始于20世纪初的欧美国家，主要是为了生存而不得不进行的一项活动，主要包括狩猎、采药等，经过长时间的发展，逐渐成为人们健身、休闲的一项活动。莫双瑗等（2016）认为山地运动，是以自然山地和其他自然场地为活动场所而开展的一种把旅游、运动、文化、人际交流结合起来的体育运动，包括山地运动、峡谷运动、野外生存及海岛运动[①]。大体而言，山地运动是在有山的自然环境下或者与山地有着密切联系的地方进行，同时在某些程度上讲具有一定的探险、竞技的特性。很多运动项目都非常适合在山地进行，包括徒步、野外拓展、溪降、滑草、山地越野、山地自行车、漂流、林地探险、露营、溯溪、骑马、攀岩、岩降、山地摩托等。山地运动旅游项目有多种门类，需要参与者拥有相对专业的运动设备，在配套设施方面需要与户外运动补充协调，并且需要提供相关的安全救护保障设施。

① 莫双瑗，卢俊佩，张丹．湖北省西部地区开展山地运动的分析与研究［J］．成都：四川旅游学院学报，2016（4）：50-52.

（二）山地运动休闲旅游的特征

山地运动休闲旅游已经发展成为旅游休闲与户外度假的新动力。山地运动休闲旅游与当地的特色民风民俗结合起来，能够给山地资源丰富的地区带来巨大的市场价值。也正是由于山地运动休闲旅游的自然性、观赏性、丰富性、冒险性等性质特征，山地运动休闲旅游成为年轻人追捧的对象。

1. 自然性

鉴于地形的原因，山地普遍保持了原有的自然风貌。现阶段，生活在城市中的大多数人都会受到相应的工作压力、生活状态、自然环境的影响，许多人也因此处于亚健康状态。随着人们越来越希望回归大自然，找到最原始的生活状态来放松身心、缓解压力，山地运动休闲旅游成为非常好的选择。近年来，我国也在大力发展山地运动休闲旅游，《国内登山管理办法》《山地户外运动产业发展规划》等一系列的政策促进了山地运动休闲旅游的发展。

2. 观赏性

山地户外运动休闲旅游极具观赏性，茂密的丛林、湍急的河流、陡峭的岩壁等待着人们去征服、去挑战。这样的地理环境特征会给人一种神秘的感觉，也能够满足不同需求、不同审美水平的人观看欣赏。如攀岩、漂流、丛林穿越、洞穴探险等。

3. 丰富性

山地户外运动休闲旅游拥有多样的运动项目，如绳索类（攀岩、登山等）、徒步类（行走、山地跑等）、骑术类（骑马等）、定向—探险—多项目类、狩猎—垂钓类等活动项目。这些丰富的运动休闲项目可以满足不同消费者的需求。

4. 冒险性

近年来，山地运动成为时尚休闲的方式，也常常是“挑战”“刺激”等词语的代表。山地运动大多是依靠特殊的地形地势进行的体育运动项目，项目的难易程度各有不同。如翼装飞行、山地滑板降速、山地轮滑降速、岩跳等体育项目都需要有非常大的冒险精神才能完成。在自然界的衬托下，人类还是非常渺小的，虽然登山技术已经非常成熟，但是依然有很多对人们来说，攀登非常困难的山峰（如下表 3-12 表示）。

表 3-12 世界最难攀登的高峰（部分）

序号	山峰名称	海拔高度（米）	境内国	登顶时间（年）	特点
1	冈仁波齐峰	6638	中国	—	藏传佛教、印度教、本教的“神山”，至今无人攀登。
2	乔戈里峰	8611	中国和巴基斯坦边境	1954	大本营到顶峰垂直高差竟达到4700。
3	珠穆朗玛峰	8844	中国和尼泊尔边境	1953	全球最高的山峰，登顶死亡率20%。

续表

序号	山峰名称	海拔高度（米）	境内国	登顶时间（年）	特点
4	梅里雪山	6740	中国	—	受季风影响，气候难以捉摸。地形复杂，处于横断山脉。在登山界，该雪山的准确登顶时间至今没有准确信息。
5	贡嘎山	7556	中国	1957	蜀山之王，处于横断山脉，地形过于复杂。
6	安纳布尔纳峰	8093	尼泊尔	1950	至今，有130多人攀登它，53人中途丧命。高死亡率成为海拔8000米级的山峰里面最危险的一个。
7	干城章嘉峰	8586	尼泊尔和印度边境	1955	受地理位置影响，常常浓云密布，很难露出真面目，干城章嘉峰山麓据说是“雪人”频繁出没的地方，死亡率在近些年达到22%。
8	拜塔布拉克峰	7285	巴基斯坦	1977	以“食人魔”（The Ogre）的名字被人们所熟知，是世界上攀登难度最大的山峰之一。

（资料来源：编者根据网页信息整理）

（三）山地运动休闲旅游的发展概况

1. 国外山地运动休闲旅游的发展概况

国外山地运动，最早可以追溯到 18 世纪的欧洲。山地运动最初就是登山运动，在后续的发展中，由于人们需求的改变，派生出攀岩、徒步、露营、拓展等运动项目。据传阿尔卑斯山附近的居民长久以来都遵循着一个风俗：年轻的小伙子准备向心仪的姑娘求爱时，必须战胜自然和身体的种种困难，爬到当地的高山上，采下“高山玫瑰”献给求爱的对象，向其证明自己的忠诚。时至今日，该风俗依然在当地的居民中留存，经过长时间的发展，在阿尔卑斯山登山已经成为人们的一项登山运动休闲方式。

18 世纪中叶，阿尔卑斯山以其复杂的山体结构、气象和丰富的动植物资源，引起越来越多科学家的注意。在 1760 年，一位名叫德索修尔的日内瓦年轻科学家，在考察阿尔卑斯山时，对勃朗峰的巨大冰川产生了浓厚的兴趣。然而，他自己的攀登却未能成功。于是，他在山脚下的沙木尼镇贴了这样一张告示：“凡能登上或提供登上勃朗峰之巅线路者，将以重金奖赏。”布告贴出后，没有人响应，一直到 26 年后的 1786 年，才由沙木尼镇的医生巴卡罗邀约当地石匠巴尔玛，结伴于当年 8 月 8 日登上了勃朗峰。一年后，德索修尔自己身带所需仪器，由巴尔玛为向导，率领一支 20 多人的队伍登上了勃朗峰，验证了巴卡罗和巴尔玛的首攀事实。现代登山运动由此诞生。《英国大百科全书》的“登山”条目下，采用的便是这种说法。由于现代登山运动兴起于阿尔卑斯山区，在世界各国，登山运动又被人们称为“阿尔卑斯运动”，而沙木尼镇也被作为登山运动的发源地，巴尔玛等人也成了世界登山运动的创始人，并得到了国际登山界的认可。

18 世纪中后叶，一些传教士为了传教不得不穿越山区。一些科学家也开始走入山区，做一些自然生态方面的研究。除了这些人以外，还有一些因为工业革命而成为实业家和企业家的人们，为了追求刺激，开始把登山作为一项休闲旅游的方式。山地运动真正诞生的时间是在 19 世纪，这时人们开始借助一些特殊的工具进行爬山、滑冰、徒步旅游等。世界上最早的户外运动俱乐部 1857 年诞生于德国，这个以登山、徒步为主要运动项目的民间组织是现代户外运动俱乐部的雏形。18 世纪 90 年代，高山滑雪运动的出现吸引了一批新的冒险旅游者，爬山和登山也随着人们对山地环境的观念的改变同样受到欢迎。到第二次世界大战前后，为了符合特殊地形的作战需要，军队开始发展登山技术，而攀岩和野营也在此期间渐渐有了雏形。20 世纪 70 年代后，攀岩等才真正成为独立分类体育项目。登山运动受到大众的喜爱，这也成为很多山地探险旅游者的爱好，他们执着于登上人类未涉足的山峰或者攀登难度非常大的山峰，以寻求首登的快感。

2. 国内山地运动休闲旅游的发展概况

中国的登山运动很早以前就有记载，“史书”中曾记载张骞与班超两人曾越过帕米尔高原，并记载了最早的雪山是天山。北魏时期有记载宋云因西去取经而过葱岭，即现在的帕米尔高原。到唐代玄奘立志西去取真经，他途中翻越的山峰最高达到 6200 米。20 世纪开始的半个世纪中，由于国内政策和战争的侵扰，我国的登山运动依旧没有很好的发展。直到我国在 20 世纪 80 年代开放山区后，引入了户外运动，当时被称为“山间旅游”。我国每年都会有数以万计的人参加山地户外运动。最近几年国家连续发文，要大力发展全民健身、体育旅游等，改善人们的业余生活，山地运动休闲旅游因其亲近自然、运动项目多样而得到人们的青睐。

我国大陆的山地户外运动大体上经过了四个发展阶段：

第一阶段：科考探险阶段，这个阶段始于 20 世纪 50 年代，其中高山探险、沙漠探险、极地探险、漂流探险等户外探险运动项目都得到了一定的发展。这时的探险，基本都是政府组织的或组建的探险队，大部分目标都设定为科学考察、创登高纪录。这也使得我国在科考阶段，登上了很多著名的山峰，如 1960 年登上世界第一高峰珠穆朗玛峰。在这个阶段的发展中，我国的科考探险队员不仅为中国刷新了多项登顶纪录，而且为国家测得很多准确的地理信息。

第二阶段：专业赛事阶段，这个阶段始于 20 世纪 80 年代，在这个阶段攀岩（始于 1987 年）、山地竞速、山地马拉松等一系列的山地户外运动开始涌入中国。相应的运动赛事开始从国外传到国内，专业的体育赛事在国内开始增多。逐渐壮大的群众基础，也使得我国专业的高水平运动员数量有所提升。各地通过参与举办山地运动赛事，一方面，能够给本城市带来相应的发展机会，加快体育旅游经济的发展，促进本地经济的增长；另一方面，当地经济的发展也能给山地运动赛事提供物质保障，对山地运动休闲旅游的发展也会有一定的推动作用。

第三阶段：全民健身阶段，这个阶段始于 20 世纪 90 年代。2006 年国家体育部门提出“每天运动一小时，健康工作五十年，幸福生活一辈子”的口号，鼓励人们参与体育运动。在这阶段国内举行了多项健身活动，如元旦新年登高健身大会（始于 1996

年）、九九重阳登高健身大会、全国露营大会、全国徒步大会等。为了进一步促进人们运动健身，2009 年国务院发布了《全民健身条例》。在此期间，山地户外运动休闲旅游得到了进一步的发展。

第四阶段：产业化阶段，2016 年国家体育总局发布《山地户外运动产业发展规划》，标志着中国的山地户外运动进入到一个新的时期。为了更好、更合理地发展我国的山地运动休闲旅游，国家体育总局在《山地户外运动产业发展规划》中，提出了一个“三纵三横”大陆山地户外运动项目布局。“三纵三横”是以自西向东地理层级的划分作为基准，包含了我国地势的三大阶梯、山川地貌的特点；以自北向南的温度带划分以及地形地貌等差异作为参考，包含了气候、植被、景观、水文、地质、人文等各种特色。以现有的山地户外运动聚集区为标准，包含了徒步、自行车、自驾游、漂流等项目。主要的布局架构如下：

一纵：沿太行山脉的 500 千米步道线路，以及沿京杭大运河、串联徽杭古道、徐霞客古道的户外运动线路，共同构成的我国东部纵向山地户外运动带；

二纵：西安至成都的骑行和徒步线路；

三纵：沿青藏公路（西宁经格尔木、唐古拉至拉萨）的骑行和徒步线路；

一横：沿丝绸之路的山地户外运动线路；

二横：沿 318 国道的骑行和徒步线路；

三横：沿长江及两岸的山地户外运动线路①。

根据《山地户外产业发展规划》，到 2020 年，我国将建设 1 万个户外营地、1000 个户外公园、100 个户外小镇、10 万千米登山步道 + 城市绿道，建造 3000 个人工岩场，开发 3 万条自然岩壁攀爬线路，培训至少 50 万名从业人员，为上千万各类户外运动爱好者和 4 亿 ~5 亿户外运动参与者提供专业服务（场地、设施、装备、服装、赛事、活动、交流等），到 2025 年，大陆山地户外及关联产业总规模达将到 1 万亿元。

（四）我国山地运动休闲旅游的资源

山地户外运动休闲旅游和自然地理环境有着密切的联系。我国的山地面积广阔，丰富的自然资源为山地户外运动休闲旅游提供了有利条件（表 3–13）。

表 3–13　我国主要的开展山地户外运动休闲旅游区域

地形名称	可开展的运动	备注
青藏高原	高山探险运动、高海拔户外运动	世界屋脊
云贵高原	攀岩、徒步、露营、探洞、山地越野等	典型的喀斯特地貌
黄土高原	露营、徒步、汽车、航空、水上等户外运动	大草原、大沙漠、黄河

① 国家体育总局 . http：//www.sport.gov.cn/.

续表

地形名称	可开展的运动	备注
横断山脉、秦岭山脉、太行山脉、燕山山脉等	溪降、岩降等峡谷运动	连绵几百千米，拥有无数大峡谷
四姑娘山、贡嘎山、峨眉山、玉龙雪山、华山等	未知洞穴等探险运动	拥有非常丰富的户外资源

（资料来源：根据丁祥华在第八届两岸运动产业研讨会上的演讲修改补充，2017.）

（五）山地运动休闲旅游发展思路

1. 因地制宜，完善山地运动场地的设施

我国山地资源丰富，奇山峻岭，峡谷众多，而且动植物资源也非常丰富。这些都可以规划出具有当地特色的山地运动休闲旅游线路。同时，通过对相应的山地运动休闲旅游项目的场地进行完善，以配备齐全的基础设施，满足大众对山地运动的需求。

2. 提升当地山地体育赛事或活动的规模与影响力

随着国内消费水平和观念的提升，国内举办的山地运动赛事越来越多。但不少赛事的知名度和影响力不足，导致参与人数较少。开赛前，组委会应当加大力度对赛事进行宣传。通过宣传可以吸引更多的参赛者参与到赛事活动中来，还会吸引很多山地运动爱好者到现场观赛。这能够提高当地的餐饮、住宿、交通等行业的经济收入。中国的重庆武隆国际山地户外运动公开赛，最初并未打算将比赛推向世界级的舞台上，只是想利用赛事带动当地的旅游业发展。结果，这项赛事越办越好，不仅吸引了游客，还有国外的选手到此参赛。这项赛事已经成为国家体育总局长期主办的高水平品牌赛事，并成为世界户外运动三大品牌赛事之一（另外两个分别是：“英国莱德加洛斯赛”“澳大利亚艾科挑战赛”）。

3. 推动山地户外运动俱乐部的发展

政府对相关山地休闲旅游的发展起主导作用，但如果没有相关的组织和协会，山地运动也很难有效地开展起来。政府应当出台相关的俱乐部管理办法，并与俱乐部协同合作。借助专业的山地运动俱乐部策划运作，提高山地运动的水平，以发挥赛事活动的最大能效；同时可以促进俱乐部的成长与发展。山地运动俱乐部还要不断整合现有的资源，扩大经营范围和经营规模，给山地运动休闲旅游爱好者提供多样化、优质的服务项目，不断提升自身的盈利能力和竞争力。

4. 培养山地运动专业人才，提升从业人员的素质和能力

培养山地运动休闲旅游的专业人才，是发展当地山地旅游的重要基础保障。山地运动休闲旅游的许多项目存在一定的危险性，专业人员或者教练员的指导对零基础的山地运动爱好者是至关重要的。近几年，山地运动休闲旅游有着不错的发展势头，需要的专业人员数量也在增加，但我国这方面的总体专业人才仍然偏少。政府应当设定相关的培

训机制，或者在高校设立相关的专业，以培养山地体育旅游所需要的专业人才。

（六）山地运动休闲旅游案例

1. 国外山地运动休闲旅游案例

（1）西兰怀托摩（Waitomo）——山洞探险。新西兰拥有世界上最具挑战性以及最为壮观的地下洞穴。怀卡托（Waikato）地区的怀托摩（Waitomo）是岩洞探险圣地。洞穴的形态各不相同，因此洞穴探险的方式也各不相同，或漂流而下，或绕绳下降，或攀岩而至，或徒步穿越等。怀托摩萤火虫洞，也称萤火虫洞，该洞穴因其特殊的现象而著名。形状各异的钟乳石、石笋以及萤火虫的点缀装饰构成了该岩洞的特殊现象。

（2）秘鲁——印加古道。1438—1532 年间古印加帝国顺着安第斯山脉修建的山路被称为印加古道，以库斯科城边的萨克萨瓦曼圆形古堡为起点，全长 2000~3000 千米，现今古道遗迹多位于秘鲁境内，该古道是传达政令、交通贸易、生产生活的重要通道。每年有数万名来自全球的旅行者来这里徒步。沿着通往马丘比丘（Machu Picchu）的神圣峡谷（Sacred Valley）前行，在壮丽的群山中一路上坡又下坡，沿途要经过 3 个攀爬难度很高的隘口。路上风景美不胜收，既有白雪覆顶的高山，又有流云环绕的森林，还有群山怀抱中的神秘印加遗址。出发点 M82 站在安第斯山脉的脚下，沿着乌鲁班巴河两岸，徒步到维拉班穆巴，还可以欣赏到 Llactapata 古遗址。

2. 国内山地运动休闲旅游案例

（1）克勒青河谷——最遥远的雪山冰川秘境。喀喇昆仑山脉，中国古代称为“葱岭”，有“与天齐高”之誉。喀喇昆仑山脉平均海拔 6000 米以上。喀喇昆仑是世界上最纯粹的山，山体尖削、陡峻，诸多雪峰犹如巨剑直插苍穹，气势无匹。克勒青河谷位于中国和巴基斯坦交界的喀喇昆仑山脉，古丝绸之路。这里是世界上除了南极大陆以外最大的陆地山岳冰川分布区，这里有中国最美的冰川——特拉木坎力冰川，也有 4 座 8000 米的雪山，以及超过 25 座 7000 米级雪山。这里是山的王国、冰川世界、世界尽头。在克勒青河谷的冰爆区，崩塌的冰块像一块块青色透明的水晶散落在喀喇昆仑山中。4—5 月份进入克勒青河谷，冬季的冰雪正在慢慢融化，汇集的河水清澈见底，没有一丝污染，纯净的天地，令人神往。

（2）野玉海山地旅游度假区。野玉海国际旅游度假区是野鸡坪（五里坪）、玉舍、海坪三地名称合称，位于贵州西部六盘水市水城县南部，是贵州省委、省政府重点规划打造的 100 个旅游景区之一。野玉海山地旅游度假区的核心区由野鸡坪亚高原户外运动基地、玉舍国家森林公园和海坪彝族特色旅游度假小镇组成，总面积约 67.77 平方千米，度假区内地貌分为山地、丘陵、谷地、台地和山原 5 个一级地貌类型。其定位是：避暑、休闲度假、文化体验以及山地运动。每个季节都有活动，如攀岩、射击、放风筝、火把节、自行车赛事、摩托车赛事、滑草、斗牛、摔跤、滑雪等项目，让游客充分感受山地运动休闲旅游带来的别样体验。2013 年，该景区成功举办了“中国凉都”六盘水全国露营大会、山地自行车公路骑行游活动、中国凉都房车展、全国摩托车越野锦标赛等活动。

四、自行车汽车摩托车运动休闲旅游

（一）自行车运动休闲旅游

1. 自行车运动休闲旅游的概念

自行车运动是以自行车为工具比拼骑行速度的一项运动。在 1896 年第一届奥运会上，自行车运动就是正式比赛项目。目前自行车比赛的项目有：场地自行车赛、公路自行车赛等（表 3–14）。自行车竞赛运动和休闲运动存在差异，首先竞技自行车的车型与休闲自行车的车型就存在一定的差异，竞技自行车可分为：公路自行车、山地自行车和特殊自行车三种车型，这三类车的车型也有各自的特点，有的车还会根据使用者的一些情况进行适当的调整；而休闲自行车的车型则五花八门，根据使用者的各自喜好而大不相同。其次，这两类运动的骑法也有差异，休闲自行车运动不受时间、地点、速度的限制，可以自己骑行也可以结伴而行。竞赛自行车运动就要受到很多因素的影响，场地、昂贵的设备费用等。最后，骑行的目的也不相同，休闲自行车运动的参与者主要是回归大自然、放松身心，强健体魄；竞赛自行车运动的参与者主要是专业的运动员，他们的目标是创造最佳的运动成绩，以取得比赛的胜利为主要的目标。

表 3–14　自行车运动的分类

分类	赛事类型	特点
公路自行车	公路赛、场地赛	是体育竞赛项目，主要是绝对速度的较量，缺少运动的乐趣，所以在普通大众中不太流行
山地车	越野赛、降速赛、双人弯道赛	翻山越岭、自在骑行同时又挑战自我，在大众中比较流行
20吋小轮车	街道花式小轮车、泥地竞速、攀爬车	主要考验运动者技巧，目的是挑战自己的体能

（资料来源：编者根据网页信息整理）

自行车运动休闲旅游是一项非常好的休闲旅行方式。西方很多国家，在驾驶的汽车上面经常会看到固定自行车的车架，在车上备有自行车随车旅行。西方国家经常会有很多驾驶自行车在乡间小路及旅游景区欣赏风景的游客。

自行车运动休闲旅游所带来的经济效益也是非常可观的，在英国，自行车运动休闲旅游每年有 6.35 亿英镑的营业额，据有关数据显示，全英国自行车销量已从 2000 年的 280 万辆增至 2006 年的 350 万辆，伦敦的骑车者人数自 2000 年以来已上升了 83%。目前英国有 1300 万的自行车骑行者，英国自行车协会目前在册的运动员超过 4 万名[①]。再

① 宋翃 . 曼彻斯特不光有足球［N］. 北京晨报，2012–08–05.

如享誉世界的环法自行车赛的举办国——法国，自行车注册运动员多达50万名。

而自行车运动休闲旅游也能够强健体魄，在英国，有研究数据表明，30岁以上定期骑自行车的年轻人，平均寿命要比其他人多两岁；在美国，有数据显示，20世纪80年代末，全美共有12家自行车运动休闲旅游代理商，现在已增加到100多家。近几年，我国的自行车运动休闲旅游的市场也逐渐扩大。自行车运动休闲旅游回归到人们的视线中。

2. 自行车运动休闲旅游的优点

（1）强身健体。自行车运动可以增强心肺功能，防止高血压和血管硬化的产生，是克服心脏功能障碍的最佳器械之一。此运动最突出的优点是相较于其他运动，如跑步、爬山等，更加平和，易于持久，能够适应的人群更加广泛。

（2）环保经济。骑自行车是一种低碳环保、经济健康的旅游方式。在提倡绿色出行的今天，骑自行车旅游俨然成为一种时尚。自行车旅游远离了城市的喧嚣，省钱、健身又环保。据统计，美国缅因州在1999年接待自行车游客200万人次，为本州直接创收3630万美元，其中有98%的自行车运动休闲旅游者都是一日游的游客，消费总额为3000万美元。据经济测算，缅因州的自行车旅游市场规模达到6680万美元。

（3）普及便捷。自行车的普及率非常高，尽管现在我国马路上汽车占绝大多数，但是依然能够看到自行车的身影，特别是近几年共享单车的出现，更是随处可见路边停放的自行车。使用自行车参与运动休闲旅游是非常便捷的一件事情。骑自行车出行，不仅可以参观祖国的大好河山、名胜古迹，也可以体验各地的人文景观、风土人情，还能置身大自然，品尝各地的美味佳肴。在自己想要驻足观赏的地方随处可停，不像汽车一样还要寻找停车位。

3. 自行车运动休闲旅游的模式

自行车运动休闲旅游在欧美国家已经相当成熟，也已经形成较好的休闲旅游发展模式，主要表现为以下四种模式：

（1）体育运动竞赛模式。这类旅游者主要是由专业自行车竞技选手构成，他们每年巡回参加世界各类著名自行车专业赛事，如法国环法自行车赛、环意大利公路自行车赛、环西班牙公路自行车赛、中国环青海湖自行车赛等，以求自己能够获得好成绩。1995年的环法自行车赛，有100多个国家或地区直播或转播了该项赛事，据统计，共有3200万观众观看了比赛，最后赛段，巴黎有1500万人倾城而出，观赏了当时的比赛。环法自行车赛事也是世界上影响力最广、规模最大和比赛水平最高的公路自行车运动的比赛。

（2）节假日运动郊游模式。周末运动郊游模式基本上可以归入大众化休闲活动之中，这类郊游模式是所有模式中参加人数最多的，通常是在周末或者假日等闲暇时间进行，参加旅游的通常是青年人及有小孩的年轻夫妇，经常是以结伴或者举家自助游的形式进行，旅游的行程一般较短，目的地主要集中在城郊公园、乡野。这些地方虽然不远，但是能够让生活在城市紧张氛围中的大部分年轻人，放松身心，体验乡村闲适的生活。这种模式的郊游基本上是当天往返，如果有好的旅游线路，可能会形成两天的短途旅行。

（3）户外运动探险模式。这类旅游者主要是喜爱户外极限运动的人。这类自行车运动休闲旅游爱好者所设计的游程一般较长，大概在 10 天以上，有的甚至会安排数月的骑行探险旅行。在其旅行全程中都会使用自己准备的自行车作为交通工具；骑行的范围覆盖地域较广，地形变化较多，且多横越数个省份和地区；日均骑行强度较高，车辆的维护主要由自己完成。这对于旅游者的体能和各方面能力都会提出较高的要求，是一项非常大的挑战[①]。

（4）团队出行旅游模式。团队出行旅游模式的自行车运动休闲旅游者人数较多，参与者主要是中等收入的中、老年人。多数人员都是通过业余自行车协会或者旅行社组织、安排的出游行程。以自行车作为出游的交通工具，是一种休闲和健身的生活方式，而不是为了进行激烈的比赛和探险活动。由于这种模式的主要参与者都是中、老年人，以团队的形式出游是非常合理的方式，这样相互之间还有照应。

4. 自行车运动休闲旅游的发展概况

（1）国外自行车运动休闲旅游的发展概况。自行车运动作为奥运会 28 个大项之一，1896 年就出现在奥运会的赛场上。自行车运动包含越野、公路、场地、小轮车和综合赛等。作为一项竞技项目，自行车运动在英国、法国、德国和荷兰等欧美发达国家有着非常悠久的历史。早在 1790 年法国的西夫拉克伯爵，将两个轮子装在木马上，人在上面蹬，这个被称为木马轮。1839 年第一辆蹬踏式脚蹬驱动自行车由麦克米伦制造问世。1874 年劳森在车轮上采用了链条传动结构，使自行车的骑行更加便捷化。1888 年第一辆现代自行车在英国的考文垂问世。在自行车不断的修缮改进过程中，自行车运动比赛也随之诞生。据查，最早的自行车运动比赛是 1868 年在法国的一个公园中举行的。自 1888 年自行车的改造基本完成后，自行车运动得到快速的发展，1892 年自行车运动爱好者组织成立了国际自行车运动协会，1893 年举办了首届业余自行车运动锦标赛，1896 年自行车成为首届现代奥运会的正式比赛项目。此后，经过多年的发展，在 20 世纪 50 年代，法国的一些自行车运动员，开始将训练和比赛的地点选在山区，并逐渐发展成为山地自行车运动。到 20 世纪 70 年代的时候，美国加利福尼亚大学的斯科特首次将普通的自行车改装成为山地自行车，让运动者达到更好的骑行体验。同期在美国旧金山举行了首届山地自行车赛事。1991 年山地自行车世界杯系列赛首次举办，到 1996 年，山地自行车正式被列为奥运会的比赛项目。进入 21 世纪以来，自行车运动得到了极大的发展，世界各地都有不定期举行的各种自行车运动比赛。近年来自行车运动休闲旅游业在西方国家迅猛发展，在欧美的很多国家，5%~10% 的旅游市场份额是自行车运动休闲旅游。鉴于当前自行车运动休闲旅游的发展前景，多数国家尤其是发达国家对这种旅

① 李享等，旅游出行方式研究——消费行为视角［M］. 北京：旅游教育出版社，2011.

游形式非常重视。在澳大利亚，自行车运动协会为了争取更多的经费，每年都会向旅游部门汇报自行车运动休闲旅游的发展情况。在德国，为保证自行车运动休闲旅游的发展，早在2002年，德国交通部就投入约2亿欧元进行自行车道的建设与改造。在荷兰，全国仅有1600万人，却拥有1400万辆自行车，荷兰人非常热爱自行车运动。很多的出行都是靠自行车作为代步工具，荷兰首都阿姆斯特丹常住居民73万却拥有60万辆自行车，可见在荷兰自行车是重要的交通工具。在美国，自行车运动成了一种健身方式，大约有2000万人以自行车运动为健身的有效途径；据英国旅游委员会预测，整个欧洲的自行车旅游市场将以每年140亿英镑的规模继续保持至2030年[①]。

（2）中国自行车运动休闲旅游的发展概况。自行车又称脚踏车或单车。19世纪末传入中国，起初专供皇室使用，到20世纪初开始进入民间，并成为沿海地区一些发达城市的主要交通工具。我国的自行车运动大体上可以分为四个阶段：第一阶段是起步阶段，在20世纪30年代到50年代中后期，因为起步较晚，在设施设备方面都有所欠缺，虽然在此阶段也取得了一些洲际比赛的小突破，但是这些突破都是专业运动员训练的结果，并没有群众基础。第二阶段是1959—1966年的快速发展阶段，在这几年间体育场馆设施设备都有较大的发展，培养了一定的群众基础，自行车运动发展很快。第三阶段是1966—1980年的缓慢发展阶段，在这十几年间，自行车运动的发展几乎停滞，导致之前几年发展的优势荡然无存。第四阶段是快速发展阶段，即从1980年至今，在这期间，由于改革开放，人们生活水平提高，购买自行车的人数增加，自行车运动也受到越来越多中国公民的喜爱。2006年6月，国家要求所有城市恢复自行车道，并倡议采用公共交通上班。2009年12月，北京颁布《建设人文交通科技交通绿色交通行动计划（2009—2015年）》，计划中指出到2015年，全市公共交通出行占总出行方式的45%，自行车占23%。为了保证自行车的出行比例占到20%以上，北京将在地铁站、公交枢纽等重点地区大力扶持自行车租赁业发展，到2015年形成约1000个租赁点、5万辆租赁自行车的规模。

5. 自行车运动休闲旅游的发展趋势

（1）旅游体验核心化。随着人们消费意识的转移，旅游方式呈现多样化的发展趋势。自行车旅游更多的是以乐趣体验为核心的一种休闲健身方式。自行车运动休闲旅游，不仅能够让人们亲近自然，融入社会，还能够强健身体。

（2）组织形式多样化。组织自行车爱好者参加自行车运动的发起人主要是个人或者俱乐部，他们通常有成熟的路线，清晰的规划思路，能够为参加自行车运动休闲旅游活动的参与者提供优质的保障服务。

（3）环境保护意识自觉形成。在旅游活动进行之前，自行车旅游活动参与者会对骑行的目的地进行深入的“绿色研究”，经过长时间的发展，使得自行车运动爱好者逐渐

① 王雷亭等.泰山区旅游发展研究规划［M］.济南：山东人民出版社，2014.

养成了环境保护的意识。

（4）骑行安全受到更多关注。自行车运动休闲旅游面临的问题主要是骑行安全无法得到最大保障，参与到骑行团队的人数越多，安全问题也就越多。骑行头盔、手套价格昂贵，缺少统一的骑行安全标识等都是安全隐患。越来越多的自行车运动休闲旅游爱好者参与到这项活动中，政府必将进一步支持自行车运动休闲旅游，对骑行安全投入更多关注。

6. 自行车运动休闲旅游案例

（1）国外自行车运动休闲旅游案例：环法自行车赛。

环法自行车赛是知名的年度多阶段公路自行车运动赛事，主要在法国举办，但也经常出入周边国家（如比利时，还有比邻的西班牙比利牛斯山中）。这项赛事是一家经营艰难的新法国运动杂志社把它作为创收的噱头而创建的。这项赛事到今天已经发展成为和奥运会和世界杯同样著名的赛事。

自 1903 年创办以来，每年夏天举办（除两次世界大战期间停办外）一次，完整赛程每年都不一样，平均赛程均超过 3500 千米。无论赛程如何变化，都会将终点设在巴黎。

环法自行车赛是多日赛，一般是每年 7 月初开始，7 月底结束。每天进行一个赛段，中间有两天的休息时间。环法赛以道路为划分依据可分为平地赛和山地赛，以比赛形式为划分依据可分为大组赛和个人计时赛。在这些赛段中间有严格的淘汰机制，这使得比赛更加精彩。由于是多天的比赛赛程且不存在夜间比赛的可能，为了在下一段比赛中能够看到上一段比赛的优胜者，环法赛事的主办方也想到了很多的辨认方法：穿黄色领骑衫者为总成绩领先者，穿绿色骑行衫者为冲刺积分领先者，穿波尔卡红白斑点衫者为山地之王，穿白色骑行衫者为 25 岁以下成绩最好的车手。

为了吸引自行车运动员参加比赛，从第一届比赛开始就设有奖金，此后一直都有增长，2013 年达到 320 万欧元（500 万美元），除总决赛外，每一赛段和每一排名都会有赛奖和嘉奖，每个车队也都有一小笔出场费。现在很多自行车运动员的收入主要来自广告赞助。

环法自行车赛已经是一个非常成功的赛事，运作模式也非常成熟。在赛事资金来源方面都是赞助商提供，环法自行车赛的名声足以让各大公司争相赞助。赞助商的赞助金额通常在 300 万 ~500 万欧元之间，赞助金额随着时间的推移还在不断增长；而赛事合作伙伴通常会赞助 100 万 ~200 万欧元。赞助商与合作伙伴可以在商业推广中使用环法标志与路线图标。赛事主办方对赞助商和合作伙伴实行分层管理，形成了 7 大类赛事赞助和合作伙伴。

环法赛期间，广告宣传的方式不仅提高了赛事观赏性，而且得到很多商家的关注，广告宣传车队的宣传位通常要支付 20 万 ~50 万欧元不等的价格才能获得。在多家赞助商的支持下，该赛事已经成为最盈利的体育赛事之一。由于环法自行车赛的影响力越来越大，很多的电视媒体也对此赛事大加报道，进一步加深了赛事的影响力。在环法赛事期间，每天大约有 100 万名观众排列在环行赛道的旁边观看比赛，另外会有 5000 万名来自世界各地的人观看赛事直播，足见这项赛事的影响力。

（2）国内自行车运动休闲旅游案例：环中国自行车赛。

环中国自行车赛是经国际自行车联盟和国家体育总局联合批准的，国家体育总局自行车击剑运动管理中心、中国自行车运动协会主办的中国唯一国字号跨区域的 UCI2.1 级高水平国际自行车赛事。

2017 环中国自行车赛的比赛时间是 9 月 10 日到 9 月 24 日，共 15 天，比赛路线跨越河北、山西、湖南、湖北、四川、贵州以及广东 7 个省份。

本次环中国自行车赛共有来自世界各地的 22 支职业自行车队参赛，主要是欧洲、大洋洲、美洲以及亚洲的车队。22 支车队中包含有去年的冠军车队安德罗尼洲际职业队。

第一赛段：承德皇家御道暨国家 1 号风景大道点对点赛，全长 156 千米，比赛从丰宁满族自治县大汗行宫出发，途径茶盐古道、五道沟风景区、滦河猎谷、御道口牧场等多个景区，以“生态、自然”为主题，赛道风情完美展现。比赛线路相对平坦，途中包含三个冲刺点和一个 4 级爬坡点，参赛车手将从丰宁大汗行宫出发，最终抵达围场御道口文化广场。

第二赛段：晋中点对点赛段争夺。本赛段全长 197 千米，车手们从昔阳县大寨镇出发，途经和顺县、左权县，最终抵达榆社县云竹湖。比赛线路包含了两个冲刺点和三个爬坡点，其中，总长 9.3 千米的 1 级爬坡铁桥山颇具难度，而距离终点 10 千米处的 3 级爬坡对于赛段冠军归属有着至关重要的意义。

第三赛段：2017 环中国国际公路自行车赛 9 月 14 日进入到第三个比赛日——平昌绕圈赛的争夺。赛段全长 140.6 千米，含一个冲刺点和三个爬坡点。终点前的坡路赛段含有许多急转弯。

第四赛段：9 月 15 日，2017 环中国国际公路自行车赛第四赛段来到成都金堂。本赛段的比赛是个人计时赛。

第五赛段：2017 环中国国际公路自行车赛·安顺赛段于 9 月 17 日开赛，来自世界各地的 22 支自行车专业队伍 132 名职业车手在安顺追逐、竞技。2017 环中国·安顺赛段全长 128.5 千米，途经安顺市 15 个乡镇办，路线囊括 22 条城市主干道、县乡道，沿线涵盖省级文物保护单位——安顺文庙、武庙，全国红色旅游经典景区——王若飞故居，安顺城市会客厅——虹山湖，云上天街——云峰屯堡景区，中国历史文化名镇——旧州古镇等 28 个景点。

第六赛段：9 月 19 日，2017 环中国国际公路自行车赛第二阶段在湖南怀化洪江拉开战幕。怀化洪江点对点赛段全长 118.2 千米，比赛线路的前半程较为平坦，而在后半程，车手们将接连迎来三个爬坡点的挑战，其中，位于雪峰山森林公园的爬坡路段难度等级达到了 HC 级。

第七赛段：2017 年 9 月 20 日，2017 环中国国际公路自行车赛迎来了第二阶段的第二个比赛日——常德澧县绕圈赛的争夺。赛段以澧县体育中心作为起、终点，车手们将沿澧县周边骑行两圈，全程 97.6 千米。

第八赛段：9 月 24 日，最后一个赛段珠海横琴绕圈赛的争夺。

【知识小卡片】

达蓬山位于杭州湾入海口南岸的浙江省慈溪市龙山镇，2009 年被原国家旅游局评为国家 4A 级旅游景区，由于此处自然风光优美，在历史上曾被多位诗人称颂，并留下许多描写达蓬山的诗句，景区于 2010 年创建了达蓬山自行车和自驾车休闲旅游基地，并在 2012 年被认定为宁波市自行车和自驾车运动休闲旅游基地。

达蓬山自行车运动基地建成以来，吸引了大批自行车爱好者前来运动休闲旅游，特别是环湖车道和达蓬公路车道每天都有大批爱好者骑行健身，不少专业自行车协会、民间自行车运动协会和俱乐部将达蓬山自行车基地作为日常的活动基地。为进一步扩大达蓬山自行车休闲运动基地的影响力和知名度，基地还经常性地举办一些群众性和专业性的赛事，2010—2013 年，达蓬山自行车运动休闲旅游基地已举办过四届自行车运动比赛：2010 年举办了“达蓬山环保自行车赛暨首届达蓬山骑乘节”（与宁波市自行车运动协会合办）；2011 年举办了“慈溪大桥国际经贸旅游节暨中国慈溪‘达蓬山杯’全国自行车邀请赛”，由慈溪市人民政府主办，达蓬山旅游度假区承办，慈溪市体育局、旅游局和宁波市自行车协会等协办；2012 年举办了“2012 中国慈溪‘达蓬山杯’全国自行车邀请赛”，由慈溪市体育局、宁波市自行车协会等主办；2013 年首次承办了国家级专业山地自行车赛事——“全国山地自行车冠军赛（浙江慈溪站）”比赛，这项赛事是国家体育总局自行车击剑运动管理中心主办的全国性专业赛事，也是慈溪市首次承办国家级赛事，参赛队伍覆盖 16 个省区，运动员总数 140 名。

（资料来源：浙江省旅游局，浙江省体育局 . 浙江省运动休闲旅游范例［M］. 北京：中国旅游出版社，2015.）

（二）汽车运动休闲旅游

1. 汽车运动休闲旅游的概念

汽车运动是指汽车在封闭场地内、道路上或野外，比赛速度、驾驶技术和车辆性能的一种运动。汽车运动是集人车为一体的综合较量，不仅是车手个人技艺、意志和胆量的竞争，也是汽车设计、产品质量的角逐，体现了人与科技最完美的结合和人类对自然的征服能力[①]。

汽车运动满足了人类对于刺激、速度的追求。目前国际上的汽车比赛主要分为场地赛车和非场地赛车。具体项目如表 3–15 所示。

表 3–15 汽车赛事分类

类型	项目
场地赛车	方程式（一级方程式、二级方程式、卡丁车）汽车赛、轿车赛、场地越野赛、耐久赛、直线加速赛等
非场地赛车	拉力赛、越野赛、沙滩赛、泥地赛等

（数据来源：编者根据网页信息整理）

汽车运动的比赛类型除了场地赛和非场地赛之外，还有一种特殊的比赛类型：无道路比赛，如特种车赛和大脚车赛事都属于此类型。

在国内外汽车运动休闲旅游的研究中，有相当一部分的数据可以证明现在汽车运动休闲旅游的发展情况。在乘汽车旅行方面，美国格雷线的 123 家独立运营的公司拥有约 10 亿美元的年销售量，每年接待的人数达 2500 万人次。在中国，2014 年上海 F1 大奖赛举办期间，共接待游客人数 4574 人次，销售额达到 306 万元。

2. 汽车运动休闲旅游的类型

汽车运动休闲旅游在国外已经发展多年，形成了很大的旅游客户群体市场。根据旅游者是否参与到汽车运动当中，可以大体将汽车运动休闲旅游分为以下几种：

（1）汽车运动比赛游。经过国际认可的汽车运动相关的比赛，每年会有 800 多场，而没有经过注册认可的赛事数量也不容小觑。中国最著名的汽车运动体育赛事肯定是上海 F1 大奖赛。在拉力赛方面，新疆的国际汽车拉力赛，近几年也在逐步发展壮大。国外最著名的汽车运动赛事当属达喀尔汽车拉力赛，这项赛事每年都会举办，由于该项赛事的复杂及难度较大，至今完赛率依然不足 40%，但这不影响全球 5 亿以上的人对于这项赛事的关注。这些比赛每年都会吸引很多的国内外游客到现场参观，为当地的经济收入带来很大的帮助。

（2）汽车运动参与体验游。对绝大多数的汽车运动爱好者来说，观看比赛只是参与这项运动的一部分，而自己真正体验汽车运动才是每位汽车运动爱好者的最终目的。F1 赛车的相关费用相当高，因此这项运动经常会被称为“贵族运动”。但这也不能阻挡人们对于这项运动的热爱。还是会有一部分人继续选择 F1 进行体验，还有的人会选择在自己承受范围之内的体验方式，比如卡丁车，这也会给自己带来汽车运动的体验。这些体验运动通常都是短时间内的旅游活动。

（3）汽车运动团队外出游。随着物质生活的丰富，很多中国家庭都拥有自己的私家

① 汲羽丹，刘孟祥，辛莉等 . 汽车文化［M］. 哈尔滨：哈尔滨工业大学出版社，2013.

车。近几年人们开始追求精神生活，人们会利用假期的时间，联合一些有共同旅游线路的自驾游家庭组成车队，驱车到风光美丽的地方缓解当前紧绷的神经。自驾游的距离相对较远，在旅行的途中，可能会遇到较为崎岖或陡峭的山路，对驾驶汽车的人，提出较高的身体素质要求。

（4）汽车运动户外探险游。汽车运动户外探险游，对于追求探险、刺激的汽车运动爱好者来说是一个非常好的选择。中国有着丰富的山川河流、很多地方都可以成为汽车运动户外探险的选择地。新疆、云南、四川、云南、西藏等地都是非常好的选择。在这里可以满足很多汽车运动探险爱好者的需求。

3. 汽车运动休闲旅游的发展概况

（1）国外汽车运动休闲旅游的发展概况。

汽车诞生距今已有接近两百年的历史，在汽车诞生后的最初几十年间，汽车运动就逐渐兴起。最初这项运动是汽车制造商检验汽车性能，宣传使用汽车的可靠性和安全性而诞生的。据记载，早在 1887 年，就有了汽车比赛，但是仅有 1 人参加，一年后的第二次赛事，也仅有 2 人参加。

1894 年，在巴黎举办的汽车比赛被认为是汽车运动比赛的开始，这是国际汽车联合会承认的首场汽车比赛，该赛事是由法国《小人物》杂志主办的。报名的参赛车辆是 102 辆，最终只有 9 辆车完成了比赛。此后也有很多赛事出现，但是这些比赛都是在公共场合进行的比赛，前面车辆带起的扬尘，会挡住后面前进车辆的线路，出过多次人员伤亡的事件，一度被各国政府叫停。但人们对汽车运动的喜爱，使得这项政策难以实施，最终政府妥协，条件是比赛要在专业的赛道上进行。这也就是场地汽车比赛的起因。

1904 年，在法国巴黎，由世界上几个重要的汽车生产国，如英国、法国、德国等，成立了国际汽车联合会。一年后，在法国勒芒市举办了第一次真正意义上的场地汽车大奖赛。此后，汽车大奖赛一直是汽车运动的重要赛事，也是世界体育赛事的重要组成部分，法国勒芒也因此闻名。此后一百多年的发展中，汽车比赛的形式得到了大大丰富，场地方面如 F1、越野方面如汽车拉力赛等。汽车比赛的数量也逐渐增多，不仅在发达的欧美国家，在发展中国家也有越来越多的汽车比赛。现在世界上每年约举办 800 场各类汽车运动比赛，这些赛事分布于全球 80 多个国家或地区。

汽车运动休闲旅游在“二战”后的欧美国家流行，因为在发达的城市生活，高度紧张的神经，驱使人们在自己的节假日驱车到郊区或者其他的偏远小镇，远离大城市的喧嚣，到风景秀丽、生活节奏慢的乡下，放松身心，这成为越来越多的欧美国家城镇居民的生活向往。进入 21 世纪后，经济提升较快的发展中国家，也开始追求这样的生活状态，这一旅游形式也因此在全世界受到欢迎。

（2）国内汽车运动休闲旅游的发展概况。

据史料记载，世界上第一辆车子的发明者，也是中国车子的创造者，是公元前 2000 多年夏朝的大夫奚仲。虽然我国很早就发明了车子，但由于中国几千年来实行的农耕政策，禁锢了人们远行的思想，车子经常是王公贵族的象征，与老百姓的生活相距甚远，此后我国的车辆发展相对缓慢。

相较于国外的汽车发展，我国的汽车运动发展的时间较晚，这也导致我国的汽车运动休闲旅游的发展时间较晚。直到 1907 年，“北京—巴黎汽车拉力赛”的举办才使得北京前门大街上出现了十余辆汽车，当时中国人对该项运动纯粹是旁观者，这也是汽车运动首次来到中国。这次赛事并没有中国人参加，但是这次比赛却成为今后世界各国举办的汽车拉力赛的雏形。接下来的几十年间，中国的汽车运动也没有得到有效的发展，国内经济贫弱加上战争的侵扰，汽车始终是上流社会的专属，而对于底层的老百姓来说是遥不可及的。中华人民共和国成立后，虽然我国也在尽力生产自己的汽车，但在当时是给军队、公共运输、政府工作人员等使用，底层百姓依然很难接触到汽车。直到改革开放后，人们的生活水平提高，经济收入增加，中国路面上的汽车才渐渐多了起来。1985 年，“香港—北京拉力赛”标志着新中国汽车运动的开始，从 20 世纪八九十年代起，先后举办过 7 届，该赛事在中国汽车运动的历史上占有重要地位。不仅是因为这项赛事是中国汽车运动的起步，更重要的是这项赛事成为外国人了解中国的窗口。

从 1985 年至今，随着我国改革开放的步伐，中国汽车运动也走过了 30 多年的发展历程。在此期间，经济快速发展，生活水平提高，汽车已经发展成为主要的交通工具，逐步进入寻常百姓家。汽车运动能够满足人类对刺激与速度的追求，越来越多的汽车运动爱好者参与到汽车运动中来，汽车运动日益被更多群众所接受。1997 年举办了首届全国卡丁车锦标赛和首届全国拉力锦标赛，1999 年中国拉力赛北京站作为 WRC 分站，成为中国汽车运动发展史上的一个里程碑[①]。此后，中国大陆的汽车运动稳步发展，各项汽车运动赛事业相继出现，每年举办的赛事活动数量也在不断地增加。2003 年，第一次举办了全国汽车场地越野锦标赛；2004 年举办了第一届全国场地房车锦标赛，这一年也是 F1 赛事首次进入中国大陆，此后这项赛事发展成为中国最具影响力的汽车运动赛事——中国 F1 上海大奖赛。

在发展政策方面，中国汽车运动联合会（1994 年成立）颁布实施《全国汽车运动管理规定》，2013 年，中汽联颁布了《中国汽车运动联合会 2013—2022 年改革与发展纲要》，规划了未来十年，中国汽车运动的发展与改革目标。鉴于中国汽车运动发展较晚，我国参照国外优秀的汽车运动管理案例，建立了适合我国国情的管理框架，截至 2013 年，记录在册的国内汽车比赛达 80 多场，181 家俱乐部，注册的团体会员有 260 多个，车手有 3300 多人。国内的汽车运动的发展越来越规范化、专业化。

4. 汽车运动休闲旅游的发展思路

（1）完善汽车运动管理制度和配套的发展机制。中国汽车运动联合会考虑我国的实际情况，并借鉴参考了国外先进的汽车运动发展国家，在 2013 年颁布了《中国汽车运

① 王新宝 . 全国汽车场地越野锦标赛营销策略研究［D］. 北京：北京体育大学，2010.

动联合会2013—2022年改革与发展纲要》。目前中汽联已经建立了基本的管理框架，也进行了多种有效的尝试，未来会根据实际发展情况，进一步改革发展。我国除了建立管理制度，还需要完善相应的汽车运动配套设施建设，才能促进汽车运动的发展。管理部门应当建立对场地、车辆、运动员、教练员和裁判员的注册管理机制。对汽车运动休闲旅游来说，政府管理部门应该修缮道路、增加汽车休闲旅游点的停车位置、设置电动汽车的充电装置等。

（2）培养本土汽车运动文化，提高认可度。汽车、汽车运动以及汽车文化都是从国外传到国内的，带有浓重的西方文化气息，对中国人来说，接受、理解和吸收这样的文化需要时间。这些运动和文化中必将会有一些是传统的东方思维所接受不了的，这就需要我们加入自己的文化，将外来的汽车文化本土化。近年来，国内的汽车运动比赛次数越来越多，汽车文化在我国渐渐形成。在此前提之下，可以借助当前的趋势推广汽车运动，利用媒体资源进行相关赛事报道、以汽车网站、报纸专栏等宣传汽车文化；此外还可以开展一些亲民的、易于展开的趣味汽车活动，如绕桩、场地竞赛等，让民众更加真切地感受汽车运动，理解汽车运动文化，积极参加汽车运动休闲旅游，提升汽车运动项目在国内的认可度。

（3）利用现有的条件打造具有本土特色的高水平比赛。中国有很多非常有特色的地段，能够保证赛事的顺利进行。如在中国新疆举行的中国环塔（国际）拉力赛，这项赛事是中国开办的一项特色汽车运动赛事，每年都能吸引非常多的汽车运动爱好者到此参赛或参观。据统计，仅在我国新疆就有3万左右的汽车运动爱好者，正规的汽车赛道有20多条，其中还有塔克拉玛干沙漠和库木塔格沙漠等一些经典的线路。这项赛事是我国打造的一项比较成功的国际汽车运动赛事，很好地将外国运动本土化。

（4）培养汽车运动专业人才。我国的汽车专业运动员相对较少，这与该项运动存在的危险性有一定关系，再因为一些汽车运动项目普及性较差，参与途径较少，多数汽车运动休闲旅游爱好者被排除在外。我们应当利用国际和国内举办的一些高水平运动比赛的机会，锻炼及培养专业人员。为了更好地发展该项运动赛事，应当吸引具有汽车运动背景的专业技术人员参与到汽车运动中来，以提升我国汽车运动在国际上的竞争力。同时，要尽最大努力打造汽车运动明星，通过明星效应扩大与促进汽车运动的影响力与发展，从而进一步推进我国汽车运动休闲旅游的发展。

（5）做好运动宣传推广，吸引青少年参与其中。年轻人对于新鲜事物的接受能力要远强于中老年人，因此积极推动项目赛事的宣传推广活动应该从青少年入手，培养他们的兴趣，鼓励他们参与其中，为今后的汽车运动或汽车运动休闲旅游的发展培养后备人才。

5. 汽车运动休闲旅游案例

（1）国外汽车运动休闲旅游的案例：NASCAR。

NASCAR是全国运动汽车竞赛（National Association for Stock Car Auto Racing）的

简称，是全美最受欢迎的赛车运动。

这项运动是由一位车手兼机械师的比尔·弗朗斯（Bill·France）所建立的。佛朗斯于1948年建立了“全国赛车冠军联盟”（NCSCC），该联盟也是全国运动汽车竞赛的前身，把全国分散的死人车赛归纳到NCSCC，建立全国第一个赛车积分制度和优胜者基金。

第二年，方迪·弗洛克成为首位NCSCC全国冠军，经过两年的成功实践后，在全国赛车冠军联盟的基础上建立了全国运动汽车竞赛，全国汽车运动竞赛是一个位居所有车手、车队及赞助商之上的管理机构。

在经过半个多世纪的成功运营后，该赛事每年会有1500场比赛，平均每天大约有5场不同的比赛。NASCAR组织的比赛由12个不同的系列组成，在美国的39个州及加拿大的100多条赛道举办。赛道通常是椭圆形，这是比赛拥护者认为最能展现“速度”的魅力。比赛所用的赛道长度各不相同，这也正是这项赛事的魅力所在，最短的赛道只有800米，而最长的赛道有6500米。赛道长短不一，导致这项赛事在各个赛道上比赛的圈数也不相同，在短距离的赛道上转500圈也是有可能的。

NASCAR在美国非常受欢迎，现在已有5万多名成员。转播收视率甚至超过NBA，观众人数每年都会超过1.5亿，接近于美国一半的人口。

参赛车辆有着严格的标准，每位车手都要根据自己的体重做出相应的改变，如体重在90.72千克（200磅）以下的车手必须在赛车上额外载重4.5~6.8千克（10~15磅）。

（2）国内汽车运动休闲旅游的案例：上海F1大奖赛。

F1赛车与奥运会、足球世界杯并成为世界三大体育赛事，至今已有50多年的历史。

F1中国站赛事即一级方程式锦标赛。上海国际赛车场是该项赛事的固定场馆，2004年该项赛事首次进入中国，到2008年的比赛时间都是在整个F1赛车赛季的末端举行，也就是中国的“十一”黄金周前后。随着赛程的改革，从2009年起中国上海站的比赛时间提前到每年的4月中旬举行。

上海站的F1比赛是F1赛车历史上的第63条赛道。在公众的理解中，F1赛事代表着科技、汽车制造、时尚的最前沿、极速与刺激，但是由于这项运动昂贵的成本和消费，也通常被称为是贵族运动。

上海F1赛道的总长度为5451.24米，赛道由直道、弯道、上下坡组成，左右转弯道各有7处，平均速度205千米/小时。由于赛道的长度与弯度各不相同，在最长直道上允许的最高速度为327千米/小时，并且在窄弯道处要求制动到87千米/小时的速度，给观众带来一种赛车运动所特有的激烈、紧张和刺激的感受（如图3-1所示）。

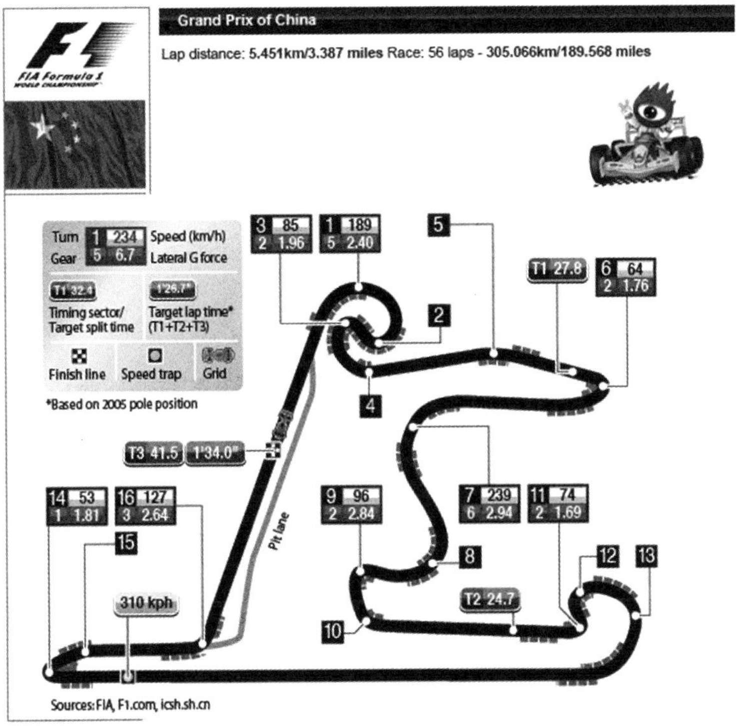

图 3-1

（图片来源：https：//www.021f1.com/view-f1xinwen-719.html）

上海国际赛车场车道设计成“上”字形的赛道，可谓是别具一格。“上”字形赛道的赛车起跑排位位置区域，是处于上海国际赛车场主看台钻石区和车队维修区域之间，起跑线的前上方有发令比赛开始的五组信号灯，当五组信号灯同时熄灭时比赛开始。

比赛开始后，在长距离的直到上汽车可以提升六挡速度可达 305 千米 / 小时，然后进入弯道。由于上海 F1 车道的独特设计，在出发后的直道底端与弯道处为上坡，所以出发的抢位非常重要，如果抢到非常有利的位置对后面的比赛有利，如果起跑失误甚至会直接影响到车手正常比赛的名次。

上海 F1 赛车的效益还是非常明显的，以 2004 年为例，该年的比赛共吸引境外游客 5 万人，为上海带来约 5 亿美元的收入。赛事期间，共有 26 万人现场观看。据计算，F1 将带动赛场周边 20 平方千米的土地 5 年内增值 10 倍，每年产生上百亿元的营业收入和 325 亿元的间接收入。

（三）摩托车运动休闲旅游

1. 摩托车运动休闲旅游的概念

摩托车运动是指借助于摩托车从事训练和比赛的运动项目。摩托车具有体积小、速度快、机动性强、越野性好、操纵简便等特点[①]。经过多年的发展，在全球范围内，摩托车运动已经发展成为市场化程度最高、最具商业价值和观赏性、娱乐性的体育运动之一。目前最为知名的的世界范围的摩托车赛事有：摩托 GP、摩托车越野世界锦标赛、边三轮比赛、技巧世锦赛、花式世锦赛等，每年由国际摩联开展的赛事有近百场。

摩托车运动休闲旅游的概念，同汽车运动休闲旅游的概念相一致，目前学者们也没有就此问题给出具体的定义。同样它的载体是摩托车，以摩托车为基本交通工具，享受摩托车骑行运动中的快乐，进行休闲旅游活动。

2. 摩托车运动休闲旅游的特点

（1）参与性。在当下的中国，绝大多数人都能够支付得起普通摩托车的费用，且相较于汽车的驾驶，摩托车要简单得多。喜欢摩托车的人，男性占到绝大多数，这项运动可以让男性体验到速度带来的紧张、刺激，可以满足自己的探险愿望。20 世纪末和 21 世纪初的十几年之间，中国的摩托车使用数量相当可观，马路上随处可见摩托车的身影。尽管 2010 年以后中国的私家车越来越多，但摩托车依然是一项重要的交通工具，每年的春运报道中我们都可以看到有很多农民工从广东等地骑着摩托车回家过年，他们通常会骑行几百甚至几千千米。在我国台湾的大街小巷随处可见摩托车（台湾称为“机车”），并可能会看到哈雷摩托车队的骑游活动。摩托车运动爱好者会经常骑行摩托车出游。摩托车这项运动的参与性非常高，参与者小到黎民百姓，大到政要富豪。

（2）体验性。体验性是摩托车运动的重要特征，摩托车运动休闲旅游与其他主要依靠自然资源或者历史文化资源，为游客提供游览的传统观光式旅游不同。摩托车运动休闲旅游，不仅仅能够观赏到自然风光或历史文化遗产，还能参与到摩托车运动当中，能够感受到与日常生活不同的体验。在摩托车骑行旅游过程中，能够观赏到很多传统旅游方式所不能观赏到的风景。在公路、在山间、在河边、在乡间小路中骑行而过，是一种非常美好的体验，这也是飞机直达目的地所不能获得的体验。

（3）便捷性。便捷性是摩托车运动休闲旅游的又一主要特征。摩托车的体积较小，在骑行中受到的阻碍相较于汽车更小，停靠也更加方便。这使得游客在旅途中骑行游览增加了更多欣赏美景的机会，能够亲近自然、感受自然。

（4）挑战性。摩托车运动具有很大的挑战性，不仅仅是指路面的情况，更多的是对参加这项活动者的体能和意志力的挑战。同时还有突变的天气，也是游客要克服的问题。如果选择的旅游目的地较远，在有限的时间内要长时间驾驶，这样对体能的考验也比较大。

3. 摩托车运动休闲旅游的分类

摩托车运动比赛通常按照摩托车车轮数量划分为两轮摩托车赛和三轮摩托车赛两种，摩托车车型也各不相同，通常根据发动机气缸工作容积划分。国际摩联每年举办多

① 李昕 . 青少年课外知识全知道［M］. 北京：中国华侨出版社，2015.

项摩托车大赛，比赛项目繁多，举办频率高，经常举办的比赛如世界锦标赛、欧洲锦标赛及大奖赛等。

（1）越野和多日赛。

越野和多日赛可分为越野赛、多日赛以及障碍检验赛三种。

1）越野赛，是在有天然障碍的复杂地形封闭路线上进行的多圈竞赛，路线包括上下陡坡、左右弯道、起伏路、石子路、沙地、土坎、林间路、沼泽地、泥泞路等天然地形地貌。路线每圈距离为1.5~5千米，每场竞赛距离，两轮车型不超过60千米，三轮车型不超过40千米。国际摩联主办的越野赛有：世界摩托车越野锦标赛（两轮）、世界三轮摩托车越野锦标赛、国家队世界摩托车越野锦标赛和国际摩托车越野大奖赛等。由于各个国家越野赛车场的地形、地貌、土质、气候、障碍难度不同，为了机会均等、减少偶然性、全面反映运动水平以及考验各国生产的赛车质量，世界摩托车越野锦标赛每年分别在12个国家举行；世界三轮摩托车越野锦标赛，每年分别在10个国家举行。计分方法按运动员全年连续参加在不同国家举行的比赛，既评定每次比赛的名次，又累计各次比赛的得分，最后评定世界冠军。国家队世界摩托车越野锦标赛每年只在1个国家举行。

2）多日赛，比赛天数不等，一般是2~6天。比赛方法是运动员必须在限定时间内驶完规定的线路，提前到达或迟到均罚分，多日赛以越野赛线路为主，最后一天一般以公路赛结束。多日赛线路长，具备越野及公路两种比赛的特点。国际摩联主办的多日赛，有每年举行1次的国际摩托车6日锦标赛和每年分别在6~7个国家举行的欧洲摩托车2日锦标赛两种。

3）障碍检验赛，是在有天然障碍的复杂地形上进行的一种比赛。比赛线路不固定，一般在20千米之内，设置几个障碍区，内有大石块、水流、树林等难度很大的障碍物，要求运动员在规定的时间内驶完全程。它主要是检验运动员通过障碍物的技巧，如脚踏地、未通过障碍物、超过规定时间等都要罚分。这种比赛可以使观众自始至终看到全过程，而且组织工作比较省力，在欧洲极为盛行。国际摩联每年组织1次世界摩托车障碍检验锦标赛，分别在12个国家举行。比赛和计分方法与世界摩托车越野锦标赛相同。

（2）公路赛。

1）环行公路赛，是在路面良好、封闭的公路上进行的多圈竞赛。路线包括各种左右角度不同的弯道、上下坡道和直线路；每圈长度至少3千米，路面宽度最窄不得小于6米；路线如需要交叉，应分上下两层道。每次竞赛距离不超过50千米。由国际摩联每年主办的环行公路赛有分别在13个国家举行的世界摩托车公路大奖赛和世界摩托车旅行公路锦标赛、摩托车国际公路大奖赛等。

2）耐力赛，是环行公路赛的另一种形式的比赛，分3个阶段，每阶段6小时，按在18小时内实际驶完的距离计算成绩、评定名次。比赛过程中可以换人，但不得更换车辆。国际摩联每年主办有分别在9个国家举行的世界摩托车耐力锦标赛和摩托车国际耐力赛两种。

3）山地公路赛，是在路面良好的公路上进行的另一种速度赛。路线是单程的，选择在有难度的起伏山地。从发车到终点距离为 2~6 千米，高度差 200~300 米。发车方法是单车出发，间隔 1 分钟。比赛以速度快者为优胜。国际摩联主办有欧洲摩托车山地公路锦标赛和国际摩托车爬山公路赛两种。

（3）场地赛。

1）煤渣路赛，比赛场地四周有看台，比赛在由两条直线和两个半圆圈连接起来的类似田径场的环形跑道上进行。跑道用小煤渣铺面，路面有一定的硬度，但又不能过硬。这种比赛对场地要求严格，费用大。但由于比赛时竞争激烈，非常吸引观众，在欧洲国家比较盛行。比赛方法，每场进行 18~20 局，每局跑 3 圈，每圈 285~400 米，每次至少 12 人参加。煤渣路比赛车辆与其他项目车辆不同，构造简单，油箱体积小，燃料中酒精成分很高。国际摩联每年主办有世界摩托车煤渣路锦标赛（包括个人、团体、双人赛）和欧洲个人锦标赛等。

2）摩托车冰道赛，跑道是冰面。

3）摩托车草地赛，是在铺有草皮的场地上进行，比赛方法与煤渣路赛基本相似。

4）摩托车球赛，是两个摩托车队之间在运动场上或草地上进行的一种球类竞赛。场地要求和竞赛规则等与足球赛相似。摩托车为特制的赛车，即车架行动部位加固，汽缸容积不大于250毫升，车身长不超过2米，车重45~90千克。球胆和球皮与足球相似，直径 0.38~0.40 米，重量 900~1000 克。每个队上场时带 2 只良好的球，每个队的 1 只球使用 1 场。夜间比赛时，球漆成白色。1 个摩托车球队由 8 名运动员、2 名机械员和 1 名领队组成。比赛时由 5 名运动员上场，即左锋、右锋、中锋、后卫、守门员各 1 名，其余 3 名运动员为替补员。比赛分 4 场，每场 20 分钟，每场之间休息 10 分钟，进行两场后更换场地。如比赛结束不分胜负，再延长两场，每场 10 分钟，中间休息 5 分钟。运动员运球必须驾驶摩托车并在发动机工作的情况下，用脚踢、头顶或用摩托车顶。除守门员外，不允许运动员用手或臂接触球。国际摩联每年主办 1 次欧洲摩托车球赛，主要由欧洲国家参加。

（4）旅行赛。

旅行赛是带有旅游性质的比赛，按竞赛规程有的计算成绩，评定名次，有的属聚会游览性质，不计成绩。旅行赛分国际摩联集合赛和国际旅行集合赛两种：1）国际摩联集合赛，又称国际摩联“拉力”（Rally）赛，每年夏季在 1 个国家组织 1 次，比赛时间最多不超过 3 天，国际摩联会员国均可派队参加。2）国际旅行集合赛，是摩托车运动员的一次聚会。运动员从各地出发，到达一个地点集合。集合地点必须在国家或地区摩托车运动协会管辖的地区。它包括国际旅行集合赛、国际专项集合赛、国际典型集合赛、国际延长时间集合赛、国际旅行聚会赛、国际邀请集合赛等。

（5）其他比赛。

摩托车运动除国际上举行的各种传统比赛外，各国还根据本国情况设置各种比赛项目。中国开展的项目主要有越野赛和场地障碍赛。1959 年和 1965 年举行的全国运动会还有环行公路赛。中国的场地障碍赛是根据中国国内运动水平的实际而设置的一种竞赛项目。在长 100 米、宽 80 米的场地上设有平衡木、蛇行路、封闭圈、“8”字路、插旗、连续窄弯、绕板、独木桥、跳板、限制门、土丘、弹坑、停车线等人工障碍，要求运动员在规定的时间内顺利通过上述障碍。

（6）摩托车运动休闲旅游的发展概况。

1）国外摩托车运动休闲旅游的发展概况

在 19 世纪 70 年代，摩托车就已经出现。同汽车运动的发展情况相似，从 19 世纪末开始，为比较摩托车性能、质量，欧洲工业发达国家开始组织一些非正式的摩托车比赛，此后这项活动一直被延续，逐步发展形成了今天的摩托车运动。

1904 年，由 5 个国家参与的摩托车比赛在巴黎郊区举行，该项赛事在环形路上举行，参赛车辆绕场地行驶 5 圈，共计 270 千米；同时由这届赛事的参与国发起成立“国际摩托车运动俱乐部联合会”。

然而该联合会仅诞生三年就解散了。此后经英国汽车联盟提议，该联合会于 5 年后重新恢复，并将联合会总部设在伦敦。

该联合会经过多年的发展与探索，于 1949 年更名为国际摩托车运动联合会，1959 年总部迁移到瑞士日内瓦。在汽车还没有现在普及的时候，摩托车作为一种非常便捷的交通工具，被人们所喜爱。在一些发达的国家和地区人们会经常骑着摩托车出去兜风。

据有关数据显示，在 2000 年年初，欧美国家大多数处于 10~20 人占有一辆摩托车，而在日本 3~7 人占有一辆摩托车，我国和印度大概是 100~150 人占有一辆摩托车。由此可见，摩托车的地域发展区别，与国家或地区的经济发展有较大的联系。

2）国内摩托车运动休闲旅游的发展概况

中国的摩托车运动发展的时间比国外短。我国的摩托车运动是在 1952 年开始出现萌芽，1954 年国家发文批准摩托车运动的发展，从此中国摩托车运动休闲旅游的发展进入到有组织的时代。在国家和各地教练员的努力下，1956 年各大城市相继建立了摩托车运动俱乐部。在全国各地相继成立了“俱乐部”，开始有组织地开展活动训练等。在经过十多年向西方学习借鉴的基础上，我国于 20 世纪 60 年代初，在上海、北京、南昌等地开设摩托车制造厂，并开始大量生产两轮和三轮的摩托车，在用于生产建设的同时也用于发展摩托车运动上。在 1979 年成立了中国摩托运动协会，并且加入了国际摩联。中国的运动员开始通过参加国际大赛来提高自己的水平。经济的发展和政策的帮助使得摩托车运动在我国得到了很好的发展，尤其是进入 21 世纪后，我国的摩托车运动又迈向了一个新的台阶。我国的国内、国际摩托车赛事不断增加，极大地促进了我国摩托车运动的发展。在这样的形势下，摩托车运动在我国成为喜爱探险和挑战者的最爱。

中华人民共和国成立初期，我国发展摩托车运动的形式主要是机构或政府主导的培训班，按照相关的大纲要求对摩托车运动爱好者进行训练，培训班主要分为两种——普通班与特等班，培训基础知识、驾驶技术、车辆维修与保养等项目。并组织了一些比赛，在第一届与第二届全国运动会都有摩托车运动的比赛项目，推动了摩托车运动的发展。

在我国台湾，摩托车又叫机车，在这里摩托车运动极为流行。在台湾的大街小巷都能看到多种多样的机车。很多学生也特别喜爱这项运动，无论男女他们在上大学的时候，基本上都会有一辆属于自己的机车，他们所读的学校有可能是跨市的，他们经常会骑着机车去上学，在去学校的路上还能够观赏沿途风光。他们对于交换生也特别的热情，经常会骑着机车载着同学到风光优美的台东、花莲、宜兰等县参观游玩，有时还会飙车等。

5. 摩托车运动休闲旅游案例

（1）国外摩托车运动休闲旅游的案例：AMA supercross 美国越野摩托车超级锦标赛。

摩托车越野运动起源于 20 世纪五六十年代的西欧国家，这些国家拥有世界上很多的顶级运动员。运动比赛场地多是根据当地的地形地势加以设计而形成的平原和丘陵地带举行。20 世纪 60 年代，摩托车运动员爱迪生·代伊去美国进行商业表演，将摩托车越野运动带到了美国。

这项赛事的运动场地完全是由人工设计建造的，并且绝大多数的比赛都是在专业的运动场馆内进行的。Supercross 的比赛时间较短但运动的强度和难度却很大。

Supercross 的优点在于：赛事时间短，从计时赛到最终的决赛都是在一天内完成的；赛道中有非常多的波浪赛段和连续的跳跃，比赛非常精彩；比赛一般在室内进行，赛道的情况可以控制，安全系数比较高，有利于保护运动员；此外，有利于观众进场观看比赛，场馆内的设施设备都配备整齐。

Supercross 冠军赛是美国最受欢迎的摩托车比赛项目，赛事从每年的一月初开始到五月初结束，一共有 15 站比赛，目前的比赛仅有 250 毫升组和 450 毫升组两个组别。每年的 1—5 月都会有来自世界各地的运动员和摩托车越野赛事的爱好者来到美国参加各个分站赛的比赛获欣赏。国际汽摩联合会授权获得 Supercross 年度冠军的运动员可以直接带上世界冠军的头衔，这也是很多运动员参加这个系列赛事的重要因素。

该项赛事的正式比赛时间一般是在周六，比赛的流程是：上午 11 点左右的时候运动员可以到场地内查看场地，随后进行赛前会议；大约 12 点的时候，所有的基督教徒运动员都要进行一个宗教仪式；接下来一个小时的时间运动员可以进行场地适应性训练；大概在 1 点 30 分的时候开始正式的计时预选赛，一般会持续到晚上 6 点；晚上 7 点开始进行 250 毫升的两场热身排位赛，热身排位赛的结果会影响运动员是否可以进入决赛以及进入决赛时的出场顺序，这场比赛对每位运动员来说都是非常重要的；

一般情况下，晚上9点开始250毫升组别的决赛；9点30分一般会进行450毫升的决赛。

此外，在正式的比赛之前，摩托车爱好者能够参与赛前的各项活动。常见的活动有运动员见面会、机械师技术挑战、赞助商提供的各项娱乐活动、各种最新的摩托车产品促销以及观看儿童组的比赛等。

（2）国内摩托车运动休闲旅游的案例：中国宁夏（银川）丝绸之路国际汽车摩托车自驾旅游节。

2016年8月7日至9日，首届中国宁夏（银川）丝绸之路国际汽车摩托车自驾旅游节暨哈雷戴维森中国第八届全国车主骑行活动在银川市举办。

该项旅游节的前身是中国银川国际汽车摩托车旅游节，赛事至今已经举办了11届，逐渐发展成为车迷及游客心中的大型国际盛会。2016年组委会在筹办汽摩节的同时还举办了“丝路旅行从银川启航”摄影大赛、黄河风情民俗展演、贺兰山汽车摩托车场地赛、机车大巡游、水上运动表演、汽摩节狂欢夜、哈雷戴维森嘉年华、汽摩车友畅游银川八大系列活动，并形成四大亮点：一是以“穿越丝路从银川启航”为主题的汽车摩托车穿越活动，穿越美国、迪拜等国际化现代大都市；二是滨河之夜全国体育娱乐明星爱心足球赛，本次明星赛是此次汽摩节的开幕环节，邀请到国内体育界、演艺界明星组成的明星足球队来银进行慈善表演比赛；三是哈雷戴维森嘉年华在银川盛大举行，数百辆哈雷戴维森摩托车首次齐聚塞上，并举行丝路银川穿越之旅，同时还有路虎、美国吉普、房车以及专业赛车等前来助阵；四是银川十大景区为本次汽摩节倾情助阵，提供优惠政策，前来参加汽摩节的车手可免费参观各大景点。

除此之外，银川周围拥有丰富的旅游资源，包括自然旅游资源（高山、峡谷、沙漠、草原、湖泊、森林等）、人文旅游资源（历史遗迹、民族风情等），可谓中国旅游的“微缩盆景”。非常适合举行各种自行车、汽车、摩托车运动休闲旅游，银川也将建设成为“运动休闲之都”的目标而努力，而针对巨大的自驾车旅游市场，将会在游客密集的区域建设专业的汽车、摩托车露营地，并与周边城市共同举办“西北风情”自驾车旅游节等节庆活动，努力打造成全国最佳自驾车旅游目的地城市。

五、路跑运动休闲旅游

（一）路跑运动休闲旅游的概念

路跑顾名思义，就是在路上跑步，以强身健体为目的，并把其他文化融入跑步活动中[①]。近年来，路跑运动在我国不断发展，为迎合不同人群的需求不断涌现出各种各样的路跑活动，如光猪跑、彩色跑、慈善跑、快乐跑、粉红跑、越野赛、节日跑等。有关

① 缪圆圆．路跑运动热的社会学原因探析——基于符号互动理论［J］．体育成人教育学刊，2016，32（2）：45-47.

数据显示，路跑运动受到越来越多的“80后”“90后”年轻人的喜爱，这项运动成为他们放松身心、舒缓压力的方式和手段。丰富的赛事数量、多样的赛事形式，使得各类人群参与程度也越来越高。特别是在国家提出全民健身的政策后，越来越多的群众选择路跑作为健身的方式。

路跑运动休闲旅游，是以路跑运动为主导的一项休闲旅游方式。游客在得到自身需求满足的同时，也会给赛事主办地的经济起到拉动作用。

据报道，2016年，无锡国际马拉松赛为无锡带来直接经济效益约1.18亿元，住宿占47.27%，餐饮占46.15%，旅游占6.4%，交通占0.18%。2017年，该赛事为无锡带来直接经济效益约1.43亿元。由此可见，路跑运动休闲旅游对于地方经济的增长也有不错的推动效果，这也是最近两年赛事数量呈现井喷状态发展的一个因素。

（二）路跑运动休闲旅游的特征

（1）便利性和经济性。路跑运动区别于篮球、网球、冰壶、滑冰等其他运动项目，对时间、场地、器械和设施设备的要求比较低。无论是在家、学校、公园抑或街道，都可以进行路跑运动。这对民众来说是非常便利且经济的。

（2）有效性和健身性。跑步对人体的锻炼是全面和有效的，不仅能强身健体，也能锻炼人的耐力和意志力。跑步不仅能够给人们带来生理上的改变，还能从心理上减压。

（3）休闲性和娱乐性。路跑运动具有一定的休闲性和娱乐性。路跑运动有很多的形式，如将一些时尚元素融入跑步中的彩色跑、装扮跑等，这些运动是专门为人们放松娱乐而准备的运动项目。在跑步的过程中还会设计一些简单的游戏环节，增加跑步的趣味性与观赏性。这样的运动项目不仅可以让人们体验运动的乐趣，还可以调节紧张的生活状态，放松心情。

（三）路跑运动休闲旅游的类型

1. 竞赛型路跑

赛事型路跑最典型的是马拉松运动。马拉松分为全程马拉松、半程马拉松和迷你马拉松等形式。这类赛事的参与者大都是专业的运动员，也会有业余的高水平路跑爱好者参加。马拉松运动在我国的发展很快，参加的人数也越来越多，举办赛事活动的频率也在不断增加。由于参赛人数多，关注度非常高，赞助商较多，所以赛事的影响力很大，这样的赛事活动对城市的宣传推动作用非常明显。通过举办高水平的运动赛事将会提升城市的知名度，吸引更多的游客到举办城市旅游，参与到当地特色的体育活动中，促进当地经济的发展。国内著名的马拉松赛事有：北京马拉松赛、厦门国际马拉松赛以及上海国际马拉松赛等。

2. 民众休闲型路跑

群众经常会自己组织一些和路跑相关的休闲活动，以保持自身的身体健康。这些运动的组织是不定时的。这类的路跑休闲运动，参与者都是按照自己的身体情况，利用闲暇时间进行相应的锻炼。参与者的年龄跨度较大，主要目的就是强身健体，释放工作或者学业上的压力。常见的运动形式有晨跑、夜跑、暴走、越野跑等。主要是在休闲运动公园、高校操场以及各种体育运动中心进行。

还有一些如政府组织的公益性质的路跑，这类赛事的组织是为了响应国家“全民健身”的号召而实施的，主要目的是呼吁民众参与体育锻炼，促进全民健身以保证身体健康。

（四）路跑运动休闲旅游的发展概况

1. 国外路跑运动休闲旅游的发展概况

提到路跑运动，那就不得不提发生在公元前490年的希波战争，在希腊人与波斯人的战争中，最终是希腊人“笑到了最后”。为了让这个消息尽快地让故乡的人们知道，当时的统帅派了一名有着“飞毛腿”之称的菲迪皮茨的士兵回去报信，为了让故乡的人早日知道这个好消息，他拼尽全力的地跑，当他跑到雅典时，已经上气不接下气，激动地喊道“欢……乐吧，雅典人，我们……胜利了”，说完，就倒在地上死了。这就是马拉松运动的由来，也是路跑运动的发端。

到1896年的第一届奥运会时，为纪念菲迪皮茨，特意设立了马拉松的比赛，这才有了真正意义上的马拉松。

在此之后，路跑运动开始在西方国家流行起来。美国在这方面起步较早，在1897年就设立了波士顿马拉松赛，美国也成为第一个举办马拉松运动比赛的国家，该项赛事至今已举办120届，是全球举办时间最长的马拉松赛。马拉松赛程较长，为42.195千米，较长的运动距离让很多想参与到路跑运动中来的运动爱好者望而却步。为了更好地满足不同人群对于路跑运动的需求，渐渐地出现了半程马拉松，以及一些主题跑、节日跑、障碍跑、彩色跑和冒险跑等非传统路跑赛事。这些非传统的路跑赛事活动得到了广大群众的热捧。在美国，相关数据显示，2009年非传统路跑赛事完赛人数不足10万，到2013年已有400多万人完赛，完赛人数已经超越全马与半马参赛人数之和，可见人们对非传统路跑赛事的喜爱。

在日本，路跑运动是民众非常喜欢的一项体育运动，2007年第一届东京马拉松赛，有3.5万人参加了竞赛。到2016年报名人数已经达到30.8万人。为了满足民众的路跑需求，日本的路跑赛事不断增加，现在每年都会在国内举办200多场路跑赛事。

在欧洲，世界六大马拉松之一的柏林马拉松的赛事场面也非常火爆，每年都会有来自世界各地的路跑爱好者报名参加这项赛事，由于这些赛事的报名人数太多，只能采用惯常的抽签方式来确定参赛人员的名单。世界六大马拉松赛事总结如表3-16所示。

表 3-16　世界六大马拉松赛事

赛事名称	创办时间	赛事规模（万人）	赛事特点
波士顿马拉松	1896年	30000	全球历史最悠久的马拉松赛事，从未间断
纽约马拉松	1970年	30000	声誉仅次于波士顿马拉松，参赛人数众多。马拉松历史上夺冠次数最多的人是在纽约完成的，前后九次夺冠
芝加哥马拉松	20世纪70年代	35000	1987年因为种种原因停办，后来以平坦的道路、优秀的赛事管理以及对选手的关照而重新建立在马拉松赛事中的地位
柏林马拉松	1977年	20000	最神奇的马拉松，前后有8个马拉松世界纪录在此诞生，其中5个男子马拉松世界纪录全部在此诞生
伦敦马拉松	1981年	30000	曾是产生男女世界最好成绩最多的城市，有趣味性
东京马拉松	2007年	35000	观众自发用表演的形式为参赛选手加油助威

2. 国内路跑运动休闲旅游的发展概况

虽然我国在 1959 年第一届全国运动会上，就将马拉松作为比赛项目，但是这项运动的普及程度远没有想象中进展的顺利。受限于国内的经济发展以及政策环境等因素，我国的路跑运动一直没有得到很好的发展。直到改革开放后，这项运动才得到一定的发展。我国在 1981 年创立的北京马拉松赛，是国内市场化程度最高、规模最大、开展最早、最具有代表性的赛事。此后马拉松运动逐渐在国内兴起。进入 21 世纪后，特别是 2008 年北京奥运会后，越来越多的群众参与到路跑运动中，这也使得我国的路跑相关赛事越来越多。

就近几年的报名人数来看，国内马拉松路跑运动的休闲旅游方式被很多人所接受。以 2017 年北京马拉松为例，参赛名额只有 3 万，却吸引了来自世界及全国各地的 9.8 万人报名。创造了国内报名人数的新纪录，总报名人数比上年增长约 48%。2015 年的上海马拉松（包括全程马拉松、半程马拉松、10 千米跑和健身跑）一共有 3.5 万个参赛名额，吸引了 12.6 万人参加了报名，其中全程马拉松和半程马拉松的报名人数相当，都在 4.5 万人以上，其余的报名选手是参加 10 千米跑和健身跑的人数。2016 年，上海马拉松将参赛名额提升到了 3.8 万个，并采用国际通用的抽签方式选择参赛选手。

在我国台湾，参加路跑运动休闲旅游的人数众多，仅在 2013 年内就举办了 211 场路跑赛事，参与人数达到 127 万人。

据统计，我国在 2011 年时，共举办了 22 场马拉松赛事，而到 2016 年时已经达到 328 场，而在参赛人数上也由 2011 年的 40 万人增加到 2016 年的近 280 万人（见图 3–3）。

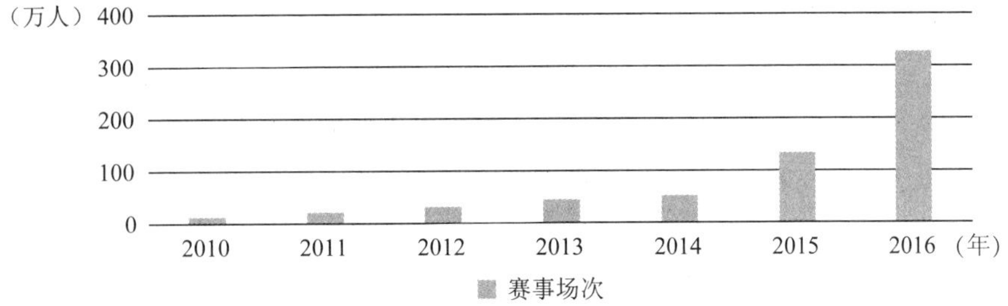

图 3-3　2010—2016 年我国举办的马拉松赛事数量

按照中国田协的官方资料，2017 年 A 类认证赛事有 214 场；B 类认证赛事 33 场；2017 年注册的各类跑步赛事超过 500 场，2020 年可能超过 800 场。目前，全国跑步赛事总量和中国田协注册赛事的比例约为 4 ： 1，因此可以简单地推算，2017 年中国加上各类越野赛赛事，路跑总数超过 2000 场[①]（如图 3-4 所示）。

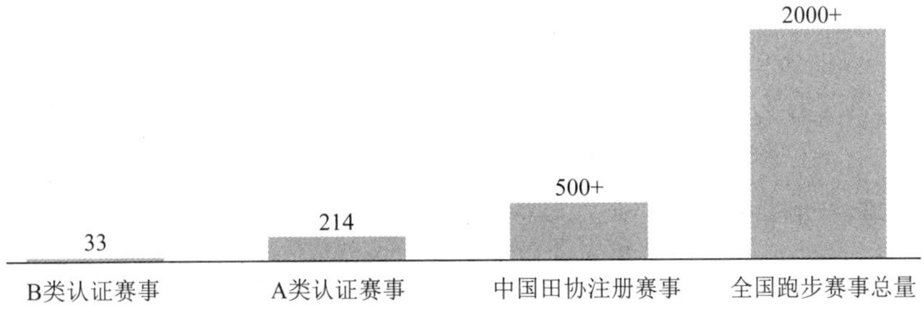

图 3-4　2017 年中国马拉松各类赛事场次数（场）

（五）我国路跑存在的问题

1. 环境质量问题

空气质量的下降，直接导致 PM2.5 指数经常居高不下，居民戴口罩出行成为常态，这也使得大多数的户外运动都无法进行。比如，2014 年的北京马拉松当天就出现了很大的雾霾天气，很多的参赛者都将自己全副武装以应对雾霾天气。美国《纽约时报》更是将这一年的北京马拉松取名为“霾拉松”。空气污染对室外运动来说是非常严重的问题，这也成为影响路跑运动发展的首要问题。

2. 赛事安全保障问题

2013 年，在波士顿马拉松举办期间，发生两次爆炸事件，造成 3 人死亡，183 人受伤。爆炸事件的发生，不仅让人们受到惊吓，还为各项大型活动特别是马拉松赛事举办的安全问题敲响警钟。所以赛事的安全保障尤为重要，这也应当受到主办方足够的重视。

① 2017 年度中国马拉松白皮书。

3. 赛事特色趋同问题

2014 年，国务院发布促进体育产业发展的“46 号文”后，国内的路跑赛事就呈现井喷式的发展。伴随赛事数量的迅速增长，路跑运动的同质化问题也越发突出。由于不能将本地的文化特色与赛事结合，形成自己独特的赛事文化，因此很难保证赛事的长久运营。

4. 赛事承办方缺乏专业保障措施

在国外很多的马拉松赛事，后勤保障非常有力。比如东京马拉松，在比赛结束后就会安排按摩区和足浴区，让参赛者享受更多的人性化服务。在国内，赛事承办方赛事的后勤保障工作的专业性有待提高。比如，某年的北京马拉松由于临时厕所准备不够，导致很多人在路边的花坛进行方便，造成不良影响。

（六）路跑相关衍生产业的发展

1. 运动营养等周边产品

运动营养方面的产品，随着人们运动意识的加强，逐渐得到人们的喜爱。近几年的发展也呈现上升趋势，逐渐形成规模。跑步能量胶、维生素 D 及钙片产品也开始受到人们的喜爱，还有一些运动营养饮料也受到人们的关注。

2. APP 等移动科技

智能手机的普及给人们带来了很大的方便，近年来，随着移动科技的井喷式发展，与休闲体育健身运动相关的 APP 产品越来越多。如健身软件 Keep 等。还有与路跑相关的 APP，如悦跑圈，将社交与互联网相结合，同时普及了训练、康复等路跑基础知识。

3. 马拉松博览会

为进一步推动马拉松产业发展，2016 年年底，中国田径协会在厦门举办了首届中国马拉松博览会。博览会打造赛事展示平台、产品发布平台、投资交易平台和跑者互动平台，共吸引了超过 100 家展商参加，涵盖了中国马拉松全产业链，是马拉松行业规模最大、最专业、最权威、影响最广的国家级博览盛会。

4. 赛事赞助企业的发展

路跑运动相关的赛事活动已经发展成为各企业进行品牌营销的重要平台。2016 年，国内各项马拉松赛事共有 1300 多家企业赞助。2013 年，智美公司统计数据显示：杭州马拉松的收入为 2000 万元，赛事投入成本为 1200 万元。2014 年智美公司数据显示，公司赛事运营业务板块的毛利率高达 65.8%。企业通过在赛事赞助，提高了自己的公司声誉，进一步增加了企业的营业收入，对企业的发展而言是非常有利的品牌营销。

（七）路跑运动休闲旅游的发展思路

1. 定位市场消费人群，发展相关延伸产业

官方数据显示，我国在2015年共举行134场路跑相关赛事，约有150万人完成比赛；

同年的美国，共举办 3.03 万场路跑相关赛事，完赛人数多达 1711 万人。对比美国的发展，可以发现中国的路跑运动休闲旅游还有很大的发展空间。2016 年发布了《中国境内马拉松及相关运动赛事管理办法》，将马拉松及相关的运动赛事的规范化管理和规划发展提供指导。相信在今后几年中，我国路跑运动发展将会进入稳步、高效的时期，与路跑相关的衍生产业也会得到更大的发展。例如，运动服装、路跑训练的相关设施设备、路跑相关的电子科技、体育用品等将会迎来广阔的发展空间。此外，还应该针对特定的消费人群，挖掘不同的消费需求，有针对性地促进路跑运动休闲旅游的发展。

2. 打造特色精品赛事，用赛事拉动旅游发展

特色精品赛事的规模和影响力非常大，无论是参与的人数、关注度还是赞助商都非常多。全球最著名的六大马拉松赛事，每年都会吸引几十万人报名。就拿举办历史最悠久的波士顿马拉松来讲，除了每年 3 万多参赛的运动员以外，还会有超过 50 万的现场观众，以及全球数亿通过电视、网络直播或者录播的形式收看该项赛事观众，很多的马拉松运动爱好者更是以能够参加这项赛事而感到自豪。

3. 促进路跑运动本土化，构建路跑运动特色文化

有特色的路跑运动会吸引很多的路跑爱好者到该地参加赛事活动。可将当地的特色建筑、有历史意义的地点串联起来形成路跑活动路线，增进人们对城市的印象。2016 年 9 月，中国社会科学院国情调查与大数据研究中心发布首份《中国兴趣报告》，显示音乐、运动、阅读成为最受“60 后”到“00 后”欢迎的前 3 个兴趣，说明全民的运动意识和行为已经逐渐形成，这些年我国政府大力发展群众体育已初见成效，为路跑赛事的发展创造了良好的条件①。同时，还可以将路跑运动穿插到中国的传统文化中去，将路跑运动与我国的传统习俗、节庆相结合，不仅可以促进民族文化的传承，还能让更多的外国人了解中国的文化。

4. 完善基础设施设备，提升环境质量

路跑相关的运动或者赛事活动，需要有完善的场地设施。相关管理部门要完善公共体育设施，如公园步行道的建设、辅助设施的完善等。只有将最基本的体育设施建设完善，才能够激发起人们对体育运动的热情。

近年来，全国各大城市或多或少都受到了雾霾天气的影响，政府如果要鼓励人们参加路跑运动，就要治理环境污染，提升环境质量。只有室外能够看到蓝天白云，才能吸引民众放心地到室外进行路跑运动休闲旅游。

（八）路跑运动休闲旅游的发展趋势

1. 越野赛增多

越野跑与马拉松运动不同，马拉松运动大多在城市道路举行，而越野跑大多在户

① 白莉莉，冯晓露．美国路跑赛事发展特征、问题及启示［J］．中国体育科技，2017，53（3）：100–107.

外、郊野的大自然举行，尤其是山脉、湖泊等自然地形周边。相对而言，每场越野赛的参与人数不多，一般在300~2000人之间。越野赛对参赛者要求更高，所需装备更多，蕴含产业价值更大。目前，不少马拉松跑者开始向越野赛分流。

越野赛事的增加，基本涵盖了国内的大部分省市，据不完全统计，至少有25个省、市、自治区（不含港澳台地区）举办了越野赛。这个过程中，也出现了一些知名赛事，如浙江的柴古唐斯越野赛、江西的武功山越野赛、山西的大五台朝圣之旅越野赛、四川的四姑娘山挑战赛和飙山越野·龙腾亚丁越野赛等。在赛事距离方面，越野赛一般25千米起步，如果算上爬升难度，越野赛一般需要选手有全马实力。此外，越野赛还有更长距离，如100千米、168千米乃至400千米（八百流沙）的超长距离。

2. 接力赛凸显

浙江马拉松和路跑协会2017年举办了第一届浙江省马拉松接力赛，共132支队伍（县区组55支，慈善组77支）参加比赛。比赛总长度为一个全程马拉松，4名队员（必须有异性，第一棒为女性）每人跑一棒，约10.5千米。这是国内省一级的第一场接力赛。同年11月份，采用相同赛制在南京举办了咪咕善跑100千米接力挑战赛，10名队员（必须有一名女性跑者）每人10千米，合计跑完100千米。

此外，还举办了一些带有越野性质的接力赛，人车合一。如2016年，在舟山举办Jeep全地形4×4接力挑战赛。2017年该赛事120千米组共有50组。4人一组，前3组分别获得参加芝加哥、西雅图和旧金山马拉松的名额及往返机票。

3. 行业赛事出现

2017年，出现了新闻界马拉松。11月18日，浙中生态廊道·2017首届全国新闻界马拉松邀请赛在金华举行，来自全国各地的26支代表队1000余名新闻工作者参加了半程马拉松。2017浙江马拉松精英赛暨全国媒体人马拉松挑战赛在文成举行，增加了新闻媒体赛中赛。

4. 女性专属赛事增加

从2017年起，女性专属跑步赛事显著增加。当年11月，就有贵州盘州国际女子半程马拉松赛（半程1500人）、苏州国际女子半程马拉松赛（半程3000人）和重庆国际女子半程马拉松赛（半程2700人）三场女性专属的半程马拉松赛。12月，在杭州举办的国际女子马拉松，吸引了7000余人参加，其中半程马拉松参与人数2000人。

（九）路跑运动休闲旅游案例

1. 国外路跑运动休闲旅游案例：波士顿马拉松赛①

波士顿马拉松赛是世界上历史最悠久的马拉松赛事。历史上，波士顿马拉松赛仅在1918年因为第一次世界大战而停办一次，其他时间从未中断，每年都会在4月的第三

① 刘昌亚，朱卫东，邰崇禧，雍明. 波士顿马拉松赛及其启示［J］. 体育文化导刊，2017（5）.

个星期一举办。有数据显示，在过去的120年间共有60多万人次参加美国波士顿马拉松赛，其中1996年第100届赛事有38708人次参加，创造了波士顿马拉松赛事单届参赛人数最多的纪录。

（1）波士顿马拉松赛的特征。

1）严格的报名标准。

波士顿田径协会规定：拟参加波士顿马拉松比赛的选手必须在规定日期内登陆协会官方网站（www.baa.org）注册参赛主界面，填写个人的基本信息（包括姓名、国籍、性别、年龄、电子邮箱、联系电话等）并缴纳参赛费。其中，具有美国国籍的选手需缴纳参赛费185美元；非美国国籍选手则需缴纳250美元。但与其他国际马拉松比赛显著不同的是，波士顿田径协会针对不同年龄、不同性别的参赛者分别制定了报名参赛的最低标准，并规定：申请者必须在网络注册参赛系统开放前1年内，参加国际田联认可的马拉松赛事，创造出优于其所属组别、年龄段的成绩并取得相关证明。若不按照规定执行或捏造虚假成绩，申请者的参赛申请将被赛事管委会“一票否决”。

2）周密细致的志愿者服务。

每一届波士顿马拉松的成功举办，都与近万名志愿者的辛勤付出密不可分。依据志愿服务职能的不同，波士顿马拉松的志愿者一般分为赛前活动志愿者、安保志愿者、医疗志愿者、起点志愿者、饮水饮料站志愿者、终点志愿者以及车辆志愿者等。这些志愿者都有着各自的分工，充分做好自己的本职工作。周密细致的赛事服务，是波士顿马拉松赛事的一大亮点。

3）众多的衍生赛事。

为提升赛事的影响力和吸引更多的人群参与到马拉松赛事中，1997年波士顿田径协会利用马拉松比赛的部分赛道举办了针对青少年的马拉松接力挑战赛和环城跑锦标赛。2001年后，波士顿田径协会对马拉松赛事再次进行“扩军”，并冠之以“波士顿马拉松系列赛”的称号。其所辖的赛事包括每年1月举办的10千米跑、4月举行的5千米跑、1英里跑和马拉松异程接力赛以及10月进行的半程马拉松赛和“市长杯”长跑锦标赛等。凡此种种，使得波士顿马拉松的赛事内涵得以扩展、赛事形式日趋丰富、参赛选手日益增多，被更多的民众所熟悉并接受。

4）具有慈善性质的马拉松赛事。

自赛事伊始，波士顿马拉松组委会就提出“将慈善活动融入赛事之中”的办赛口号。时光荏苒，这个极具公益性的传统一直得以保留并延续至今。在2016年第120届波士顿马拉松比赛期间，共募集善款3060万美元。其中，1650万美元来自波士顿马拉松管理委员会发起并实施的官方慈善捐助计划；1126万美元得益于赛事首席赞助商——John Hancock财团倡导的波士顿马拉松公益捐助计划；其余的284万美元则来源于参赛者和观赛群众。此外，赛事管委会下辖的慈善筹募部还在赛场周边设置多个慈善捐助点，接收参赛运动员以及现场观众捐助的衣服、鞋子、提包、书籍等各种实物。在赛事结束后，所筹集的善款及实物经汇总并清点无误后，统一交付给波士顿地区的慈善机构，主要用于残障人士、老人、儿童等群体的公益救助。热心公益、造福民众，是波士顿马拉松区别于其他马拉松赛事的另一个重要特征。

（2）波士顿马拉松赛事的推广与营销

波士顿马拉松赛事的蓬勃开展，离不开其独有的赛事推广与营销。首先，根据赞助的性质和合作方式的不同，赞助团队分为两类：一类是为赛事提供技术保障，如美国电话电报公司提供官方通信设备、印度塔塔集团为赛事提供通信和信息技术咨询服务等；另一类是为赛事提供资金和实物支持，如美国 John Hancock 财团提供赛事所有奖金、阿迪达斯公司提供比赛服装等，作为回报，波士顿田径协会允许赛事赞助集团在进行商业营销时使用“波士顿马拉松官方指定赞助商”的标识，并在协会网站设置“赛事官方赞助商”专栏，对各商业集团的赞助性质和集团规模、结构以及产品服务等进行详尽的介绍。

其次，伴随着波士顿马拉松国际影响力的日益增强，该赛事已成为全世界各大主流媒体争先报道的热点。赛事管委会也把握机遇，与世界各大新闻媒体联手，对赛事进行全方位的宣传与报道。

最后，在赛事的纪念品、服装等销售方面，赛事营销团队与阿迪达斯、Dole 公司、Gentle giant 公司等签署协议，进行市场化合作。同时，与美国旅游观光公司、美国国际旅游公司等签订合同，共同负责与赛事相关的旅游资源开放与观光活动，取得了可观的经济效益。

2. 国内路跑运动休闲旅游案例：北京马拉松赛

北京马拉松赛原名“北京国际马拉松赛”，是由中国田径协会主办的国内最高规格的马拉松赛事。北京国际马拉松赛，是在 1981 年创办的，至今已有 30 多年的历史。

在举办之初的 1981 年，只有 12 个国家的 86 名选手参赛。规模相对较小。随后几年的发展并不是很理想，参赛的人数甚至还有所下降。直到 1984 年后，才有越来越多的高水平运动员参加这项马拉松，赛事的水平逐渐提升。越来越多的人开始关注北京马拉松。

为了吸引更多的人关注，并参加北京马拉松赛事，经过组委会的努力，终于在 1998 年迎来突破，这一年，赛事设置发生重大变化，比赛项目多样化，不仅包含全程马拉松赛，还设有半马赛、10 千米跑和迷你马拉松赛等，比赛路线更加多样合理，由于这些改变使得这一年的北京马拉松赛事报名人数激增。到中华人民共和国成立 50 周年时，创造了 3.8 万人报名的纪录。自此之后，北京马拉松报名人数一直攀升，2017 年的报名人数更是接近 10 万人。为了进一步提升赛事品质和品牌价值，2010 年，北京马拉松对赛事体系进行了全面改革，力求以全新的面貌为广大马拉松运动爱好者奉献一场马拉松赛的饕餮盛宴，同时借助北京马拉松赛事举办 30 年的契机，将“北京国际马拉松赛”更名为现在的“北京马拉松赛”，这也是为与国际著名马拉松赛事看齐做准备。

当然，举办了30多年的北京马拉松赛也有着自己的优势和不足。

（1）北京马拉松赛的优势。

1）丰富的赛事筹办经验和资源。该赛事的主办单位是中国田径协会与田径运动管理中心。在组织管理方面已经走过了30多年，并且在国内举办各种国内的最高规格赛事，这使得主办方有着丰富的办赛经验，可以充分有效地处理很多赛事突发情况。作为国际田联成员与国内最高的体育管理机构，所有国内的优秀运动员都要在田协注册，在高规格的比赛中，主办单位有能力邀请国内外优秀的高水平运动员参加中国田协主办的各项赛事。在运动员资源方面可以做到最优化，为举办成为高水平的马拉松赛事提供了保障。

2）独特的线路和人文景观。从第一届北京马拉松赛事的线路设计中就可以看到，北京马拉松的路线可以让很多的参赛选手感受到北京的人文气息，在这里比赛，会经过天安门、建国门、和平门、中关村、亚运村等，不仅可以看到北京的古老历史印记，又能看到北京的发展与变迁，充分展现了北京城的魅力，这也是北京马拉松的独特之处。

3）多样的比赛形式。在首届比赛中只有男子全程马拉松，经过后来的发展，逐渐出现了女子全程马拉松、半程马拉松、10千米赛、迷你马拉松赛等形式。正是由于这一系列的变化，才让北京马拉松赛事逐渐成长为世界知名马拉松赛事。

（2）北京马拉松赛的劣势。

1）赛事后勤服务水平有待提高。赛事后勤服务水平的高低，直接影响到赛事的运营与发展。东京马拉松之所以能够在短短10年的时间内发展成为与波士顿马拉松并称的世界六大马拉松赛事之一，与东京马拉松的后勤服务有很大的关系。

2）赛事的奖金有待提高。北京马拉松的赛事奖金在国内算是屈指可数，2017年的北京马拉松赛事冠军奖金可达4万美元（成绩要求在2小时9分钟以内）。国内赛事只有上海马拉松赛的冠军奖金比北京马拉松赛的冠军奖金高，其他的或是持平或是低于。虽然北京马拉松的赛事奖金在国内名列前茅，但是与国际上相比依旧相差甚多。伦敦马拉松每年的赛事资金投入可达4000万美元，冠军奖金达25.5万美元。这也成功地吸引了很多高水平运动员参赛，从而进一步巩固了自己的声誉。

【知识小卡片】

全球最有趣的路跑

1. 英国 & 美国（僵尸路跑）

想提前体验一把丧尸来临、疯狂逃命的感觉？僵尸路跑满足你！如果不想被恐怖的丧尸追击，那就化个血腥的僵尸装去袭击别人吧！

“Run For Your Lives”活动参与者自主选择担任的角色——丧尸或者幸存者。活动将在3~5千米长的场地上进行，幸存者会在腰间系上象征存活的生命带，在一路的行进中会有很多丧尸出场抢夺生命带。跑者抵达终点时，若旗子仍留存在身上，代表其未受感染、顺利脱困，便可获得“存活”的勋章证明；反之，则领取“感染”的证明，宣告成为活尸。活动结束后，还有末日天启派对，参与者可尽情享受音乐、啤酒、食物、游戏等，庆祝历经末日浩劫后的重生喜悦。

有别于以往的路跑活动，“僵尸跑”结合5千米路跑，加入障碍赛制，让参赛者努力突破重围、为自己的生命而跑。“丧尸”则由顶级化装团队画上逼真的特效装，在这里只需穿上装备，开始行动。

据悉，另类5千米障碍路跑——“Run For Your Lives”，在美国马里兰州举办后，已经开始风靡全球，在亚洲国家或地区尤其受欢迎，如印度尼西亚、新加坡、中国香港和中国台湾等地。

2. 美国（萤火虫路跑）

一项只能在夜晚进行的路跑，在全美范围内的很多城市都有举办，参赛者可以发挥自己的创造力将衣服跟LED灯结合在一起，把自己打扮成萤火虫一般，一路闪闪发亮地跑到终点，还有机会得到“最佳服装造型奖”哦。

3. 美国奥兰多（迪士尼路跑）

这可能是最受女孩子喜欢的路跑了，场地就在迪士尼乐园里面，你可以扮成自己喜欢的卡通形象，米奇、白雪公主、高飞会在路边为你加油，前几名还可以得到迪士尼卡通角色的奖牌。

4. 美国加利福尼亚州（“复联”路跑）

喜欢复仇者联盟？赶快加入加州的这个路跑：COS成任何你喜欢的电影角色，过程中不仅可以跟电影中的经典场景合影，还有各种关卡等着变身成为超级英雄的你去冒险！

5. 法国波尔多（红酒路跑）

这项路跑的“性价比”太高了，不仅能够跟小伙伴们在乡间撒欢，还能尝到30多间酒庄的红酒，如果你能一直保持清醒，就可以拿着红色酒杯，一路喝到终点。

6. 芬兰（裸体路跑）

没错，在这个长达5千米的路跑中，所有参加者都是全裸的！没有害羞和矜持，要的就是这种解放自己的快感！

7. 加拿大珀斯（短裙路跑）

珀斯小镇的短裙路跑是当地一项非常有特色的活动，参加这项路跑，无论男女都要穿上苏格兰风情的格子短裙，也可以手持盾牌或短剑，模仿17、18世纪时苏格兰高原部落之间的战争，一边跑一边跟周围的人“作战”。

8. 美国费城（热可可路跑）

顾名思义，这是一项跟热可可有关的路跑，从费城艺术博物馆出发，沿着美丽的河畔慢跑，一路的景色非常迷人，最终跑完全程的人可以得到热巧克力火锅组合，为了美味的可可火锅，向前跑吧！

9. 澳大利亚悉尼（城市海滩路跑）

相比其他花样百出的路跑，悉尼的城市海滩路跑可能是最“守规矩”的一个了，这项路跑由市中心开始，终点在沙滩，虽然没有特别的主题，但如果想吸引眼球，你依然可以为自己设计一个别致的造型。

10. 美国纽约（热狗路跑）

一边吃着热狗，一边跑步穿越中央公园、时代广场，这就是纽约极具城市特色的“热狗路跑”。全程一共 10 个热狗摊位，参加者必须到每个摊位吃掉热狗才能继续完成比赛。

11. 秘鲁印加古道马拉松

秘鲁的印加古道马拉松，被评为世界上最难的马拉松赛事，举办至今已有 20 年的历史，每场赛事仅限几十个名额。之所以被称为“最难”，与印加古道 11150 英尺的超高海拔不无关系。高原反应会削弱跑者的各项机能。另外，马拉松路线地处秘鲁的印加古国遗址，地形地貌颇为复杂，早晚温差、饮食习惯等与其他地域有着明显差异，也为比赛加大了难度。因为自然风光秀美，古老文明随处而见，倒也给赛事增添了几分探险的味道。

六、低空飞行运动休闲旅游

（一）低空飞行运动休闲旅游的概念

低空飞行运动，是指利用飞行器或其他飞行设备在空中进行的体育运动，它是飞行员或运动员按照有关规定和要求，通过自身技艺与航空器有机地结合而在空中进行一系列有关训练、竞赛、表演、休闲娱乐、试飞等飞行活动的总称[①]。这项运动是伴随着飞行器的诞生和发展而开展起来的。如运动飞机、特技飞行、动力悬挂滑翔、模拟飞行、动力伞、热气球等。目前，我国开展的低空飞行运动共有 26 个小项。低空飞行运动具有科技含量高、消费时尚性强、带动相关产业作用明显的特征。为了发展低空飞行运动，我国开始建设航空飞行基地，据统计，现今我国已有 100 多家航空飞行营地，其中 15 家被列入全国首批航空飞行营地示范工程。

低空飞行运动休闲旅游即通用航空休闲旅游，在我国是指人们在海拔 1000 米以下垂直范围的低空空域，采用低空飞行器、通用航空器等进行旅游、娱乐和运动等活动。

随着经济的发展与国际化进程的加深，我国一直在研究如何有效利用低空领域资源

① 王蕾芳 . 北京市航空体育运动俱乐部的运营现状及发展前景研究［D］. 北京：首都体育学院，2014.

且不损害国家利益与人们利益。经过长时间的研究探讨，终于在2010年8月出台了《关于深化我国低空空域管理改革的意见》（以下简称《意见》），为低空飞行运动休闲旅游的发展提供了前进的方向。

（二）低空飞行运动休闲旅游的主要项目

1. 高空跳伞

高空跳伞分双人高空跳伞和单人高空跳伞两种形式。双人高空跳伞是体验跳伞运动最安全的方式，与专业教练共乘一具降落伞，在专业人员的保证下，能够真正领略跳伞的乐趣与刺激。在国内，对公众开放的跳伞单位是安阳航校组建的翔大跳伞俱乐部。在国外，比较著名的跳伞地点是新西兰皇后镇、泰国芭堤雅等。

单人高空跳伞有相当的难度，为保证参与者的人身安全，这项运动只有经国家批准的具有培训资格的专业俱乐部培训合格的人员、专业运动员才能参与。高空跳伞的高度一般在500~3000米，有时跳伞的高度会达到5000米。从3000米高空下降，在加速度的作用下，时速会达到200千米/小时，因此该项运动的难度较大，需要专业人员从事，否则会出现危险。

2. 低空跳伞

低空跳伞的难度远高于高空跳伞。低空跳伞的起跳距离有限，开伞时间仅有5秒钟，几乎没有调整时间。低空跳伞没有备用的选择，只能一次成功。相较于高空跳伞，低空跳伞的危险性更高，从事这项运动的运动员更少，据统计，全球从事该项运动的运动员仅有1000人左右，顶尖优秀运动员仅有50余人。

3. 滑翔伞

滑翔伞是高空跳伞的简化版本。滑翔伞是一种全柔性冲压式翼形伞，当伞衣充气后形成类似飞机机翼的形状，前方的空气从上、下翼面分开流过，产生升力。滑翔伞在较高的山坡或经牵引就可起飞，然后凭借气流盘旋，最后降落在指定区域。滑翔伞对于天气的要求相对较高，需要在有风的自然环境中进行，又被称为“等风来”的一项运动。

4. 动力滑翔伞

滑翔伞的普及版本。动力滑翔伞是在滑翔伞基础上发展起来的，简单地说就是滑翔伞加发动机。动力伞没有严格的场地和环境的限制，有一块净空200米见方的空地即可起降，基本上大多数地方都能使用，非常方便。动力伞让飞行变得更加普及，缺点是飞行时噪声太大，飞翔的乐趣会打折扣。

5. 太空跳伞

这是高空跳伞的极限版本。3.9万米高空跳伞，平流层接近真空，气压只有地面附近的1%，血液在接近真空环境下，会立即蒸发成气体，当场毙命。1.2万米高空以上，没有保护措施的人，会遭遇音障。跳伞者可能会在12秒内失去意识。同时，空气阻力会将衣服加热，通过大气层时甚至能达到232℃。下降过程中的自由落体运动，会出现人体高速滚转的情况。如果滚转速度超过 150 转 / 分钟，其结果也将是致命的。因此，太空跳伞绝对称得上是高空跳伞的终极版本。它考验的是科技水平，更是跳伞员的素质。

6. 翼装飞行

翼装飞行，从技术层面而言，是一种以跳伞为基础的运动，分为高空翼装飞行和低空翼装飞行。

高空翼装飞行从飞机跳伞运动发展而来，飞行员身着翼装飞行同时需背负飞机跳伞装备，包括主伞、备份伞和带自动开伞器的背带系统，并佩戴头盔、高度表和报警器，作为多重安全保障。在滑行到约 1000 米高度时打开降落伞，安全下降着陆。高空翼装飞行并非极限运动，因为这项运动与高空跳伞运动一样具有高度的安全保障，又可使人充分享受到自由飞行的乐趣，所以全球高空翼装飞行者的数目正在快速地增长。而低空翼装飞行从低空跳伞发展而来，被称为当今极限运动之最。低空翼装高度可从几十米到 1000 米，使用的是专为低空跳伞设计的伞具，虽然只有一具主伞没有备份伞和自动开伞器，但特殊的伞翼设计和叠伞方式使得伞翼能够在瞬间被打开，相对于需要 3~4 秒开伞时间的飞机跳伞而言，低空伞的快速开伞设计为运动员争取了宝贵的时间。

7. 热气球

18 世纪，法国造纸商蒙戈尔菲耶兄弟（也就是孟戈菲兄弟）因受碎纸屑在火炉中不断升起的启发，用纸袋聚热气做实验，使纸袋能够随着气流不断上升。1783 年 6 月 4 日，蒙戈尔菲耶兄弟在里昂安诺内广场做公开表演，一个圆周为 110 英尺的模拟气球升起，这个气球用糊纸的布制成，布的接缝用扣子扣住。兄弟俩用稻草和木材在气球下面点火，气球慢慢升了起来，飘然飞行了 1.5 英里。乘坐蒙戈尔菲耶兄弟制造的气球的第一批乘客是一只鸡、一只山羊及一只鸭子。同年 9 月 19 日，在巴黎凡尔赛宫前，蒙戈尔菲耶兄弟为国王、王后、宫廷大臣及 13 万巴黎市民进行了热气球的升空表演。同年 11 月 21 日下午，蒙戈尔菲耶兄弟又在巴黎穆埃特堡进行了世界上第一次载人空中航行，热气球飞行了 25 分钟，在飞越半个巴黎之后降落在意大利广场附近。这次飞行比莱特兄弟的飞机飞行早了整整 120 年。“二战”以后，高新技术使球皮材料以及制热燃料得到普及，热气球成为不受地点约束、操作简单方便的公众体育项目。20 世纪 80 年代，热气球引入中国。目前，全世界有 2 万多个热气球在飞行，中国的热气球运动也蓬勃发展，并成功地举办了北京国际热气球邀请赛、泰山国际热气球邀请赛等大型比赛活动。

（三）低空飞行运动休闲旅游的发展概况

1. 国外低空飞行运动休闲旅游的发展概况

现代低空飞行运动起源于法国的气球运动，由此开创了世界航空运动的先河。19 世纪末，德国人李林塔尔发明了早期滑翔机，前后经过 2000 多次的试飞、技术改进后，终于能驾驶这种轻捷的无动力机在空中滑翔。这引起了人们极大的兴趣，也使得这项运动在19世纪末20世纪初迅速在全球风靡。1903年，莱特兄弟制造的第一架有动力装置的载人飞机成功试飞，促进了航空飞行运动的发展。1905年，国际航空联合会在法国巴黎成立，主要活动是组织两年一次的世界各项航空运动锦标赛。1907年，在法兰克福城，举行了首届滑翔竞赛大会，德国人雷契尔特创造了多项纪录。至1938年，滑翔纪录不断被刷新。德国在低空飞行运动上的良好表现，也刺激了欧美其他国家，甚至日本等国家发展低空飞行运动的决心。在欧美的许多运动发达国家中，这项运动非常受人民喜爱，通常都会有几万甚至几十万的低空飞行运动人口。在亚洲，日本和韩国走在前列，分别有十几万和几万的飞行人口。

随着时间的推移，人们对于低空飞行运动的不断探索，现在的低空飞行运动已经发展成了多种项目的运动活动。随着人们对于休闲运动热情的不断增长，低空飞行运动休闲旅游不断发展并逐渐形成规模。

2. 国内低空飞行运动休闲旅游的发展概况

在美国华盛顿的航天博物馆中有一条人所共知的醒目标语："人类的飞行始于中国的风筝和火箭。"这是极为权威的航空运动渊源之说。因而它的起源可以追溯到公输班发明风筝的春秋时期，距今已有2500余年。又据《汉书·王莽传》载，汉代曾有人利用羽翼"飞行百步"，这个2000年前用飞行器载人滑翔的纪录，堪称人类最早的飞行活动。此后的三国时期，又有人发明和使用了"孔明灯"热空气上升器。这些都说明我国古代确实已出现了航空活动。

现代低空飞行运动是在20世纪20年代传入中国的，20世纪30年代逐渐兴起，中华人民共和国成立后，低空飞行运动在我国得到了快速发展。到50年代末，我国的一些低空飞行运动项目已经赶上或接近世界水平。1964年成立了中国航空运动协会，经过十多年的努力，我国于1978年加入国际航空联合会，此后开始参加一些国际比赛，也取得了一些成绩。在非比赛性的科普与休闲航空模型活动也获得较大发展。

进入21世纪以后，国家对于这项运动的发展也极为关注，2010年，我国开始放开低空飞行，低空飞行旅游开始进入体育旅游市场。2013—2015年，中国通用航空作业时间分别为：59.1万小时、67.5万小时和73.5万小时。在此之后我国发布了一系列的政策法规，2016年11月发布的《航空运动产业发展规划》中指出："到2020年，建立航空飞行营地2000个、各类航空运动俱乐部1000家，参与航空运动消费人群达到2000万人，整体产业经济规模达到2000亿元。"

（四）低空飞行运动休闲旅游的发展思路

"国内航空热"与中国通用航空产业的"破冰之旅"以直接和间接的方式推动了我国低空飞行运动休闲旅游的发展。

1. 举办大型低空飞行运动节，提升赛事认知度

低空飞行运动休闲旅游的发展，需要依靠当地的自然资源。不同的运动项目，需要的自然资源是不同的，因此要充分考察寻找适合开展的运动项目。举办大型的低空飞行运动节，有助于提升该项运动知名度和影响力，从而进一步促进举办地的低空飞行运动休闲旅游的发展。低空飞行运动节分为两种，一种是综合低空飞行运动节，如新疆克拉玛依的航空运动旅游节、重庆大足的国际航空体育旅游节、河南安阳的航空运动文化旅游节、山东莱芜的国际航空体育节等；另一种是单项的低空飞行运动节，如甘肃嘉峪关的国际航空滑翔节、内蒙古包头的国际热气球节、河北廊坊的国际热气球节、贵州龙里的国际滑翔旅游节等。

2010 年，重庆大足的国际航空体育旅游节在大足龙水湖国际休闲度假区举行，仅龙水湖景区就接待游客 31.4 万人次，实现门票收入 720.4 万元，在航空界的强力带动下，活动期间大足航空运动节共接待海内外旅游者 55.5 万人次、实现旅游总收入 21414 万元、旅游门票收入 1130 万元，全区住宿业和社会餐饮异常火爆，共接待近 70 万人次，实现收入近 1 亿元，创大足节日旅游的历史之最[①]。

2. 挖掘文化内涵，促进可持续发展

文化内涵是低空飞行运动的灵魂，只有依托于浓厚的文化底蕴，才能持续传承，让低空飞行运动具有长久的生命力。将当地特色的文化、节庆等融入低空飞行运动中来，展现地域性的特色，用丰富的当地文化吸引游客的注意。可以根据当地的历史文化、风俗习惯、服装饮食、宗教祭祀等提取更有意义的文化，结合现在多样的营销手法，打造独一无二的具有地域特色的可持续发展更新的低空飞行运动休闲旅游。

3. 完善基础设施，加强引导规范

低空飞行运动休闲旅游对旅游目的地的基础设施要求相较于其他项目要高得多。为发展体育旅游业而兴建的相关低空飞行运动基础设施，需要紧随时代潮流进行更新换代。低空飞行运动的发展，还需要政府部门出台相关的政策法规进行引导规范，毕竟低空飞行运动存在一定的危险性。2016 年国家体育总局发布了《航空运动产业发展规划》，明确了低空飞行运动的发展目标；同年，中国航空运动协会发布了《热气球运动管理办法》，文中明确了飞行人员驾驶执照、培训、竞赛、表演、俱乐部、飞行事故等具体的要求，对于奖励与惩罚也进行了详细的阐述。充分发挥了运动管理部门的引导、规范作用，让低空飞行运动更加安全地贴近民众的生活，吸引民众参与到低空飞行运动休闲旅游的活动中。

（五）低空飞行运动休闲旅游案例

1. 国外低空飞行运动休闲旅游案例：英国布里斯托国际热气球节

布里斯托国际热气球节是欧洲第一大热气球节，也是美国 Albuquerque 以外最大型的热气球节。每年活动期间会有上百只热气球团队和 50 多万名游客参加该项活动，会

---

① 秦海生．我国航空运动节研究［J］．体育文化导刊，2016（1）．

给当地带来1300万英镑的收入。

（1）历史。

在20世纪60年代，Don Cameron作为一名航空工程师加入了布里斯托飞机公司。在工作之余，他经常参与当地的滑翔俱乐部的活动。在一次聚会中，Giles Bulmer带来了一本《国家地理》杂志，上面介绍了美国发明的新型热气球。他们因此受到了启发。然后经过集思广益和不懈的努力，终于克服万难，成功制作了西欧第一个现代化的热气球。这个热气球被命名为“Bristol Belle”，于1967年7月9日第一次成功放飞。之后不久，Don迅速创立了自己的热气球公司，名叫Cameron Balloons Ltd。

早期的热气球放飞非常有趣，总是在不断挑战新鲜事物。例如，穿越撒哈拉沙漠，飞越阿尔卑斯山等。直到1978年横跨大西洋的飞行失败后，才萌生了举办热气球节的想法。在第二年的9月7日到9日，一群热气球爱好者聚集在Ashton Court庆祝第一届布里斯托国际热气球节。分别来自英国、爱尔兰、卢森堡、德国等地的27个热气球队参与了第一届热气球节。他们统一从Ashton Court出发，总共进行了117次飞行。从那开始，布里斯托热气球节一炮走红，成为欧洲最大的热气球节。而今，布里斯托国际热气球节每年要放飞超过100个热气球，吸引50万名观众参与为期四天的活动。活动每天的早上6点和晚上7点，伴着日出和日落，都会有热气球的放飞。在第二天下午，皇家空军红箭表演飞行队必然又来踩场。而首日和第三天的晚上，都会有名叫“glow”的点灯和烟花，就是热气球随着音乐声不停闪烁。在活动期间，布里斯托全城进入警备状态：大桥封路，开设了气球节专线，迎接四面八方涌来的游客。

（2）现场。

气球节的现场是镶嵌在山间的一片大草原，有不少家庭拖着房车和帐篷在这里安营扎寨，旁边架起了烧烤架，铺上餐布，特别悠然自得。中心处是巨大的游乐场：海盗船、鬼屋、射击类游戏应有尽有，不少孩子在父母的陪伴下在游乐场里嬉戏。

相应的配套设备也非常丰富，在游乐场和放飞热气球的广场周围，是密密麻麻的各种小吃：热狗、比萨、蛋糕等，应有尽有。最核心的就是放飞热气球的广场，一大片草地围上栅栏，栅栏外会有不少观众搭好椅子抢占位置。6点半左右，广场里会有工人们开始摊平热气球，做放飞的准备工作，然后准备充气，开始准备放飞，这里会有很多的游客等待观看热气球起飞。

在现场，十几个气球矗立在广场上。然后，开始1分钟倒计时，最后10秒时，音乐响起，人群开始沸腾。热气球随着音乐的节奏不停闪烁，现场变成了巨大的舞池，大家都开始唱歌、吹口哨、跳舞和拍照。

（3）活动。

1）观看飞天热气球。早上6点到下午3点，可以观赏热气球如初升的太阳飞向天际，这个景象是非常壮观的，因为布里斯托气球节是全世界唯一热气球齐飞天空数量最多的地方。

2）乐队表演、美食、美酒、BBQ、舞蹈、喷气飞机表演。晚上可以玩得很高兴，欣赏音乐的同时，可以品尝一下当地的美食。随着爵士和布鲁斯音乐的响起，你可能会加入到人群中一起跳舞，同时还有机会看喷气飞机表演（在白天）。

3）烟火表演以及点灯仪式。如若早上玩得不尽兴，也可以选择和大伙一起吃午饭以及共享下午茶时间。晚上 9：15，30 支热气球会在伴随着音乐的响起，齐齐飞向天空，点亮整片夜空。紧接着在烟火表演声中结束这一天的活动。

（4）欣赏布里斯托周边的美景。

这里有跨越 Avon 河谷的大桥，始建于维多利亚时期，是当时世界上最早的大跨径悬索桥之一，同时也是布里斯托的城市名片。体验完热情似火的热气球嘉年华后，还可以欣赏一下拥有 900 多年历史被花草点缀着的古典庄园——阿什顿庭院庄园（Ashton Court Estate），感受布里斯托浓郁的历史与文化。

2. 国内低空飞行运动休闲旅游案例：临沂·许家崖航空运动小镇①

许家崖位于山东省临沂市的费县。小镇的北部拥有大青山和蒙山两大成熟景区，中东部有医药和信息等产业中心，处于临沂市西南的许家崖，处于饮用水源地保护区，一般的产业项目发展受限。改善经济的方式除经营农家乐外，就是外出务工。此地还是精准扶贫的对象。

2015 年，许家崖航空飞行营地开始建设，该营地的目标客户群体是以营地为中心，3 小时车程内的 1 亿人口。在 2016 年的时候，这里开始发生改变，先是航空飞行营地项目的尝试落地，接着 10 月 13 日许家崖飞行嘉年华开幕，短短一周时间，吸引了全国各地 3 万余名航空运动爱好者汇聚于此，沉寂的小山村沸腾了。当地政府发现，原以为小众的航空飞行运动，其实比想象中要“大众”得多。

2016 年至今，许家崖从最初简单的航空飞行营地，发展成为全国 15 家航空飞行营地示范工程之一。到 2017 年拓展为特色小镇，并入选国家体育总局第一批运动休闲特色小镇试点项目。在公布的所有 96 个运动休闲特色小镇中，许家崖是唯一一个以“航空运动”命名的特色小镇。目前，该小镇的产品业务体系主要分三大块：主流业务、旅游体验和社会培训。其中，主流业务主要面向航空运动爱好者，为其提供专业的飞行场地、器械和课程等；旅游体验主要面向一般游客，这个群体未必非常热爱航空飞行，可能只是想体验一下这项运动，哪怕只是在朋友圈晒出飞行的瞬间；社会培训则面向有志于建设航空飞行营地的人，为他们提供专业技能培训。此外，小镇里还规划设计了民宿、飞行衍生产品商店、机库博物馆等外围衍生品，供购物、住宿、餐饮等消费。

许家崖航空运动小镇通过设计多种消费低、频次高、面向大众消费的飞行产品，已将 30 万游客转化为航空运动人群。据了解，现如今的许家崖航空运动小镇一年的旅游纪念品销售额已超过 300 万元。

① 蔡若愚 . 许家崖航空运动小镇：一个特色小镇的绿色发展模式［N］. 中国经济导报，2017.

许家崖营地内除了运营各种航空运动项目，还定期举办航空赛事、航空嘉年华等节庆活动，每年给许家崖带来游客超过100万人次。2016年仅一个为期5天的全国动力伞锦标赛就给许家崖营地带来了10万游客。营地每年还为市场培训1000名职业人才，培训收入达3000万元左右。

七、汽车露营运动休闲旅游

（一）汽车露营运动休闲旅游的概念

汽车露营，顾名思义，是以汽车为交通工具而进行的露营活动，国内外对于汽车露营概念没有明确、统一的界定。谭玉梅在《美国汽车露营发展研究》一书中认为：汽车露营是以汽车（包括小轿车和房车）为载体，带上露营生活设备，远离自己的居住地到野外或露营地进行两天或者数天的休闲娱乐活动的总和。

汽车露营地就是具有一定自然风光，可供人们使用露营设施如帐篷、汽车、小木屋、移动别墅等进行短时间或长时间居住、生活，并有娱乐活动、运动休闲、节目演出等公共服务设施，占有一定面积，且安全性有保障的娱乐休闲小型社区。

（二）汽车露营运动休闲旅游的分类

汽车露营运动休闲旅游按照功能可分为自驾车露营运动休闲旅游以及房车露营运动休闲旅游。

汽车露营运动休闲旅游按照环境资源可分为海滨型露营运动休闲旅游、海岛型露营运动休闲旅游、湖畔型露营运动休闲旅游、森林型露营运动休闲旅游、乡村型露营运动休闲旅游和山地型露营运动休闲旅游。在这六种露营运动休闲旅游中，无论哪一种类型的休闲旅游都可以让人们亲近自然，体验到生活的美好与快乐。这些类型的运动休闲旅游能够很好地反映当前汽车露营运动休闲旅游的发展方向以及人们的选择偏好。

（三）国内汽车露营运动休闲旅游发展的可行性分析

1. 国家政策支持

2009年国务院发布《关于加快发展旅游业的意见》，指出要建立旅居全挂车营地和露营地建设标准，完善旅居全挂车上路通行的政策措施。在此之后国家和地方政府都出台了一些关于汽车露营的政策和法规，以促进我国自驾车露营运动休闲旅游的发展。到2016年，我国已经建成425个汽车露营地。2015年国务院在《关于进一步促进旅游投资和消费的若干意见》中提出，到2020年我国将会建成1000个左右的自驾车房车营地。

2. 人们的余暇时间增加

我国法定节假日和周末的天数累加后，每年平均休假的天数可超过全年的1/3。工作期间的压力和疲劳需要消解，所以在闲暇时间人们会选择出去度假，放松身心，为接下来的全身心的工作积蓄能量。

3. 私家车数量不断增加

据原国家统计局的数据显示，在 2015 年，中国的私家车保有量达到 14099 万辆，而相比于 10 年前我国的私家车保有量已增加 6 倍多。而相对于普通的家用轿车，我国的房车数量仅有 5000 辆左右，但是增长潜力巨大。

4. 公路网的形成

中国的公路网的建设速度非常迅速，国家非常重视公路的发展。国家公路网采用的是放射线与纵横网格相结合的布局形态。这也使得我国的交通线路四通八达。据国家统计局数据显示，在 2015 年，我国的公路里程已达 457.73 万千米，这其中包含 12.35 万千米的高速公路。

5. 丰富的人文和自然景观

在我国的 960 万平方千米的国土上，有着各种各样的地形、地貌。黄土高原、青藏高原、四川盆地、吐鲁番盆地、华北平原等，丘陵、河谷、平原、沙漠、湿地、草原等。丰富的自然景观，足以让游客流连忘返。56 个民族不同的传统节日、风俗习惯，足以让游客沉浸其中。这些环境优美、气候宜人、民族风情浓郁的地方为我国露营度假提供了资源保障。

（四）汽车露营运动休闲旅游的发展概况

1. 国外汽车露营运动休闲旅游的发展概况

露营具有悠久的历史传统，几乎随着人类的产生而产生。在史前阶段，露营就已经是一种生活方式，如非洲的贝都因人和亚洲的此方游牧民族就采用了这种露营的生活方式[①]。据说，人们非常熟悉的马可·波罗早在 1266 年就已经有露营的行为。到 17、18 世纪，露营已经演化为富有阶层的一种休闲度假方式。这时的出行是借助于马车，到温泉水之地进行避暑，与亲朋好友搭建帐篷、生火做饭，休闲度假。到 19 世纪，在富人圈中露营已经非常流行，与此同时参加露营的女性也越来越多，到 20 世纪末，由于富人们热衷于奢侈的露营度假，也推动了露营地的建立。

到 20 年代末，美国的汽车数量达到 2500 万辆。由此汽车露营逐渐形成规模，此时全美就有 3000~6000 个汽车露营地。2006 年，美国户外产业基金会公布的题为《活跃的户外娱乐经济》的报告中指出，美国户外娱乐活动每年为美国经济做出 7300 亿美元的贡献[②]，露营的参与人数达到 4500 万人次。截至 2011 年，美国有 2 万个规模各异的公立营地、私人商业营地和连锁营地等，并且有 890 万的家庭拥有房车。

同样，在 20 世纪 20 年代的欧洲，随着收入的提升以及人们余暇时间的增多，这项

① 谭玉梅等 . 美国汽车露营发展研究［M］. 成都：四川大学出版社，2015.

② Outdoor Industry Foundation. The Active Outdoor Recreation Economy. 2006.

被视为贵族参与的活动开始出现在普通的大众中，并渐渐在欧洲流行起来，相比于传统的旅游方式，自驾车露营休闲旅游有着更为灵活、自由的优点，也不受时间线路的限制。

在欧洲几乎每个大城市都有露营地，截至 2013 年 12 月全欧房车保有量超过 540 万辆，房车露营地达 2.7 万个。在 2008 年，欧盟国家露营地总收入达 126 亿欧元，是旅游住宿接待业收入的重要组成部分。

在其他国家中，澳大利亚房车行业协会报告显示，2013 年 7 月至 2014 年 6 月，房车露营行业为澳大利亚的经济收入贡献了 70 亿澳元，营地数量也有 2500 个。日本露营人口稳定在 800 万，每年有 40 万个家庭带子女一起去露营，营地数量达到 1650 多个，到 2011 年，房车保有量为 7.8 万辆。韩国 2010 年的数据显示，房车保有量为 1 万辆，露营地为 100 个（如图 3–5 所示）。

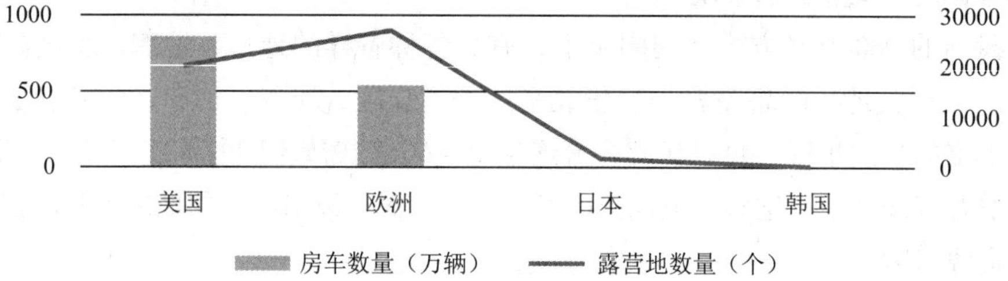

图 3–5　房车与露营地数量比较

由图 3–5 可以看出，汽车露营运动休闲旅游在欧美发达国家非常受民众的喜爱。在亚洲，日本和韩国的房车与露营地的数量已经处于领先的水平，但是相较于欧美发达国家还有较大的差距。

2. 国内汽车露营运动休闲旅游的发展概况

中国的露营活动很久以前就有，草原民族的游牧生活就可以看作是一种露营活动。虽然帐篷和露营生活在我国很久之前就有了，但是自驾车露营休闲旅游发展的时间就要晚得多。直到近几年，我国的自驾车露营休闲旅游才开始发展。预计到 2020 年，中国国内旅游中自驾车旅游将超过 70%，这对于自驾车露营休闲旅游的发展是一个非常好的现象。为了促进自驾车露营运动休闲旅游的发展，国务院在 2015 年 8 月出台的《关于进一步促进旅游投资和消费的若干意见》中提出：“制定全国自驾车房车营地建设规划和自驾车房车营地建设标准。到 2020 年，鼓励引导社会资本建设自驾车房车营地 1000 个左右”。政策的颁布表明我国汽车露营运动休闲旅游的发展前景是非常可观的。近年来，国家为了鼓励汽车露营运动休闲旅游的发展，颁布了非常多的政策法规，以供各个省市参考，从而大力发展汽车露营运动休闲旅游。相关政策梳理如表 3–17 所示。

表 3-17 2009—2016 年国家推动营地建设的相关政策

单位	发布时间	政策名称
国务院	2016	《关于研究扩大文化、体育、旅游等消费热点，培育中长期经济增长点和发展新动力有关问题的报告》
	2015	《关于加快发展生活性服务业促进消费结构升级的指导意见》《关于积极发挥新消费引领作用加快培育形成新供给新动力的指导意见》
	2015	《关于进一步促进旅游投资和消费的若干意见》
	2014	《关于加快发展体育产业促进体育消费的若干意见》
	2014	《关于促进旅游业改革发展的若干意见》
	2013	《国民旅游休闲纲要（2013—2020年）》
	2009	《关于加快发展旅游业的意见》
国家体育总局	2014	《关于规范旅居挂车上路通行的管理工作通知》
国家公安部交管局	2015	《汽车露营营地开放条件和要求》
国家质检总局、国家标准委	2015	《休闲露营地建设与服务规范》
国土资源部、国家旅游局、住建部	2015	《关于支持旅游业发展用地政策的意见》
原国家旅游局等	2016	《关于促进自驾车旅居车旅游发展的若干意见》

（资料来源：李凤，孙枫等．中国自驾车房车营地空间分布特征及其驱动机制［J］．资源科学，2017；编者根据各部门网站查找整理）

而在我国台湾，汽车露营运动休闲旅游的发展远快于大陆。目前台湾的人口约有 2300 万，常态露营人数有 200 万，现有营地 1361 个。台湾的营地有一个特色，那就是 90% 为小型营地。还有七八十个房车露营俱乐部，一个房车俱乐部多的可能会有一两万人，少的就几十人。

（五）汽车露营运动休闲旅游的发展思路

1. 发展具有中国特色的汽车露营产业

目前我国汽车露营运动休闲旅游的发展正处于起步阶段，还有很大的发展空间。美国等欧美发达国家的汽车露营运动休闲旅游的发展已经相当成熟，值得正处于起步阶段的我国研究借鉴。但鉴于中西方文化的差异性，我国在借鉴西方成功案例的同时也应当与本土的文化相结合，融合到当地的特色文化中，发展具有中国特色的汽车露营产业。

2. 政府扶持，完善相关的法律法规

我国的汽车露营运动休闲旅游的发展处于初级阶段，相当于美国 20 世纪 20 年代的发展水平。想要快速有效地发展这项运动就要得到政府的鼓励与支持，并制定相关的规章制度，以保证规范汽车露营运动休闲旅游的发展。近年来，我国也认识到发展汽车露营运动休闲旅游的必要性。目前国内已经发布了一些关于汽车露营运动休闲旅游的法规

政策，如《旅居车（房车）租赁服务规范》《休闲露营地建设与服务规范》《汽车自驾运动营地发展规划》等。这些法规政策极大地促进了我国汽车露营运动休闲旅游的发展。下一步需要完善和细化政策，促进汽车露营的良性发展。

3. 开展相关课程，培养青少年的参与精神

美国每年大约会有4500万人参与到汽车露营运动休闲旅游中，这与他们的课程体制有很大的关系。他们从小就会教授一些相关的户外生存技巧给青少年。这些课程会耳濡目染地影响青少年的发展，很多人自然而然就会参与到户外运动中来。未来我国的学生课程建设中有必要设置相关的课程，以培养青少年参与到汽车露营运动休闲旅游中的兴趣，引导青少年参与到这项运动中。

4. 建立汽车露营地建设与开发标准流程

想要发展汽车露营，就要建设汽车露营地。基础设施的建设是发展这项运动的前提条件。在美国，大约有2万个汽车露营地。而我国大陆的汽车露营地仅有几百个，得到国际认可的少之又少。因此有必要借鉴国外的发展经验，制定符合我国国情的汽车露营地建设与开发标准。

（六）汽车露营运动休闲旅游案例

1. 国外汽车露营运动休闲旅游的案例

（1）综合型露营地：美国拉斯维加斯 IVM Resort。

地理位置：IVM Resort 距离 Mead 河、Hoover 大坝，以及拉斯维加斯的世界顶级休闲娱乐、购物运动、美食餐饮中心仅有几分钟车程。

特点：度假村占地面积达16.6公顷，有400多个露营点，富有浓郁的热带风情。度假村有高耸入云的查尔斯顿山、五彩缤纷的红岩石峡谷。

娱乐设施：度假村内拥有九洞高尔夫球场、网球场、台球室、棋牌室、游泳池、漂流池、SPA 馆、健身房、按摩室、桑拿室、豪华大理石淋浴间以及图书馆与剧院。

（2）乡村型营地代表：英国四星级乡村型 Penmarlam 汽车营地。

地理位置：营地位于 Fowey Estuary，Bodinnick 村，景色宜人，可以看到南 Cornwall 郡的大部分村庄和山脉。

周围环境：营地周围有岩石海湾和独特的村庄，这里可以划船，可以沿着营地走到周边的各种特色村庄进行参观，还可以在老式渡口旅馆过夜。

服务设施：营地内有商店、盥洗室、自助洗衣店、婴儿照顾室、方便残疾人使用的设施、电源接口、上下水系统，现在也有了宽带网络服务。

营地收费：按照季节分低、中、高三个档次，标准的价格分别是每晚6.5英镑、7英镑、8英镑。营地出租出售大型帐篷。

（3）河畔型营地代表：德国五星级家庭营地 Wirthshof。

德国五星级营地 Wirthshof，是一个适合家庭度假的、有40年历史的家族营地，距离德国第一大淡水湖——博登湖大约 7 千米。马尔克多尔夫镇，是距离营地最近的小镇，有风景如画的老街、特色商店。

营地设计：营地内设有 280 个自驾车旅游营位，每个营位约 80 平方米，每个这样的营位边都配有常规用电接口；自驾车营位是精心修剪过的草坪，与营区道路相邻。另外还有 78 个房车专用营位（每个 120 平方米），每个房车营位都有独特的电力接口、净水管及排污口。

营地活动：每年，从春天到深秋，营地都会组织丰富多样的自主活动，也会定期为游客提供富有创意的手工互动活动，令客人可以时时刻刻感受来自 Wirthshof 营地的热情与活力。

（4）森林型营地代表：美国蓝岭群山森林型汽车营地。

地理位置：该营地位于美国北卡罗来纳州，有绵延的蓝岭群山为依托。

营地设计：该汽车营地有 144 个营位、野餐桌，上下水接口、电源接口、电话接口、电视接口、游泳池、网球场、高尔夫球场、俱乐部会所。

周围服务：包括汽车租赁、禽肉市场、餐厅宾馆、美容沙龙、高尔夫俱乐部等。

活动项目：乘船在蓝色的水流中漂流、在湖畔上垂钓、打高尔夫、在附近的古董店徘徊等。

收费标准：在营地露营的人每天 10 美元，永久拥有营位的人免费。蓝岭群山房车营地只接待自行式 A 型房车，车长最低 26 英尺（7.92 米）。每个营位标准是四人，每天 55 美元，每多一人每天加收 5 美元，按月支付每个营位 1400 美元，也可以永久买下营位。

（5）海滨型营地代表：北欧四星级海滨型露营地 Lemvia。

四星级海滨型露营地 Lemvia 距离北欧的北海只有几十千米，营地被美丽的峡湾围绕，似一颗海滨的明珠。

营地内带儿童浴室的家庭房，非常受家庭游客的欢迎。儿童主题的娱乐城堡、影城、剧场、攀岩等人气颇旺。大人们的休闲选择很丰富，帆船、游泳、地掷球、沙滩排球和迷你高尔夫球等不会令你没事可做。漫步于营地的一条 3000 米长的海滨步道，碧海蓝天之美景令人心旷神怡。

（6）海岛型营地代表：克罗地亚五星级海岛型 Jezevac 露营地。

Jezevac 露营地位于克罗地亚亚得里亚海上的最大岛屿克尔克岛上，离历史名城希贝尼克很近。这里距克尔克古镇只有 10 分钟的距离，距迪斯科俱乐部约 800 米，出行非常方便。

Jezevac 营地有宽敞的移动房屋及 670 个营位，分为 5 种不同的类型，分为豪华海边型、特级海边型、舒适海边型、舒适林地型、标准林地型。

特色项目和活动：营地的鹅卵石沙滩上有草亭、海滩酒吧、烧烤餐厅、儿童游乐场等，很适合休息放松、沐浴阳光，玩沙滩排球及各种水上运动，如滑水、划船、水上摩托、水上单车、独木舟。夏季的时候这里还会有现场音乐会或舞会。Maro 俱乐部还组织了很多适合儿童的活动，如儿童游乐场、迷你俱乐部、迷你高尔夫等。

2. 国内汽车露营运动休闲旅游的案例

（1）台湾松田岗四星休闲露营农场。

台湾松田露营农场位于台湾嘉义县，是为顺应休闲观光的旅游大趋势，及绿色生态度假的需求，营造的台湾第一座东南亚风格的创意度假露营农庄。

露营农场特色：

一是松田岗露营农场把东南亚风情作为自己的特色，整体园区的生态打造也是强调东南亚的风情，所以种植了大量的棕榈科植物。

二是松田岗露营农场设有东南亚风情的餐厅“雨林餐厅”，餐厅整体采用原木造型的设计，门口用超大的凤梨树装饰，餐厅的菜品已经根据当地台湾人的口味稍作改良。

三是露营农场设有游客手工体验中心：香草工坊。这里是一个可以让你亲自动手DIY的地方，自己动手做精油香皂，简单又有成就感。

体验不同的住宿方式：

南洋式树屋：跟台湾其他露营农场不同的是，松田岗发挥了很多创意，建造了南洋式的“树屋”供游客体验住宿，树屋里面设备齐全，有淋浴盥洗设备，屋外前后有阳台，清晨起床就能听到屋外悦耳的虫鸣鸟叫。

汽车露营区露营：松田岗露营农场从国外进口房车供游客体验居住，里面电视、冰箱、浴厕一应俱全，非常适合想在郊外露营过夜，却又不习惯睡帐篷的人，当然也可以特地来体验一下睡RV的感觉。

（2）台湾澎湖林投沙滩水管露营场。

“澎湖林投沙滩水管露营场”位于澎湖县西乡的林投游客中心内，此营区有着别于一般露营区的奇特造型，业者利用施工用的大水管，规划设计出另类又充满创意情趣的空间，将传统印象中的露营帐篷升级为配备齐全的硬体空间。

（3）环青海湖民族体育圈汽车休闲露营地。

该营地位于我国青海省青海湖附近，早在2004年，该营地就在青海湖151地区正式开营，该营地的占地面积为50亩。该营地集空中飞机、水中游艇、沙滩摩托等各游乐项目于一体；既有最古老、最原始的牛毛帐篷，又有最现代、最新颖的房车。

（4）天津蓟县天津山野房车营地。

营地风光：营地位于蓟县下营镇山林中，位于北京、天津与河北的交界处。位于蓟县风光旅游景区的黄金段，北面1.5千米是万里长城的京东第一雄关——黄崖关。

娱乐活动：以营地为平台，借助周边的自然资源开发出了山谷定向穿越、山地自行车、漂流、溯溪、垂钓、扎筏竞渡、潜水、山地马拉松、登城等十几个运动项目。

3. 国内外汽车露营地案例的比较

（1）欧美汽车露营地的特点。

1）以欧洲和美国为首的西方国家发展自驾车营地的时间较长，营地设计和规划比较成熟，配套齐全。

2）营地毗邻风景优美的地区，与一般旅游度假区没有太大差别。主要目的也是度假，只是住宿的载体有所区别，更倾向于亲近自然的野奢方式。

3）用星级来划分不同的营地，区别高、中、低端的营地。但整体以中高端的度假型营地为主。

4）休闲娱乐项目很丰富，尤其注重户外运动项目设计。如高尔夫、水上帆船、攀岩、骑行等，符合西方人惯常的生活方式，而且他们出游的目的主要也是户外休闲度假。

5）重视儿童娱乐项目设计。基本都设立了儿童游乐场，还会组织一些儿童主题活动。

6）经常根据季节和节庆推出一些受欢迎的活动。如现场音乐会和舞会，赛车等。

7）收费制度很灵活，分时段收费、会员制收费等。

（2）国内汽车露营地的特点及不足。

1）基本是依托景区建设。在景区内或毗邻风景区，或在几大景区的交通要道处。

2）很多新的营地的设计和建设符合国际规范，配套设施齐全。

3）目前还没有建立完善的星级标准体系。

4）目前较多参考西方的建设模式，本土化特色挖掘还不够。

5）多数营地整体规划还比较混乱，区域划分不清晰，服务配套设施落后。

6）综合休闲娱乐项目较少。基本的休闲娱乐项目比较符合国人的生活方式，比如棋牌、烧烤、乒乓球等。

7）专业人员缺失，管理相对还比较落后。

八、民族特色运动休闲旅游

（一）民族特色运动休闲旅游概念

民族特色运动休闲旅游，是指旅游者被独具特色的民族民俗体育文化所吸引，以观赏、了解、领略、参与民族民俗体育活动为主要目的的物质和精神活动的总和。民族特色运动休闲旅游，既是体育旅游，又是文化旅游，它是体育旅游和文化旅游相融合的复合型旅游。

“入乡随俗”已经成为中国文化中的重要组成部分，无论是在国内还是国外，只要离开了原本居住的地方，就要适应当地人民的民风民俗。中国少数民族众多，分布在全国各地，在历史发展过程中所创造和演变出来的传统的本民族的文化和体育运动也是千姿百态。

一方面，民族特色运动休闲旅游具有一定的趣味性、娱乐性和体验性，人们可以在休闲娱乐的同时感受到少数民族特色体育运动的魅力，深入了解中国各个少数民族的文化根源，体验民族风情，达到修身养性、陶冶情操的目的；另一方面，民族特色运动休闲旅游还具有一定的竞技性，许多的民族体育运动项目都具有较为完善的竞技规则，如摔跤、赛龙舟、赛马等，这些体育项目都能够达到强健身心的效果。

少数民族传统体育资源十分丰富，各种各样的民族传统体育项目近千种，有很多具有民族特点的传统体育集会，诸如蒙古族的“那达慕大会”、侗族的“花炮节”、瑶族的“达努节”、苗族的“龙船节”、傈僳族的“刀杆节”、景颇族的“目瑙节”等。

中国少数民族体育运动旅游，不仅仅是勤劳的少数民族百姓的智慧结晶，更是中华文化的结晶。这些体育运动项目是我国体育运动发展史上不可缺少的组成部分，是人类社会中一种重要的体育文化遗产。

（二）民族特色运动休闲旅游特征

1. 丰富的文化底蕴，鲜明的地域特色

民族特色运动休闲旅游，可以充分展现少数民族的传统文化底蕴，休闲旅游内容生产与创意的开发，都是建立在足够的文化底蕴之上的。这些旅游产品经常是反映当地特色文化、地域特色的载体。我国地大物博，南北纬度跨越较大，在地形、温度、环境上都存在较大的差异，少数民族在我国呈现“大杂居，小聚居”的特点，因此使得各个地区、民族间流传开展的传统体育具有不同的地域特色和民族风格，同时蕴含着各自的文化底蕴。

2. 经营与公益并存

民族特色运动休闲旅游具有一般体育旅游项目的特征，但又有着自己的特征，民族特色运动休闲旅游更强调它的公益性。丰富的文化底蕴和地域特色，让民族特色运动能够充分吸引游客的注意力，为旅游开发经营提供最重要的客源市场。而很多的民族特色体育运动项目都是非物质文化遗产，这些民族特色体育文化遗产的保护与传承又具有社会公益属性。

3. 地域与环境的依附性较强

地域生态环境是人们生存的空间，不同的自然环境、地域特征能够养育不同的人群。在我国，南北气候差异较大，各个民族在适应和改造生活条件的同时创造出了属于自己的独特文化，并将这些文化融入平时的体育运动中，逐渐产生了不同文化的体育项目。自然地域环境的差异性是各民族传统体育差异化最有力的佐证。我国的西南地区有平原、丘陵、盆地、山地和高原等地形，丰富的自然环境资源让这里成为多项运动的发源地，这里非常流行登山、跑步、跳高和投掷等项目；长江中下游地区有着丰富的水系，每年的降水量都非常丰富，赛龙舟、潜水等水上项目是这个地方的特色；中原地区有着丰富的历史文化底蕴，儒家思想、佛教、道教在这个区域都得到了很好的发展，因此该地的棋类、武术等运动项目突出。在东北地区，由于纬度较高，气候寒冷，冰上和雪上项目成为这里的优势体育项目，尤其是黑龙江培育出多位短道速滑的世界冠军；在

西北，地形主要是沙漠、戈壁、荒原等，因此这里也诞生了汽车拉力赛、滑沙、滑草等项目来彰显民族特色。

4. 固定成本低，经济环保

民族特色体育运动休闲旅游物质消耗较少、环境污染也非常小。此外，这些民族体育运动项目都有着丰富的文化底蕴，不需要进行过多的修饰与包装就能够让人们充分体验到当地的民风民俗，经济环保又实用。

（三）民族特色运动休闲旅游的资源

各少数民族都有自己特有的民族特色体育运动项目，这些民族特色体育运动项目可以构成体育旅游资源，吸引游客到这里旅游参观或参与运动。部分民族、民间传统体育活动项目如表 3–21 所示。

表 3–21　部分民族、民间传统体育活动项目①

民族	民族、民间传统体育活动项目
纳西族	投石吕、赛马、摔跤、草球、木球、布球、秋千、射箭、转山海、赛跑、东巴跳、登刀梯、老大打老二、母鸡棋、踢毽子、达理兹、拔河、驯牛、掷玩、拔拔丝、偷孤儿、摔牛
瑶族	翻跟斗、武术、弓弩、丢花包、陀螺、射击、秋千等
景颇族	景颇武术、担杠、顶械、跳高、跳远、爬滑竿、打弹弓、蛇龙摔跤、秋千、走子棋、打汤跌、目瑙纵歌等
藏族	射箭、赛马、秋千、跳高、跳绳、双人拔河、顶头、牛角、打五海花、撑台等
布朗族	爬竿、藤球、秋千、陀螺、跑马、登山、思略兰、亚嘟嘟、跳大鼓、武术等
普米族	射箭、射弩、丢鸡毛球、板羽球、跳高、摔跤、秋千、堵鲁、赛跑、转山转海、划猪槽船等
基诺族	丢包、打毛毛球、拔滕条、高跷踢架、羊打架、泥弹弓、丢石头、跳竹竿、扭竹竿、翻竹竿、顶竹竿、跳牛皮鼓、打太阳鼓、拉绳秋等
德昂族	射弩、武术、弹弓、跳象脚鼓等
蒙古族	游泳、划船、秋千、武术、摔跤、跳乐、马术、赛马、打布鲁、套马、击石球、打唠唠球、踢牛嘎拉哈等
水族	赛马、狮子登高、跳桌子、翻桌子、荡秋千等
彝族	摔跤、飞标、车秋、荡秋、葫芦飞雷、陀螺、飞石索、弹弓、弩弓、骑术、抛丢游戏、俄卜合、俄呆提、阿过罕儿丽、阿丽克丽、骑马打架、砸跳、跳大海、耍狮子、十六赶将军、月亮棋、跳牛、跳板蹬、跳大棋、球类游戏、追逐游戏、弹戏、跑乐、霸工鞭、游水、潜水、打棒、日尔嘎杠术、老虎坐、蹲斗、顶斗、抵肩、拉手、扭扁担、顶扁担、三方拔河、跳高脚马、爬油杆、阿都念名、自都丽丽、类火果、绵羊拉绳、辣地、阿杜左暖吾、嘎巫、打泡球、久都互都、讨小狗、罗尼余、紫夹来格、取蜂、火射射击、武术等
白族	赛花船、绕二灵、打霸王鞭、登山、陀螺、跳火把、耍海会、人拉人拔河、老虎跳、跳花棚、赛马、射箭、磨秋、耍龙、武术等

① 毛艳，田晓，徐祥．我国体育旅游发展研究［M］．咸阳：西北农林科技大学出版社，2016.

续表

民族	民族、民间传统体育活动项目
哈尼族	摔跤、陀螺、跳大海、阿augment塔、跳高跷、拉手、鼓刀跳、猴子、车秋、磨秋、抵肩、爬树追逐、射击、条竹筒、武术等
傣族	赛龙舟、打篾弱弓、陀螺、放高升、打水枪、赛马、鸭子赛跑、青蛙赛跑、抓子、打滕球、独木舟、游泳、游水、丢包、象脚鼓对踢、堆沙、武术等
壮族	武术、抛绣球、抢炮、走马、角刀射柳、磨秋、车秋、荡秋、踩高跷、打虏烈、砸舟舟等
苗族	掷石、射弩、磨秋、车秋、荡秋、骑艺、跳狮子、摔跤、穿在衣（花裙）赛跑、登山、掷鸡毛球、布球、踢脚架、踢草球、踢老虎斗新、斗牛、斗马、拔鼓、跳棍、狗子、跳楚、叠人、跳跳、走竹竿、滚芦笙、踩鸡蛋、爬花竿、跳枕头、武术等
回族	武术、气功、回推步法、赛马、把小腰、掰手腕、扭扁担、拧手指头、踢毛毡、斗牛、要狮子、叠罗汉、游泳、打铆球、木球、掼牛、打抛、方棋、中幡、汤瓶拳、查拳、弹腿、风影剑、梅花双刀等
傈僳族	爬绳、爬杆、爬树、跳运、扒爬子、爬山、顶杠扭扁担、尼昂急、跳牛、踢脚步、四方拔河、游泳、球戏、辣地、滑板子、拉绳、拿石头、陀螺、磨秋、荡秋、车秋、投掷、砍竹竿、弩弓射箭、射粑粑、射鸡蛋、射刀刃、泥弹弓、爬刀杆等
拉祜族	爬膝、哈鸣郭、投茅、甩糖包、游泳、武术、赛马、射箭、摔跤、高跷、鸡毛球、秋千、拉包头、瓦建、赶猪、打马桩、踩脚架、陀螺、跳葫、芦笙等佤族、脚斗、顶杠、跳高、抢石、拉木鼓、骑射、射弩、摔跤、拔腰力、鸡棕陀螺等
独龙族	独龙天梯、溜索、绳梯、手劲、跳高、撑竿跳高、老熊抢石头、标枪、射弩、投石器、拉姆等
满族	骑马、射箭、摔跤、踢毽子、双飞舞、拉地弓、狩猎、追射、穿树林、夺旗站、打铜锣、采珍珠（尼楚赫）、赛船（赛威呼）、武功、打秋千、嘎拉哈等
朝鲜族	摔跤、跳板、秋千、足球、朝鲜象棋等
达斡尔族	波依阔、套力棒、掷坑、赛马、射箭、摔跤、颈力比赛、打枕头、游水、滑水、抓“萨克”等
锡伯族	射箭、打“螃蟹”、踢“熊头”、打瓦、滑冰、滑水、游水、嘎拉哈等
鄂伦春族	射箭、赛马、摔跤、滑雪、撑竿跳、板棍、比颈力、搬石头、划皮船比赛等
赫哲族	叉草球、叉草人、木枪射击、射箭、叉鱼赛、快马子赛（划船赛）、摔跤、游水、爬山、狗耙犁赛、骑狗赛、击木轮比赛、滑雪、打爬犁、冰磨、打秋千、夺万岁等
鄂温克族	滑雪、狩猎、赛马、套马、摔跤等
柯尔克孜族	射箭、赛马、摔跤、姑娘追、飞马拾银、二人秋千、“包考”（牛毛球）、嘎拉哈等
黎族	跳竹竿、打花棍、打狗归坡、钱铃双刀、穿藤圈、射箭、粉枪射击、拉乌龟等
畲族	畲拳、越火堆、稳凳、抄杆、腹顶棍、蹴石磉、打铳、武术、打枪担、打尺寸、赛竹卜、猎捕、马灯舞等
土家族	摆手舞、跳灵舞、猴儿鼓、要要、靠灯舞、花灯舞、地盘子、连响、丈鼓舞等
维吾尔族	切力西、达瓦孜、萨哈尔地、帕尔孜等
哈萨克族	刁羊、姑娘追、赛马、赛骆驼等

丰富的民族特色体育运动项目，足以吸引大量的游客到民族聚居地进行参观游览或参与其中。游客们感受当地自然风光与传统体育运动文化，参与到民族特色体育运动中，强身健体、放松身心。

（四）民族特色运动休闲旅游的发展思路

1. 民族特色运动市场化发展

民族特色体育运动项目具有悠久的历史文化，是各个民族同胞为适应当地生活环境，强身健体而创造的。要将这样具有历史文化底蕴的体育运动项目转化成有经济价值的运动项目，就要认真地了解这些运动的文化进行产品研发、发展的市场化运作。民族特色体育运动市场化的发展，能够保证这些古老的体育运动项目保持活力，让人们能够持久关注到这些运动，有利于这些运动的传承与发展，也有利于民族特色的保留。

2. 坚持民族地域特色，避免同质化

民族特色运动休闲旅游具有“人无我有”的独特优势。因此，应该在开发民族特色体育运动时，将少数民族当地独有的特色文化和建筑展现出来，给游客展现特有的民族风情和地域性风采。民族特色体育运动应当始终坚持自有的民族地域特色，避免被其他民族的文化所同化。少数民族中很多的运动项目都有交叉性，如鄂伦春族和赫哲族都有射箭这个运动项目，名称相同，如何在相同的运动中展现本民族的特色与不同，都需要有足够的关注。

3. 媒体宣传扩大受众市场

各民族想要发展本民族的特色运动休闲旅游，就必须借助各种广播、电视、电影、报纸、书籍、广告、民间节庆活动和体育竞赛活动等媒介，进行民族特色体育运动项目产品的宣传、推广与市场营销，让民族体育运动项目在众多的体育旅游运动项目中占有一席之地，只有这样才能不断地扩大民族特色运动项目的发展与传承。

（五）民族特色运动休闲旅游案例

1. 国外民族特色运动休闲旅游案例：西班牙斗牛①

西班牙斗牛起源于西班牙古代宗教活动（杀牛供神祭品）。13 世纪，西班牙国王阿方索十世开始将这种祭神活动演变为赛牛表演。真正的斗牛表演则出现在 18 世纪中叶。历经 200 多年的发展，现在西班牙已有 300 多个斗牛场，最大的是马德里的文塔斯斗牛场，可容纳 2.5 万人。每年 3 月到 11 月是西班牙斗牛节，通常以星期日和星期四为斗牛日。斗牛时要使用体重 4000 千克的非洲纯种公牛。

（1）斗牛的主要流程。

一场斗牛由 3 个斗牛士出场，角斗 6 头公牛，每人两个回合。在西班牙，所有的斗牛表演都安排在下午举行。西班牙人有懒散拖沓的习惯，较不准时，唯一准时的事情就是观看斗牛比赛。另外，斗牛时必须阳光普照。鉴于西班牙多数地方属温带大陆性气候，部分地区的地中海式气候条件，所以只能在每年的 3 月至 11 月之间进行。这 3 位斗牛士各有一套助手班子，包括 3 个花镖手和 2 个骑马的长矛手。观众对每场决战都很

① 资料来源：西班牙斗牛［J］. 中国地名，2009：14–16.

难预料其结果，因为它取决于诸多因素。如斗牛士的胆略和技巧，但也取决于出场的公牛，一些由著名牧场饲养的凶猛公牛直接威胁着斗牛士的安全，甚至生命。其实对于斗牛而言，牛和斗牛士同样重要，因为它的受训练程度和凶猛性关系到斗牛士的吉凶，在历史上再出名的斗牛士都不免战死沙场，最后被牛挑死的命运。整个表演由斗牛士入场拉开序幕，两位前导身着16世纪装束，骑着马首先上场。他们径直向主席看台跑去，请求他赐给牛栏的钥匙。此时全场异常安静，观众期待这神圣又庄严的场面。尔后，乐队起了嘹亮的斗牛士进行曲。在乐曲声中3位斗牛士各自率领自己的一班人马，分3列同时上场。绸制的斗牛士服在阳光下闪闪发光，十分耀眼。他们摆着特有的姿势绕场一周，随后来到主席面前向他鞠躬致意。当斗牛士退场后，主席反手一挥，号角吹响，也就是告示牛栏大门敞开，牛飞奔而出，即斗牛开始。整个斗牛过程包括：引逗、长矛穿刺、上花镖及正式斗杀四个部分。引逗是整个表演的开锣戏，由3个斗牛士助手负责引逗其全场飞奔，消耗其最初的锐气。几个回合过去，骑马带甲的长矛手出场，他们用长矛头刺扎牛背颈部，将其血管刺破，进行放血，同时为主斗牛士开一个下剑的通道。所骑之马都用护甲裹住，双眼蒙上以防胆怯。受刺后的公牛，会越发凶暴猛烈。因此，长矛手稍不留神被掀翻反而刺伤自己者屡见不鲜。因此，需要由3位助手上前引开公牛，之后长矛手退场。

长矛手完成任务后，由花镖手徒步上场，手执一对木杆制、饰以花色羽毛或纸、前端带有金属利钩的花镖，孤身一人站立场中，并引逗公牛向自己发起冲击。待公牛冲上来，便迅捷地将花镖刺入牛的背部。如果刺中，利钩会扎在牛颈背上，也起放血作用。由于瞄准、前冲、刺入的时间很短，且需判断牛的冲势，因此需要其动作干净利落。如果只刺入一镖，或两镖皆不中，即会招来满场嘘声。如果一次花镖手一镖也没插中，可再补刺一次。如果再失手，即不会再有这样的机会。最后，手持利剑和红布的主斗牛士上场，开始表演一些显示功力的引逗及闪躲动作，如胸部闪躲，即让牛直线冲向自身时，腿向一侧滑，牛贴身冲过。另外，还有被称作“贝罗尼卡”的动作，即是以红布甩向牛的面部，以激怒公牛。贝罗尼卡原是耶稣受难时为其挑面的圣女之名，因其动作的相似性，因此命名。其他还有斗牛士原地不动，引逗牛围着其身体打转的环体闪躲等动作表演。在最后阶段，即最后刺杀阶段，也是斗牛的高潮。斗牛士以一把弯头利剑瞄准牛的颈部，而后引逗牛向其冲来，斗牛士则迎牛而上，冲上前把剑刺向牛的心脏，牛中剑后应声倒地。刺杀是最富有技巧的，斗牛士须将剑与眼睛齐平，跪脚，手水平下压，发力。剑插入牛的身体后须抖腕使剑稍微左弯，以刺破牛的主心室。刺杀动作分为三种：人不动而牛冲过来。这时斗牛士在瞄准阶段等都是静态的，有利于准备、瞄准和判断。第二种是人动而牛不动。即在牛处在观望的时间内，斗牛士向前冲，边冲边瞄准，直至剑入牛身，这时牛也是发力向前顶，借力刺得更深。第三种是人动牛也动。这是最难把握和最高境界的刺杀动作。即斗牛士冲向牛，牛也从一定距离冲向人，斗牛士在运动中判断运动中的牛的部位并准确下手。这是极其复杂和难掌握的，如果运用得好，牛可应声倒地。

如果剑刺得不够深或牛足够强壮，暂时不会倒地而死。这时，斗牛士或其助手会以“十”字剑或短剑匕首刺中牛的中枢神经部位，这时牛会立即倒地而死。这时，装束花饰的骡子车会出场将牛拖走，斗牛士会接受观众的欢呼致意，也可将帽子抛向观众，接受观众的欢呼、掌声和投来的鲜花。斗牛士按刺杀水平由低至高分别享有保留牛耳、保留牛尾、被从正门抬出的荣誉。

（2）斗牛场上的奖励。

1）接受掌声。斗牛士在完成一场较为成功的斗牛之后，会得到掌声的奖励。通常是斗牛士和同伴只面对主席台方向的底层观众，接受人们的鲜花、掌声和骑士帽。这是最低规格的奖励。

2）绕场一周。如果斗牛士的表演令人很满意，他和他的 3 个助手将获得绕场一周的荣誉。他们环场接受看台上人们的掌声、欢呼声，以及扔下的鲜花、帽子和礼品等。

3）单耳奖励。如果斗牛士的挑逗、动作、刺杀等全过程表演让人们感到非常满意，全场观众就会为他挥动白色手帕，主席团主席在看到有八成以上的观众挥动白手帕之后，将会决定给予斗牛士获得 1 只牛耳的奖赏，同时包括绕场一周的殊荣。也就是说，观众拥有是否奖励给斗牛士 1 只牛耳的权利。

4）双耳奖励。如果斗牛士的表演令观众为之疯狂，在已经决定奖励斗牛士 1 只牛耳的基础上，绝大部分观众继续不停地挥舞白色手帕，要求主席团再次奖励斗牛士，主席团主席有权利决定是否奖励给斗牛士第二只牛耳。能获得 2 只牛耳的斗牛士证明他已获得了极大的成功。

5）双耳加牛尾。只有在极少的情况下，主席团会对某位著名的斗牛士在某次成功的表演之后，奖励双耳外加 1 条牛尾。这是最高级别的奖励。西班牙的 8 座一级斗牛场和 45 座二级斗牛场对此项奖励要求极为严格，通常每年不会超过 10 次。

6）王子门。通过“王子门”是仅在塞维利亚的 Maestarnaz 斗牛场才有的奖励，在西班牙其他斗牛场则没有。当斗牛士在比赛中得到 3 只牛耳以上的奖励时，Maestarnaz 斗牛场就将为斗牛士打开正面的“王子门”，斗牛士则骑在另一人的肩上炫耀出场，在观众们的欢呼声中走过“王子门”，这是斗牛比赛的最高荣誉。

2. 国内民族特色运动休闲旅游案例：赛龙舟

赛龙舟是中国端午节的习俗之一，也是端午节最重要的节日民俗活动之一，在中国南方地区普遍存在，在北方靠近河湖的城市也有赛龙舟习俗，而大部分是划旱龙舟、舞龙船的形式。关于赛龙舟的起源，有多种说法，有祭曹娥、祭屈原、祭水神或龙神等祭祀活动，其起源可追溯至战国时代。赛龙舟先后传入邻国日本、越南等国，是 2010 年广州亚运会正式比赛项目。2011 年 5 月 23 日，赛龙舟经国务院批准被列入第三批国家级非物质文化遗产名录。

龙舟大小不一，桡手人数不一。一般狭长、细窄，船头饰龙头，船尾饰龙尾。龙头的颜色有红、黑、灰等色，均与龙灯之头相似，姿态不一。一般以木雕成，加以彩绘（也有用纸扎、纱扎的）。龙尾多用整木雕，上刻鳞甲。除龙头龙尾外，龙舟上还有锣鼓、旗帜或船体绘画等装饰。古代龙舟也很华丽，如画龙舟竞渡的《龙池竞渡图卷》，图中龙舟的龙头高昂，硕大有神，雕镂精美，龙尾高卷，龙身还有数层重檐楼阁。如果是写实的，则可证古代龙船之精丽。有的地区龙舟还存有古风。龙舟的大小因地而异。如广州黄埔、郊区一带龙舟，长 33 米，船上有 100 人，桡手约 80 人。南宁龙舟长 20 多米，每船 50~60 人。湖南汨罗市龙舟长 16~22 米，挠手 24~48 人。福建福州龙舟长 18 米，挠手 32 人。比赛是在规定距离内，同时起航，以到达终点先后决定名次。中国各族的龙舟赛略有不同。汉族的赛龙舟多在每年“端午节”举行，船长一般为 20~30 米，每艘船上约 30 名水手。苗族是在每年 5 月 24 日至 27 日的“龙船节”举行，以赛龙舟庆祝插秧胜利和预祝五谷丰登，船长约 20 米，宽 1 米，由三根直而粗的杉树挖成槽形，捆绑而成，中间是母船，两边为子船，每艘船上有 38 名水手，有一长者任鼓头，一名男扮女装的小孩任鼓手。比赛时，炮声响处，各水手即按锣鼓节拍划桨前进。傣族的赛龙舟在每年傣历 6、7 月（清明节后十日左右）“泼水节”举行，每船有 600 名水手，4 名舵手和 4 名引道手。比赛时，由一人敲锣指挥，水手按锣声节奏划桨前进。也有女子参与此项活动。

第四章

体育旅游目的地建设

第一节　体育旅游城市

一、旅游城市的概念

城市作为一种基本的地域类型，以非农业人口密集、第二和第三产业高度集中为主要标志，以人口、产业、社会、文化活动集中为特征，是人类文化的中心，是区域发展的中心地。1933 年 8 月，国际现代建筑学会公布的《雅典宪章》提出，城市规划要满足居住、工作、游憩、交通四大需求，城市规划应当处理好四者之间的功能关系①。

现代交通技术的发展使得城市与城市之间的连接变得越来越紧密，城市的功能也在不断增大。有古老历史文化遗迹遗址、自然景观等资源的城市，成为人们追捧的热点，旅游城市的概念也逐渐产生。

很多国内外学者对旅游城市进行了相关研究，对旅游城市的概念也从不同的角度提出了多种看法，其中比较有代表性的观点如表 4-1 所示。

表 4-1　国内外关于旅游城市的定义

学者	主要观点
徐惠德（1982年）	旅游城市是通过经济结构和体制的改革，以旅游业为轴心，配置企事业，以旅游经济为主要比重的新型社会主义城市。
吴本（1997年）	旅游城市是指旅游资源丰富且集中、旅游产品形象鲜明、旅游设施配套完善、旅游产业发达，能广泛吸引国内外大量游客，在国家和地区中享有较高知名度的城市。

① 宋金平，于萍，王永明等 . 世界旅游城市建设的理论与实践［M］. 南京：东南大学出版社 .2015.

续表

学者	主要观点
邓卫（1997年）	旅游城市应该是指旅游资源良好、旅游业较发达、在国内或国际市场中占据重要地位的城市。以上三项条件缺一不可，否则就不能称之为旅游城市。
Meethan（1997年）	旅游城市是指在后工业化以及城市空间休闲化背景下，将旅游作为城市发展关键要素的城市。
翟辅东（1998年）	旅游城市应该是指那些能大量持续吸引外来旅游者的城市。一般来说，旅游城市的旅游资源都比较丰富，有一定的能够接待旅游者的城市基础设施，在区域旅游市场上形象比较鲜明，特别是旅游经济在城市国内生产总值（GDP）中所占的比例明显高于普通城市，这类城市方可被称为旅游城市。
金波、吴小报（1999年）	旅游城市是指旅游业为其重要职能，旅游业在该城市的经济及社会生活中具有重要的地位和作用的城市，主要表现在旅游业在该城市的产业结构中占有相当大的比例，所接待的旅游者人数达到相当大的规模。
魏小安（2001年）	旅游城市是一个包容其他旅游目的地的终极目的地。
保继刚、李志刚（2002年）	旅游城市是指在城市经济要素（如劳动力、资金等）投入中不断向旅游部门集中，旅游部门的产出在城市经济中占有较大比例的城市。
高莉（2003年）	旅游城市是指以旅游作为其主要功能，以提供优异的旅游产品并产生良好的环境、社会和经济效益为其最主要特征的城市。
Mullins（2003年）	旅游城市不同于以往以生产、商业和居住为主要功能的工业城市，而是以消费作为主要功能建立的。

（资料来源：根据宋金平，于萍，王永明等. 世界旅游城市建设的理论与实践［M］. 南京：东南大学出版社，2015. 整理补充）

二、体育旅游城市的概念

涉及“体育旅游城市”概念的内容极少，体育旅游城市到目前为止没有一个确定的概念，也没有评定标准。

笔者根据体育旅游的定义和旅游城市的相关定义，认为体育旅游城市是融体育、娱乐、探险、观光为一体的，以体育旅游作为其主要功能，以提供优异的体育旅游产品并产生良好的环境、社会和经济效益为其最主要特征的城市。

体育旅游城市一般都具有独特的地势环境或优质的体育场馆等，可以为体育运动爱好者提供场地以进行体育运动。体育旅游城市还具有相应的旅游资源，如美丽的自然风光、历史悠久的人文景观、风格独特的现代建筑景观等，让游客在参与体育运动之余还能够欣赏到当地特色的旅游资源。虽然我国目前对体育旅游城市的定义没有进行明确的界定，也没有颁布相关的法律条文规定体育旅游城市的划分标准，但是很多旅游城市都开始把体育运动作为优先发展的旅游活动予以大力支持，并逐渐形成以体育旅游为核心竞争力的城市品牌。

三、体育旅游城市案例

体育旅游城市的聚集地——新西兰

简介：有长白云之乡美誉的新西兰属于大洋洲，位于太平洋西南部，澳大利亚东南方约1600千米处，介于南极洲和赤道之间，西隔塔斯曼海，与澳大利亚相望，北邻新喀里多尼亚、汤加、斐济。

活动：蹦极、跳伞、洞穴与峡谷探险，凡是冒险运动新西兰都有。

（一）户外探险

1. 蹦极

20世纪80年代，新西兰人AJ Hackett和Henry van Asch在位于皇后镇（Queenstown）附近的卡瓦劳大桥（Kawarau Bridge）上创办了世界上第一家商业蹦极机构。从那时起开始，他们就将蹦极这项运动告诉了全世界。目前最高的蹦极运动是134米，这是极具挑战性的。从奥克兰海湾大桥（Auckland Harbour Bridge）上纵身跃下，美丽的怀特玛塔港（Waitemata Harbour）美景将尽收眼底。如图4-1所示。

在北岛（North Island）的中部地区，有一个以三大世界一流探险体验项目而著称的莫凯重力谷（Mokai Gravity Canyon），它拥有一个巨大的秋千，使游客在掉入峡谷之时，能够有50米自由落体的畅快体验。

图4-1　卡瓦劳大桥蹦极

2. 山洞探险

新西兰的地下洞穴是世界上最具挑战性和最为壮观的。不管是喜欢休闲运动，还是追求刺激体验，它都会带给游客一段难忘的洞穴探险经历。不仅可以乘漂流穿梭在如梦的萤火虫洞穴，也可以在喧嚣的洞穴中随绳索体验惊奇的地下冒险项目。

怀卡托（Waikato）地区的怀托摩（Waitomo）可以称作是北岛最有名的岩洞探险胜地。这里的洞穴形态各异，步行穿越、漂流而下（也叫黑水漂流）、绕绳下降、攀岩、侧身过等都是通过洞穴的方法。只需要一天的时间，当地经验丰富的导游就能帮助你变身厉害的洞穴探险者。

无论是在尼尔森（Nelson），还是峡湾地区（Fiordland）或西海岸（West Coast）都有机会体验南岛（South Island）多处岩洞探险胜地里的无限乐趣。在尼尔森地区的哈伍德斯穴（Harwood's Hole）和摩图伊卡——塔卡卡（Motueka–Takaka）主干道相距不远，其当之无愧为南半球最深的“无底洞”。位于峡湾地区的蒂阿瑙萤火虫洞，是南岛又一欣赏黑暗世界荧光点点的好地方（如图 4–2 所示）。

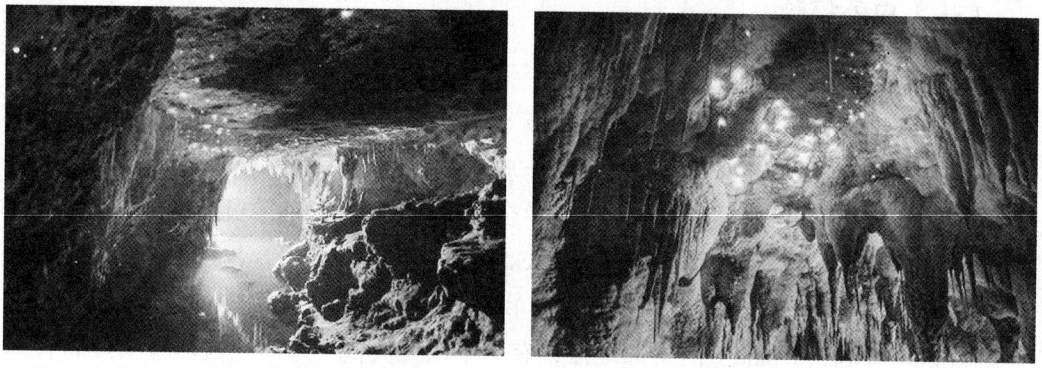

图 4–2　黑水漂流——梦幻的新西兰怀托摩萤火虫洞

怀托摩萤火虫洞，位于新西兰怀卡托的怀托摩溶洞地区，有着 1.5 万年的历史，洞穴内满是奇异的光点，来自成千上万的萤火虫散发出的光芒。洞壁上，萤火虫发出的绿色光点密密麻麻，自由地闪烁在安静墨黑的水面上，光影层叠，仿佛是一个只有这些绿色小精灵的奇妙世界，甚至有人把这种自然奇观称为“世界第九大奇迹”。进入洞穴深处，岩石上是一片片的绿白色光影，光影下是参差不齐的半透明细丝，带有黏液，是萤火虫的垂钓工具，以吸引和捕食寻光亮而来的昆虫。

3. 四驱车越野

在新西兰俚语中，能够驾驶四驱越野车观赏到的边远地区被称为“偏远郊区”（wop–wops）或“乡间”（the sticks），这些地方有的铺着碎石，有的泥泞崎岖，还有一些是山间的羊肠小道。出门看风景叫“tiki tour”，如果发现自己“up the boohai”，那就是彻底迷路了。

新西兰的越野行驶有多种形式，视你身处新西兰何地而定有多种选择：配司机的豪华路虎旅行、自驾四驱摩托车绕森林环行等，各种体验千差万别。在北部地区（Northland），你可以选择穿越“九十英里沙滩”（Ninety Mile Beach）的巨大沙丘；在怀卡托（Waikato）四轮驾驶，你可以选择乘坐惊心刺激的赛车，也可选择驾四轮摩托车开展农庄观光之旅；在马尔堡（Marlborough），你可以去到山区的牧羊场；在坎特伯雷（Canterbury），你可以去到南阿尔卑斯山脉（Southern Alps）山麓中进行高山探险（如图 4–3 所示）。

图 4–3 四驱车越野

4. 跳伞

高空跳伞，是一项能让你感受到心脏都快要停止跳动的刺激与冒险的运动（如图 4–4 所示）。新西兰，是一个能带给你酣畅淋漓的高空跳伞体验的国度。当你飘浮在 12000 英尺的高空，尽收眼底的是缩小版的壮丽又辽阔的风景。从瓦纳卡湖（Lake Wanaka）或者皇后镇（Queenstown）的高空一跃而下，鸟瞰广袤的中奥塔哥（Central Otago）高地，观赏白雪皑皑的群山环绕着宝石般的湖泊。在这个岛国的另一端，岛屿湾（Bay of Islands）的跳伞飞行将带你探索岛屿密布的海湾与波光粼粼的水域，在晴朗的日子里，你甚至还能一眼望到对面的海岸。

图 4–4 高空跳伞

5. 漂流

新西兰提供漂流项目的河流都有难易指数的分级，一级河流的河水平缓简单，适合初学者，五级则被视为极限运动，属于探险漂流的范畴。漂流的时间从数小时到五天不等。

北岛的漂流河流大多集中于东岸中部的丰盛湾（Bay of Plenty）和霍克斯湾（Hawke’s Bay）。新西兰最著名的“黑水漂流”在北岛的怀托摩洞（Waitomo Caves），这种坐在漂流轮胎上探索黑暗洞穴的刺激与惊险，是漂流爱好者们不容错过的体验。如图 4–5 所示。

图 4–5　漂流

6. 喷射快艇

喷射艇起源于 20 世纪 60 年代，原本是新西兰农场主 William（Bill）Hamilton 为了能在坎特伯雷地区的浅流中行驶而发明的。然而，善于进取的新西兰人很快就将它发展成了一项风靡全球的冒险活动。飞速穿越狭窄的河谷，两侧的峭壁几乎快要与你擦肩而过；在蜿蜒交织的溪流，快艇激起的波浪用力地冲刷着两岸的砾石——这就是新西兰喷射快艇之旅带给你的新奇体验。其最刺激的当数皇后镇与坎特伯雷地区的喷射快艇项目。其他地区，如南岛的布勒（Buller）和玛卡罗拉（Makarora），以及北岛的朗伊泰基（Rangitaiki）、旺格努伊（Whanganui）和怀卡托河（Waikato Rivers）也是体验这项运动的不错去处（如图 4–6 所示）。

图 4–6　喷射快艇

（二）滑雪

1. 基督城——坎特伯雷 + 滑雪

尽情领略基督城壮美的山脉、休闲惬意的景点以及宽广开阔的滑雪坡。基督城——

坎特伯雷地区从海边一直延伸到阿尔卑斯山，一望无垠的平原和高耸的山峰相映成趣。哈特山距离基督城只有一个半小时路程，是众多雄伟山峰中最大的一座，这里有着新西兰最长的滑雪季，而附近的波特高地更是滑雪初学者胜地。在滑雪坡上尽情玩乐之余，可以造访充满活力的基督城，同时可以造访梅斯文（这座小镇聚集了许多想要征服哈特山的雪地运动发烧友）。如图 4–7 所示。

图 4–7　坎特伯雷滑雪

2. 皇后镇——瓦纳卡 + 滑雪

在皇后镇欣赏南阿尔卑斯山壮美的雪峰，品尝当地美酒佳肴，体验刺激地滑雪。四座商业滑雪度假村构成了皇后镇和瓦纳卡，这里为滑雪爱好者提供各种滑雪体验和服务，可选择卓越山、皇冠峰、卡德罗纳和三锥山，这里有奥运会规模的超级管道、一流的缆车、整洁的滑雪道、高山风情和壮观美景等，每个人都能领略不一样的体验。充满大都会魅力的皇后镇和悠闲风格的瓦纳卡，能让您享受意犹未尽的雪乡假日之旅（如图 4–8 所示）。

图 4–8　瓦纳卡滑雪

3. 库克山 / 麦肯奇 + 滑雪

在新西兰最高的山峰鸟瞰壮观的风景，从高耸入云的奥拉基库克山俯视下方白雪皑皑的连绵山峰。拥有奥豪、杜布森山和圆山三座精致的滑雪场，独有的新西兰特色让游客畅享惊险刺激的雪乡之旅。另外，还有地热温泉、联合国教科文组织观星处和摄影爱好者的梦幻天堂——陶波湖，麦肯奇的滑雪场独具魅力。如图 4–9 所示。

图 4–9　麦肯奇滑雪

4. 北岛中区 + 滑雪

陶波湖南岸坐享奇美的火山风景，同时拥有新西兰最大的冬季运动场。鲁阿佩胡山、无数的河流和令人惊叹的群山，是绝无仅有的高山旅行胜地，而且地处世界遗产公园内。火山地形意味着这里遍布变化无穷的小径，拥有超过 54 条滑雪道，可独自探索华卡帕帕滑雪区。

华卡帕怕的古老熔岩形成了极富挑战的、出色的天然半管状的地形，适合中级和专家级滑雪者，同时还有专设的初学者滑雪区。还有一座自由式地形公园，可以从新西兰最高的咖啡馆 Knoll Ridge 眺望所有活动。

图罗瓦位于鲁阿佩胡山西南部，以巨型开放式碗状地形和瀑布而闻名。滑雪板爱好者一定会爱上这里的专业地形公园，这里有着连接澳大拉西亚地区最高的索道顶部一直到底部滑雪区的超长滑雪道。

图基诺滑雪场位于鲁阿佩胡山东侧，是一家由俱乐部经营的滑雪场，吸引着想要在偏远地区度过一整天的游客。这座滑雪场共有 3 台电梯运行，另外，还为追求更大挑战的滑雪者提供雪猫（是一种压雪履带车，也是一种在雪地里的交通工具，它在雪地里爬行像猫一样灵活，所以被称为雪猫）滑雪体验。陶波湖湖畔旅游小镇距离华卡帕滑雪区只有 1 小时 15 分钟的路程，这里是参加各类冬季活动的绝佳基地。地热温泉是该地区旅店提供的一大特色服务。靠近滑雪区的其他小镇包括图朗基、国家公园和奥哈库尼。如图 4–10 所示。

图 4–10　北岛滑雪

（三）山地运动

1. 高尔夫

自从一百多年前苏格兰移民先驱们驻足新西兰，便把高尔夫这项高雅运动带到了这个国家。到了现代，新西兰更是拥有了诸多世界顶级球场和先进的高尔夫设施。贝壳杉悬崖（Kauri Cliffs）和杰克斯角（Jack’s Point）等地的明星球场巧妙利用周边地形，让游客将最美的景色一览无余（如图 4–11 所示）。

新西兰有接近 400 座高尔夫球场。其中，业界专家精心甄选了一系列的明星球场和体验球场。高尔夫明星球场备受追捧，是海外关注的焦点。高尔夫体验球场分布在明星球场周围，富有当地风情和独特魅力（如图 4–12 所示）。

图 4–11　新西兰北岛高尔夫明星球场

图 4–12　穆里怀海滩高尔夫俱乐部（体验球场）

2. 自行车骑游

新西兰地形崎岖，所以山地骑游也是极受欢迎的活动。全国有数百条山地自行车道和路线，在刺激的探险途中饱览雄伟绮丽的风光。从温和宜人的北部亚热带地区，进入南岛活泼欢快的别样天地，良好的道路设施带领游客深入各个角落。见图 4–13。

图 4–13　自行车骑游

3. 山地自行车

新西兰人对于山地自行车特别钟情，各种山地自行车比赛已举办多年，到处都有山地自行车的车道。其中，汤加里罗国家公园里的 42 号通道正在迅速建立起自己的声誉。那些真正的冒险迷不妨尝试一下“直升机山地自行车”（Heli-biking），搭乘直升机上山，之后再骑上山地自行车下坡。见图 4-14。

不过山地自行车并不一定意味着全速前进，挑战极限。游客随时可以停下来，欣赏自然世界的美丽风光。既可以沿着海边骑行，也可以跟随一条老旧的火车铁轨，或者还可以穿越整个新西兰。

图 4-14　山地自行车骑行

4. 摩托车

想象一下骑摩托车越过西海岸风景优美、雨林丛生的公路后来到哈斯特（Hadst）通道，或者沿着荒漠公路（Desert Road）一路穿过汤加里罗国家公园（Tongariro National Park）巨大的火山，是怎样一番畅爽体验。新西兰道路设施完善、风景秀丽迷人，极其适宜骑摩托出游。如果游客持有自己国家的有效驾驶证或国际驾驶证，可以在新西兰合法驾车 12 个月（如图 4-15 所示）。

图 4-15　摩托车骑行

（四）水上运动

帆船、冲浪、潜水、垂钓——每位新西兰人都是爱水之人，这里的人们向来以其水上运动的丰富多彩而倍感自豪，在新西兰可以完全释放对亲水运动的激情。

1. 皮划艇

咸水皮划艇旅游团可以带你离开马尔堡峡湾的隐蔽水域和壮观的峡湾地区，随心所欲地开始一段水上之旅。如果希望在淡水中体验皮划艇乐趣，那么可以去被称为“新西兰最长通运水道”的旺格努伊河；如果希望感受在急流中划艇的刺激，那么可以去北岛的朗伊泰基和莫哈卡，或南岛的克鲁萨和卡瓦劳。

如果希望享受平静的皮划艇乐趣，那么选择在湖面上划艇则是掌握皮划艇的捷径。

在陶波湖上划艇，可以看到毛利石雕，在罗托鲁瓦的火山口湖泊还可以领略到当地著名的特殊地质风貌。见图 4–16。

图 4–16 皮划艇游

2. 帆船

游客可以选择在海港享用下午茶的悠闲巡航之旅，也可以选择装备齐全的远洋游艇在海上享受几天的航行。船型具有不同的特点和航行速度，既有经过改造的历史悠久的方索船，也有代表新西兰最高科技的“美洲杯”国际帆船大赛获胜船型。航行路线由自己决定。见图 4–17。

海洋保护区是起帆远航的绝佳之地；岛屿湾（Bay of Islands），豪拉基海湾（Hauraki Gulf）和马尔堡峡湾（Marlborough Sounds）都是不错的选择。在张开双臂迎接近海巡游胜地之前，避风港和岛屿会先带领我们进入风景如画的旅程。这里还有许多受人欢迎的海滨路线，游客可以每天在避风港停泊，休憩之后再扬帆启程。东海岸、奥克兰北部、岛屿湾航线上的凯里凯里湾（Kerikeri Inlet）或犹如峡湾的旺格罗阿（Whangaroa Harbour）为游客提供独特的游轮观光体验。

图 4–17 帆船游

3. 游船

作为岛国，新西兰拥有连绵不绝的海岸线，多山的内陆有数百条内陆水道，奔腾入海。除此之外，美丽的海港、海湾、岛屿和峡湾几乎都是随处可见，数不胜数的河流、湖泊和冰川等待游客的观赏。因此，游船及其他水上出行活动则无可厚非地成为体验新西兰的一大组成部分。见图 4–18。

新西兰拥有四大巡游胜地——岛屿湾、奥克兰的豪拉基湾、马尔堡 / 尼尔森以及峡湾地区。在游船上可以领略到在陆地上无法欣赏到的美景，古老的岛屿、壮丽的沙滩、偏僻的古老遗址、珍稀的野生动物和不同的文化，种种体验都可以令人心醉神迷、流连忘返。

图 4–18　游船游

4. 潜水

新西兰是一个潜水天堂。交通便利的海滩、广阔的海洋保护区，加之数百座近海小岛，构成了这里深邃而多样的水下世界。

位于新西兰图图卡卡海岸（Tutukaka Coast）的普尔奈茨群岛海洋保护区（Poor Knights Islands Marine Reserve）是世界五大潜水胜地之一，在清澈见底的海水中，潜水爱好者可以探寻沉船遗迹，或是着陆在海床来观察亚热带的斑斓珊瑚礁，在摇曳的海藻森林中和成群的鱼儿或是海豚嬉戏。若想感受不一样的冒险体验，还可以选择尝试一下海上皮划艇潜水或夜间潜水。见图 4–19。

图 4–19　潜水游

5. 钓鱼

垂钓在新西兰是一种普遍的运动，也是一种休闲娱乐方式。湖泊、河流、大海，所到之处，必然聚集着怡然自乐的垂钓爱好者。

新西兰四面环海，拥有清澈见底的湖泊、河流、溪涧，是钓鱼爱好者的天堂。在毛利神话中，北岛就是被半人半神的毛伊从海里钓上来的大鱼，“北岛”的毛利语 Te Ika a Maui 意思就是“毛伊之鱼”。见图 4–20。

图 4–20　钓鱼

每年的 12 月到次年 6 月是钓鱼季，从旺格罗瓦、拉塞尔、图图卡卡到陶朗加一路都是出海垂钓的船只。彩虹鳟和棕鳟则是淡水垂钓者的热门目标，北岛的陶波湖（Lake Taupo）是全世界范围内最适合钓鳟鱼的地方。

6. 冲浪

爱冲浪的人一定会爱上新西兰。这里每个地方都离海很近，海上也从来不缺适宜乘风破浪的波涛。沿着 45 号冲浪公路（Surf Highway 45）前往海浪翻滚的塔拉纳基海岸，海岸弯曲 180 度，总有人在这里体验惊险刺激的冲浪之旅。再往北走便到了雷格兰（Raglan），这里因壮观的左手浪而成为传说中的冲浪胜地。北岛其他地区，如皮哈（Piha）、穆里怀（Muriwai）、怀普（Waipu）、芒格努伊山（Mount Maunganui）和吉斯本（Gisborne）在条件适宜时也会令人热血沸腾。如果在南岛旅行，一定要到凯库拉（Kaikoura）和但尼丁（Dunedin）一试身手。见图 4–21。

图 4–21　冲浪

7. 帆板与风筝冲浪

借风踏浪，既是亲近自然的一种绝佳方式，也是一项充满乐趣的体育运动。新西兰迷人的海滨与美丽的湖畔风光让这项运动成为更加心旷神怡的享受。

无论是喜欢探索内河航道的平静，还是偏爱穿越港口的滑行，抑或热衷于与巨浪搏击的快感，这里总能带给冲浪爱好者完美的冲浪体验。在大多数知名的帆板运动胜地，如岛屿湾、奥克兰（Auckland）、陶波（Taupo）、惠灵顿（Wellington）、基督城、皇后镇和但尼丁等地，均可提供游艇租赁与教练服务。见图 4–22。

图 4–22　帆板与风筝冲浪

（五）步行与徒步旅行

1. 短途徒步

新西兰具有适合各种体力等级的短途徒步路线，如沿海步道＼原始森林路线和古老冰川路线。新西兰的精选短途步道时间从 30 分钟至 3 小时不等，无论是休闲海滩漫步还是略有挑战的爬山徒步，沿途都拥有各色风景。从北岛游览至南岛，探索茂密的原始森林、发现迷人的历史、偶遇独特的野生动物。见图 4–23。

图 4–23　短途徒步

（1）城堡山徒步路线。

城堡山的岩石奇观可以从高速公路上看到，但最好近距离领略它们的壮观。徒步旅行者可轻松徒步穿过开阔的牧场，到达这些壮观的石灰石景观下面。从这里出发，沿着贯穿巨石的寻常路线网络到达各个地点。这是一片世界闻名的攀岩地点，在这里会看到攀岩爱好者们展示攀岩技能的景象。见图 4–24。

图 4-24 城堡山

（2）戴维斯洞穴瀑布徒步路线。

从美丽的原始森林徒步出发，经过很短的路程即可到达壮观的 131 米戴维斯洞穴瀑布底下。尽管可以从主干道看到戴维斯洞穴瀑布的顶部，但徒步前往瀑布底部的路线值得体验一番。沿道路经过天桥穿过比利河，经过第二座大桥时，停下来花些时间欣赏瀑布美景，然后爬上 150 米高的台阶，欣赏高台景致。见图 4-25。

图 4-25 戴维斯洞穴瀑布

2. 日间徒步

花 4~8 小时来场新西兰日间徒步路线，每个人都能乐在其中、收获颇丰。穿过北岛著名的汤加里罗高山步道，领略崎岖的火山景观或探索蒂怀罗阿徒步路线途中风景如画的沿海森林。

在南岛徒步，可以在霍克山谷小径中领略壮丽的冰川景观，或挑战自己，登上瓦纳卡罗伊峰的顶峰。见图 4-26。

图 4-26 南岛徒步

（1）霍克山谷小径：奥拉基库克山国家公园是一片覆盖冰雪和岩石的崎岖之地。沿其中一条路线徒步是体验这片古老区域的最佳方式之一。这条路线穿过霍克山谷和霍克河，最后到达冰川湖泊，天气晴好时，可以在那里欣赏奥拉基库克山的绝美风景。途中，徒步者将穿过三座平旋桥，经过风景如画的冰山、冰川和高山，每一个路口都令人忍不住拍照留念。见图 4–27。

图 4–27 冰川

（2）拐子角徒步路线

退潮时，全程沿海滩徒步至海角，近距离欣赏塘鹅栖息地。沿途将穿过壮观的分层岩床和位于霍克湾海岸下的断层线。这些高耸的悬崖包含砂岩、砾岩、泥岩、河砾石、浮石和淤泥，还可一睹石化木材和褐煤的风光。黑礁附近的砂岩中还能看到贝壳化石。

图 4–28 黑礁

黑礁是第一个栖息地，位于礁石内陆一端的巨大砂岩之上。穿过黑礁之后，这条路线将离开海滩，继续延伸至一处休息区，休息区会提供野餐桌、水和卫生间，让徒步者可以好好休息一下。想要观赏更多的塘鹅，可以继续步行来到高原栖息地，这是山坡上一处较为平整的区域，在此可以欣赏到对面霍克湾地区的绝妙美景。

3. 新西兰顶级步道

在新西兰九大顶级步道徒步，发现新西兰的壮丽景致、大自然风光和令人惊叹的野生动物。

新西兰拥有数千千米的徒步线路，但其中最好的就是九条顶级步道，它们会展示新西兰境内最壮美的景色和标志性地点。著名步道——怀卡里莫阿纳湖步道（Waikaremoana Lake），如图 4–29 所示。

图 4–29 著名步道——怀卡里莫阿纳湖步道（Waikaremoana Lake）

怀卡里莫阿纳湖步道坐拥北岛面积最大的原始森林。数个世纪以来，这片地区一直是雾之子——图霍伊（Ngai Tuhoe）的家园。神秘的精灵仙子帕图帕雅里赫（Patupaiarehe）也住在这里，传说它们会引诱毛利战士的妻子消隐遁形。在森林魔咒的催眠之下，徒步者似乎能够听到精灵悠远的笛音和淘气的笑声。见图 4-30。

全部位于尤瑞瓦拉国家公园的怀卡里莫阿纳湖步道大部分沿着湖岸蜿蜒而行。在三四天的旅程中，它会带领徒步者穿过原始雨林、湿地的次生灌木林、长满灯芯草和杂花草的荒地以及充满奇幻色彩的“精灵森林”。白浪滚滚的大河、飞流直下的瀑布和云蒸雾缭的幽谷也会相继映入眼帘。

图 4-30　怀卡里莫阿纳湖

攀爬帕尼基利绝壁（Panekire Bluff）是步道最艰难的部分，但登顶之后能获得非凡的犒赏——纵览湖泊、森林和绵亘山峦的无垠风光。

第二节　体育旅游小镇

一、体育旅游小镇在我国的发展

随着人们生活水平的日益提高，在“健康中国，全民健身”战略和体育产业快速发展的背景下，以“体育产业 + 特色旅游”为创新方向的体育旅游特色小镇应运而生。据预测，到 2020 年，体育旅游总人数将达到 10 亿人次，占旅游总人数的 15%，体育旅游总消费规模将突破 1 万亿元①。目前，我国已发展的体育旅游仅占旅游行业的 5%，而发达国家则占 25% 左右，由此可见，我国体育旅游的市场前景非常广阔。由体育旅游发展而形成的体育旅游特色小镇得到了极大的关注。

在国外体育旅游发达的国家，体育旅游特色小镇已日趋完备，早在 18 世纪中后叶，法国的沙木尼小镇就开始发展体育旅游，在 1924 年奥运会后，这里逐渐成为体育旅游者向往的地方，经过多年的发展这里已经成为体育旅游特色小镇的一个代表。在欧美等发达国家，体育旅游特色小镇发展较早，经过百年的摸索与发展，现今已经形成了一套非常成熟的体制。

在中国，近年来由体育旅游的发展而形成的体育旅游特色小镇开始逐渐走进人们的

① 国家旅游局 . 关于大力发展体育旅游的指导意见 . 旅发〔2016〕172 号 .

视线。2016 年 7 月，住房和城乡建设部、国家发改委和财政部发布的《关于开展特色小镇培育工作的通知》明确指出，到 2020 年我国要培育 1000 个左右各具特色、富有活力的特色小镇。2016 年 10 月，国务院办公厅提出要鼓励各地方积极培育以健身休闲为特色的示范区[①]。之后，国务院旅游和体育部门联合发布的《关于大力发展体育旅游的指导意见》中指出：到 2020 年，国内将构建出 100 个有特色并具有重要影响力的体育旅游目的地，也就是体育旅游特色小镇。2017 年 5 月，国家体育总局发布《关于推动运动休闲特色小镇建设工作的通知》，明确指出到 2020 年，在全国扶持建设一批体育特征鲜明、文化气息浓厚、产业集聚融合、生态环境良好、惠及人民健康的运动休闲特色小镇。在国家体育总局的文件中，明确指出运动休闲特色小镇要形成以下特色：(1)特色鲜明的运动休闲业态。聚焦运动休闲、体育健康等主题，形成体育竞赛表演、体育健身休闲、体育场馆服务、体育培训与教育、体育传媒与信息服务、体育用品制造等产业形态。(2)深厚浓郁的体育文化氛围。具备成熟的体育赛事组织运营经验，经常开展具有特色的品牌全民健身赛事和活动，以独具特色的运动项目文化或民族民间民俗传统体育文化为引领，形成运动休闲特色名片。(3)与旅游等相关产业融合发展。实现体育旅游、体育传媒、体育会展、体育广告、体育影视等相关业态共享发展，运动休闲与旅游、文化、养老、教育、健康、农业、林业、水利、通用航空、交通运输等业态融合发展，打造旅游目的地。(4)脱贫成效明显。通过当地体育特色产业的发展吸纳就业，创造增收门路，促进当地特色农产品销售，在体育脱贫攻坚中树立示范。(5)禀赋资源的合理有效利用。自然资源丰富的小镇依托自然地理优势发展冰雪、山地户外、水上、汽车摩托车、航空等运动项目；民族文化资源丰富的小镇依托人文资源发展民族民俗体育文化。大城市周边重点镇加强与城市发展的统筹规划与体育健身功能配套；远离中心城市的小镇完善基础设施和公共体育服务，服务农村。

虽然体育旅游特色小镇在我国发展较晚，但随着人们需求的增加和消费意识的提升以及政策方面的鼓励与支持，在未来一段时间内，我国将迎来体育旅游特色小镇发展的黄金时期。

根据联合国世界旅游组织的数据，目前，体育旅游每年呈现 14% 的增长趋势，是全球旅游市场中增长最快的细分行业。无论从世界范围还是国内市场来看，体育旅游都是旅游产业中成长最为迅速的一个细分行业。由此可见，中国体育旅游市场发展潜力巨大，正逐渐从传统的观赏型旅游向体验式旅游发展。未来，体育特色小镇将成为我国体育产业发展的新动力。

2015 年我国体育旅游市场规模约为 2065 亿元，若按此速度，到 2020 年我国体育旅游产业规模有望达到 0.76 万亿 ~1.1 万亿元，市场发展空间巨大[②]。如图 4–31 所示。

---

① 张清华，宋年春 . 体育特色小镇构建背景下峡山区体育旅游 SWOT 分析与对策研究［J］. 辽宁体育科技，2017，39（3）：19–22.

② 2017—2022 年中国体育旅游市场评估及未来发展趋势研究报告［M］. 智研咨询集团，2016.

这为体育旅游小镇的发展提供了非常有利的条件。

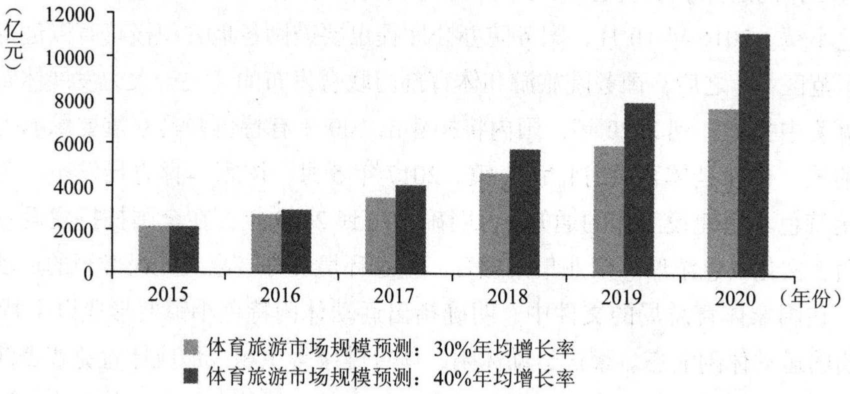

图 4–31 体育旅游市场预测

二、体育旅游小镇的基本特征

体育旅游特色小镇是以体育健康为主题和特色，集产业功能、健身休闲功能、运动体验功能、体育赛事功能、旅游及文化展示等功能于一体的，产业定位明确、体育内容丰富、文化内涵鲜明、宜业宜居宜游的新型空间载体①。

（一）产业方面

体育旅游特色小镇涉及的范围、内容非常广泛，体育旅游特色小镇的核心是培育体育产业及相关产业，将特色运动休闲活动作为体育旅游小镇最主要的吸引力。

（二）功能方面

体育旅游特色小镇通常是“产业、文化、旅游、社区”综合化的载体，在此类体育旅游特色小镇中，通常会有多种体育旅游运动项目，这些项目的存在会吸引来自国内外的许多游客到此体验游玩。新西兰的皇后镇就是一个非常具有代表性的体育小镇，在这里一年四季都会有不同的项目来发展小镇的各种产业，同时利用不同的运动项目来宣传自己的文化，将体育旅游特色小镇的功能特征发挥得淋漓尽致。

（三）规模体量方面

体育旅游特色小镇的规模体量一般视产业规模而定，国外的体育小镇大都选择面积不大于 10 平方千米的地方，人口规模一般在 3 万 ~8 万人为宜。国内的体育旅游特色小镇，以浙江为代表，规划面积一般在 3 平方千米左右，建设面积一般会控制在 1 平方千

① 王晓易 . 体育健康特色小镇“特”在哪里？［N］. 扬子晚报，2017–4–25.

米左右，在规模体量上会与国外有一定的差异。

（四）形态方面

体育旅游特色小镇既可以是行政区划上的小镇，也可以是人为构建的非镇非区非园、有明确界限的空间。随着我国人们需求的不断提升，越来越多的体育小镇出现在人们的视野中，这些小镇多以体育运动（航空运动、水上运动、冰雪运动等）为载体，吸引众多的游客参观体验体育运动。

（五）运动项目方面

一般情况下，体育旅游特色小镇都会拥有自己特色鲜明的体育运动项目，依托于该运动项目的精细化发展，逐渐衍生出来其他类似的体育项目。如在细化中得到进一步的发展的安纳西，安纳西成名于滑翔，在精细化发展过程中逐步衍生出三角翼、热气球等空中运动；而皇后镇成名于蹦极，逐步衍生出空中荡秋千、高空滑索、高空跳伞等运动。

三、体育旅游小镇的主要类型

（一）体育休闲度假类旅游小镇

体育休闲类旅游小镇是指以良好的生态、地理环境为依托，培育形成多元化的、极具参与性与体验性的体育休闲运动（冰雪运动、水上运动、山地运动、路跑运动等），并面向大众消费的体育旅游特色小镇。这种类型的体育旅游小镇一般以滑雪、高尔夫、露营、溜冰、滑板、登山、骑马、网球、潜水、冲浪等为主要的吸引点进行规划建设。

体育休闲类旅游小镇一般以一个或几个主要资源项目为吸引点，建设形成以休闲为核心的多个参与型体育项目，塑造体育旅游、体育休闲、体育娱乐、体育教育等特色体育项目旅游聚集区，并充分考虑不同年龄段人群对于体育旅游产品的不同需求，对特色体育旅游聚集区内的基础设施、项目产品等针对性建设。同时在体育休闲类旅游小镇的选址上，也要有针对性的调研，对受众的总数、人们的消费频率、交通的便捷程度等进行分析。

（二）体育探险类旅游小镇

体育探险类旅游小镇是指以良好的生态环境为依托，借助独特的地理优势，开发独具特色的体育探险类旅游，实现锻炼身体，修养身心的目的，从而发展形成的体育探险类旅游特色小镇。这种类型的体育旅游小镇主要是借助海底探险、攀岩、滑翔、跳伞等极限运动项目作为小镇的体育旅游吸引物。

（三）体育养生类旅游小镇

体育养生类旅游小镇是指以良好的生态、地理环境为依托，借助体育运动并结合旅游、度假，实现健康养生的目的，从而发展形成的体育养生类旅游小镇。这种类型的体育旅游小镇主要借助太极拳、瑜伽等运动项目实现养生目的。

在中国，人口老龄化时代已经悄然到来，特别是北京、上海这样的大城市老龄化情况更加严重，加之中国大陆的食品卫生安全和渐增的生活压力等问题的不断凸显，以及人们越来越高的健康需求，使得体育养生类旅游小镇成为一种人们向往的发展趋势。体育养生类旅游小镇以温泉、负氧离子等独特的康养自然资源或太极拳、瑜伽、禅修等传统的康养人文资源为基础，塑造以体育康体、体育养生、体育修心、体育旅游教育等为核心的特色体育项目旅游聚集区。此类型的小镇多面向较为高端的人群，虽然受众基数较小，但消费频率及消费总额较高。

（四）体育产业类旅游小镇

体育产业类旅游小镇是指以体育用品或设备的生产制造为基础，纵向上延伸发展研发、设计、会展、交易、物流，横向上与文化、互联网、科技等产业融合发展，打通上下游产业链，最终形成二、三产融合发展的产业聚集区①。该类型小镇一般分布在大中城市周边。

体育产业类旅游小镇，主要打造两个层面的内容：在产业本身方面，明确小镇的发展方向，形成相对完善的体育产业链，并进行体育产业的延伸发展；在体育产业与旅游等其他产业融合方面，选择正确的对接点，以体育产业为核心，有选择地与文化、教育、养生等产业相融合，扩大受众群体，增加当地的经济收入。

四、体育旅游小镇的建设

体育旅游特色小镇的建设经常以体育产业链的整合为主，充分整合、利用各种资源，打破原有的开发时序，将后期导入前期，一边进行规划设计，一边引入后期的服务、投融资、管理等资源，提高项目落地实施的可能性。在小镇的建设过程中，关键在于体育产业的培育，可以根据体育产业的相关特性进行延伸。

（一）增加体育旅游产品供给

体育旅游发展成功与否取决于体育旅游目的地是否有特色、当地产品是否能够适应市场需求。

当下，我国体育旅游的深度研究较为缺乏、产品供给结构性短缺，不足以满足消费者在该方面的需求。为此，国内的体育旅游企业和体育旅游行业应重点改善产品的供

① http://blog.sina.com.cn/s/blog_465c85930102x55e.html.

给，提供能够满足体育旅游消费者更多、更有趣的体育旅游产品，同时还要注重创新精神，让体育和旅游达到更高程度的融合，以增加体育旅游本身的刺激性、趣味性、观赏性、参与性和体验性。

（二）疏通体育与资本的渠道

根据欧美等发达国家的体育旅游特色小镇发展的经验来看，冰雪运动、水上运动、低空飞行运动和山地运动等占整个体育旅游市场的80%，而这些休闲体育运动的发展，需要高质量、高水准的软、硬件服务。只有引导资本进入体育旅游市场加速体育产业优化升级，才能促使体育旅游实现产业化发展。因此，必须疏通体育产业与资本市场的连接，这是让中国体育旅游产业市场化发展的关键，所以体育旅游特色小镇的投融资规划是发展的重中之重。

（三）体育旅游特色小镇的运营模式

体育旅游特色小镇应采取政府负责小镇的定位、规划、基础设施和审批等服务内容，引进民营企业建设体育旅游特色小镇的运营模式①。通过资源整合，将政府与企业的职能明确区分，从而各司其职，为体育旅游特色小镇的健康有序发展创造特有的运营模式。

（四）加强政府引导，多元主体参与

在体育小镇的建设中，政府的引导作用至关重要，对于体育旅游小镇的整体建设规划，体育旅游小镇的规模、等级评定等都要做出指导性的规定，还要加强执法力度，规范体育旅游市场，给游客提供一个标准舒适的环境。

（五）全要素一体化投入

建设体育旅游特色小镇要整合众多的运营管理和人才，如大型节庆管理（客流、安保等）、景区管理、酒店管理、休闲商业管理、体育项目相关设备维护管理、旅行社管理等，只有将各个方面全面的整合重组后，才能达到体育旅游小镇的正式运营要求。也只有将这些要素整合重组后，才能真正地为体育旅游者提供一个良好的旅游、运动环境。

五、发展体育旅游小镇应注意的问题

（一）内容与形式上要创新

体育旅游特色小镇的内容与形式的创新是吸引旅游者的重要因素。在内容和形式上

① 林峰. 体育小镇激活体育产业新蓝海［J］. 中国房地产，2017（11）：47-49.

要注重体育运动玩法的创新、商业模式的创新、运营模式的创新、运动场景消费的创新、旅游体验纪念品等创新。要为游客的体验感着想，让游客在游览、运动中感受到创新的要素，为体育旅游特色小镇树立良好的口碑。

（二）配套设施要同步

运动休闲区内场所配套设施要根据相关的规定进行规划、布局、运营。如游客接待中心、停车场、公共厕所、小镇内的指示标牌、休息座椅、健身或休闲步道、公共交通工具、商业相关的配套设施等。

（三）注重安全保障

小镇要选在无次生灾害威胁的地方，建筑物及各种设施设备应当符合技术和安全标准。在运行过程中要有安全运营规范、高素质的运营管理团队以及医疗救护体系。在员工、设备等的保险上要有实质的保障。保证设施设备安全有效的运行，将安全保证放在项目筹建的重中之重。

（四）资源开发合理，注重生态循环发展

体育旅游特色小镇有时是选在有自然优势的地理环境中，如滑翔伞需要的场地，自然雪场等。这些在筹建特色体育旅游小镇时都会选在有一定地势高度的地方进行开发，但是这会导致山体上的生态环境遭到不同程度的破坏，因此在选用相应场地时，要注意对生态环境的保护，保证生态的循环可持续发展。

（五）相关联部门多进行沟通合作

体育旅游特色小镇与多个部门都有联系，如旅游部门、体育部门、文化部门等。因此，要与相关部门多进行沟通合作。

六、发展体育旅游小镇的策略

（一）以单项体育活动或体育赛事为核心

结合地理区位特征或地方体育产业特色，打造单项体育活动项目的产业集群和产业生态链的体育类特色小镇。通过单项赛事或活动带动当地各个行业的发展，以提高体育旅游对当地经济收入的影响。如英国温布尔登网球小镇，这里每年都会举办国际网球公开赛，据统计，2016 年温网期间有 50 多万人购票观赛，再加上周边商品的售卖，仅半个多月的时间温网收入就达到 5000 多万英镑。发展单项著名的体育赛事对当地的经济有着巨大的影响。

（二）体育旅游项目融合新城区建设

创新一批体育类项目和设施带动小镇建设。特色体育小镇兼具除体育产业以外的文化、旅游、养生等其他功能，实现生态、环保、养生、宜人的属性。在城市规划建设中融入体育旅游项目的思想，不仅能符合当今社会的发展需求，还能为环保、节约做出相应的贡献。如北京丰台足球小镇、浙江银湖智慧体育产业基地等。

（三）引入体育类企业建设运营

参与特色小镇建设企业根据既有资源优势，谋划体育类主题创新，定位体育和旅游等产业融合，集聚资源，组合项目，创新驱动，实现企业成长和体育小镇经济的可持续发展。更合理、更规范地运营体育旅游等项目。如河南崇皇体育小镇、浙江德清莫干山“裸心”体育小镇等。这些小镇都是较为综合的体育旅游小镇，引进专业的公司企业进行经营运转是非常有效的经营方式。

七、运动休闲特色小镇

2017 年 5 月 9 日，国家体育总局发布《关于推动运动休闲特色小镇建设工作的通知》，通知中明确指出“到 2020 年，在全国扶持建设一批体育特征鲜明、文化气息浓厚、产业集聚融合、生态环境良好、惠及人民健康的运动休闲特色小镇”。这也标志着我国正式启动运动特色休闲小镇的建设工作。目前，我国已经在全国范围内（除港澳台）初步选定了 96 个体育小镇示范性试点（如表 4–2 所示），以推动我国的体育旅游小镇的建设与发展。

表 4–2 运动休闲特色小镇试点项目名单

序号	省份	数量（个）	小镇名称
1	北京	6	延庆区旧县镇运动休闲特色小镇
			门头沟区王平镇运动休闲特色小镇
			海淀区苏家坨镇运动休闲特色小镇
			门头沟区清水镇运动休闲特色小镇
			顺义区张镇运动休闲特色小镇
			房山区张坊镇生态运动休闲特色小镇
2	河北	6	廊坊市安次区北田曼城国际小镇
			张家口市蔚县运动休闲特色小镇
			张家口市阳原县井儿沟运动休闲特色小镇
			承德市宽城满族自治县都山运动休闲特色小镇
			承德市丰宁满族自治县运动休闲特色小镇
			保定市高碑店市中新健康城·京南体育小镇

续表

序号	省份	数量（个）	小镇名称
3	湖北	6	荆门市漳河镇爱飞客航空运动休闲特色小镇
			宜昌市兴山县高岚户外运动休闲特色小镇
			孝感市孝昌县小悟乡运动休闲特色小镇
			孝感市大悟县新城镇运动休闲特色小镇
			荆州松滋市滟水运动休闲小镇
			荆门市京山县网球特色小镇
4	山东	5	临沂市费县许家崖航空运动小镇
			烟台南山运动休闲小镇
			潍坊国际运动休闲小镇
			日照奥林匹克水上运动小镇
			即墨市温泉田横运动休闲特色小镇
5	湖南	5	益阳市东部新区鱼形湖体育小镇
			长沙市望城区千龙湖国际休闲体育小镇
			长沙市浏阳市沙市镇湖湘第一休闲体育小镇
			常德市安乡县体育运动休闲特色小镇
			郴州市北湖区小埠运动休闲特色小镇
6	广东	5	汕尾市陆河县联安村运动休闲特色小镇
			佛山市高明区东洲鹿鸣体育特色小镇
			湛江市坡头区南三镇运动休闲特色小镇
			梅州市五华县横陂镇运动休闲特色小镇
			中山市国际棒球小镇
7	江苏	4	仪征市枣林湾运动休闲特色小镇
			徐州市贾汪区大泉街道体育健康小镇
			太仓市太仓天镜湖电竞小镇
			南通市通州区开沙岛旅游度假区运动休闲特色小镇
8	上海	4	崇明区陈家镇体育旅游特色小镇
			奉贤区海湾镇运动休闲特色小镇
			青浦区金泽帆船运动休闲特色小镇
			崇明区绿化镇国际马拉松特色小镇
9	重庆	4	彭水苗族土家族自治县万足水上运动休闲特色小镇
			渝北区际华园体育温泉小镇
			南川区太平场镇运动休闲特色小镇
			万盛经开区凉风“梦乡村”关坝垂钓运动休闲特色小镇

续表

序号	省份	数量（个）	小镇名称
10	四川	4	达州市渠县龙潭乡賨人谷运动休闲特色小镇
			广元市朝天区运动休闲特色小镇
			德阳市罗江县白马关运动休闲特色小镇
			内江市市中区永安镇尚腾新村运动休闲特色小镇
11	云南	4	迪庆州香格里拉市建塘体育休闲小镇
			红河州弥勒市可邑运动休闲特色小镇
			曲靖市马龙县高原运动休闲特色小镇
			安宁市温泉国际生态运动小镇
12	广西	4	河池市南丹县歌娅思谷运动休闲特色小镇
			防城港市防城区“皇帝岭—欢乐海”滨海体育小镇
			南宁市马山县攀岩特色体育小镇
			北海市银海区海上新丝路体育小镇
13	辽宁	3	营口市鲅鱼圈区红旗镇何家沟体育运动特色小镇
			丹东市凤城市大梨树定向运动特色体育小镇
			大连市瓦房店市将军石运动休闲特色小镇
14	山西	3	运城市芮城县陌南圣天湖运动休闲特色小镇
			大同市南郊区御河运动休闲特色小镇
			晋中市榆社县云竹镇运动休闲特色小镇
15	陕西	3	宝鸡市金台区运动休闲特色小镇
			商洛市柞水县营盘运动休闲特色小镇
			渭南市大荔县沙苑运动休闲特色小镇
16	河南	3	信阳市鸡公山户外运动休闲小镇
			郑州市新郑市新郑·龙西体育小镇
			驻马店市确山县老乐山北泉运动休闲特色小镇
17	浙江	3	衢州市柯城区森林运动小镇
			杭州市淳安县石林港湾运动小镇
			金华市经开区苏孟乡汽车运动休闲特色小镇
18	安徽	3	六安悠然南山运动休闲特色小镇
			九华山运动休闲特色小镇
			天堂寨大象传统运动养生小镇
19	福建	3	泉州市安溪县龙门镇运动休闲特色小镇
			南平市建瓯市运动休闲特色小镇
			漳州市长泰县林墩乐动谷体育特色小镇

续表

序号	省份	数量（个）	小镇名称
20	江西	3	上饶市婺源县珍珠山乡运动休闲特色小镇
			九江市庐山西海射击温泉康养运动休闲小镇
			大余县丫山运动休闲特色小镇
21	吉林	2	延边州安图县明月镇九龙社区运动休闲特色小镇
			梅河口市进化镇中医药健康旅游特色小镇
22	内蒙古	2	赤峰市宁城县黑里河水上运动休闲特色小镇
			呼和浩特市新城区保合少镇水磨运动休闲小镇
23	贵州	2	遵义市正安县户外体育运动休闲特色小镇
			黔西南州贞丰县三岔河运动休闲特色小镇
24	海南	2	海口市观澜湖体育健康特色小镇
			三亚潜水及水上运动特色小镇
25	黑龙江	1	齐齐哈尔市碾子山区运动休闲特色小镇
26	天津	1	蓟州区下营镇运动休闲特色小镇
27	新疆	1	乌鲁木齐县水西沟镇体育运动休闲小镇
28	甘肃	1	兰州市皋兰县什川镇运动休闲特色小镇
29	宁夏	1	银川市西夏区苏峪口滑雪场小镇
30	青海	1	海南藏族自治州共和县龙羊峡运动休闲特色小镇
31	西藏	1	林芝县鲁朗运动休闲特色小镇

八、体育旅游特色小镇案例

（一）国外体育旅游特色小镇的案例

1. 新西兰皇后镇

基本情况：皇后镇位于新西兰东南部，瓦卡蒂普湖北岸，是被南阿尔卑斯山包围的美丽小镇。

发展特色：聚焦户外专业运动，发展综合性运动旅游，每年都有上百万名的游客前来此地观光旅游，有着“新西兰最著名的户外活动天堂”的美誉。常年运营的活动与景点约有 220 种，春秋季依托高山开展远足、高端休闲、探险活动和航空运动。夏季依托瓦卡蒂普湖以水上运动为主。冬季依托皇冠峰滑雪场、卓越山滑雪场、卡德罗纳滑雪场、三锥山滑雪场、越野滑雪场开展雪上运动。

借鉴意义：由单一运动出发，做好专项运动体验；做好赛事节庆推广，做响运动品牌，融合其他运动，做大延伸体育旅游产业链。

2. 法国沙木尼体育旅游小镇

基本情况：沙木尼体育旅游小镇位于法国中部东侧，毗邻意大利和瑞士，在阿尔卑斯山主峰勃朗峰脚下的山谷里，市中心海拔 1035 米，是法国海拔最高的小镇之一。

发展特色：现代登山运动发源地。体育旅游服务与设施完善：包括登山缆车，山地救援及登山向导。沙木尼设有高山救援队，负责该区域山区救援，全天候值班巡逻。目前有超过 150 名的高山向导，每年服务超过数以万计的各地游客。沙木尼有世界上第一所登山向导学校——法国国家滑雪登山学校（ENSA）。此外，小镇还设有国家滑雪和高山警察培训中心、高山军校、高山医学研究所等相关的高山机构。

借鉴意义：借助知名国际体育赛事，打造特色体育旅游品牌。该地区登山运动经历百余年发展已经逐步成熟，为现代山地运动奠定了坚实的基础。1924 年第一届冬季奥运在此举办，世界性的滑雪教练训练中心也在这里落户。成熟完善的休闲配套服务（向导服务、住宿服务、商业服务、医疗服务）体系，非常值得我国的体育旅游小镇借鉴。

3. 芬兰罗瓦尼涅米市特色体育小镇

基本情况：罗瓦尼涅米市特色体育小镇位于芬兰拉普兰省，坐落在北极圈内，一年中有半年都是冬季，目前该市的常住人口是 6 万人，而每年的游客接待量是 50 万人次。1927 年便开始举办冬季运动会，并成立体育俱乐部。

发展特色：随着罗瓦涅米市体育产业的发展，逐渐在欧纳斯山周围形成了一个以滑雪、高尔夫、徒步户外、市民健身和体育科研为一体的特色体育小镇。配有拉普兰体育学院、各种球类体育馆、市民健身中心、游泳温泉中心等休闲体育设施，还有星级酒店、便捷的交通等基础设施，并为体育科研、培训、教学和实践等提供专业服务，吸引来自全球各地的体育旅游爱好者。

借鉴意义：借助知名圣诞文化，打造独具特色的体育旅游形式。将体育赛事运营、体育设施投入和体育组织之间互相促进。并将圣诞文化加以发扬，每年在此发往世界各地的圣诞老人贺卡多达 5000 万张，为当地带来超过 1 亿欧元的经济收入。

4. 英国温布尔登小镇

基本情况：温布尔登小镇是位于伦敦西南部的一个小镇，距伦敦市中心约 12 千米。这个小镇以网球运动闻名于世，该镇早在 1877 年就开始举办网球赛事，即今日的温网，这里是伦敦著名的富人区，常住人口 5.7 万。

发展特色：舒适的自然环境，独特的建筑设计，让温布尔登成为伦敦西南部有名的富人区。作为全球四大满贯赛事之一，温网有着悠久的历史，独特的体育赛事的运营也让温网成为备受关注的赛事之一，据统计 2016 年，温网期间有 50 多万人购票观赛，再加上周边商品的售卖，仅半个多月的时间温网收入就达到 5000 多万英镑。悠久的历史成就了温网独特的赛事文化，印有“两个交叉的球拍”的温网的赛事文化产品多达百余种。

借鉴意义：借助知名的体育运动赛事，充分开发体育旅游的相关服务。深度开发体育赛事文化创意产品，塑造经典体育品牌赛事形象。注重草地网球文化的保护与延伸，建有世界上最大的草地网球博物馆——温布尔登草地网球博物馆。

5. 美国尤金

基本情况：尤金位于美国俄勒冈州，是该州的第二大城市，建于1846年，面积为105平方千米。尤金拥有高山、溪流、山谷、丰富的矿藏，以及浓密的森林，是开展体育旅游的好地方。这里开展的户外运动有自行车、有氧慢跑、滑雪，还有休闲运动（棒球、高尔夫）和极限运动（漂流和皮划艇）。

发展特色：尤金以特色的体育赛事闻名于世，除每年举办的国际田联钻石联赛，尤金还会举办大学的、职业的、国内和国际的田径赛事。尤金在近年来还举办了马拉松赛事，虽然规模较小，但由于舒适的气候和赛道，优美的自然风光以及浓郁的文化氛围，尤金马拉松被《跑者世界》誉为“完美的赛事”。

借鉴意义：借助知名的国际体育赛事，打造属于自己的体育旅游方式。充分利用自己现有的资源，将高校体育赛事的开发以及体育场馆的利用相结合，加上尤金独特的人文自然景观，将尤金打造成为国际知名的体育旅游小镇。将高校、场馆设施、人文自然资源充分结合，有助于形成自己独特的体育旅游吸引点，这是国内一些体育旅游小镇应当借鉴的地方。

【知识小卡片】

惠斯勒小镇

惠斯勒小镇地处加拿大大不列颠哥伦比亚省，是加拿大最负盛名的四季旅游度假胜地。一年四季，不论何时踏足此地，都能享受到宾至如归、动静皆宜的世界级的度假体验。惠斯勒小镇距温哥华仅130千米。目前惠斯勒村的总人口约有8600人，但每年度假旺季，却会涌进上万人潮。目前惠斯勒度假村中约有115家各类型度假饭店，餐厅约有90家，其他商店则约为200家。惠斯勒度假村（Whistler Resort）建立于1908年，被黑冠山和惠斯勒山所环绕，为一座山中小城。大体说来，所谓的惠斯勒度假村包含了惠斯勒村（Whistler Village）和上村（Upper Village）两大主要部分，以及周边的高尔夫坏场、湖泊、公园等。惠斯勒小镇曾在1992—1995年连续四年被滑雪杂志*Snow Country*评选为“北美第一滑雪胜地”“最佳度假胜地设计”。这里还曾是2010年温哥华冬奥会滑雪项目的举办地之一。

在去惠斯勒小镇时，会经过99号高速公路（海至空高速公路），这一路上会看到瀑布、湖泊、原始森林，以及皑皑白雪覆盖的山峰，令人赏心悦目，因此这条路常被称为“世上最浪漫的路”。

惠斯勒小镇依托惠斯勒山及黑冠山丰富雪山资源，并进行合理的开发与布局，使惠斯勒小镇被打造为世界最知名旅游地之一。

惠斯勒小镇资源基本情况：

垂直陡峭：拥有北美垂直落差最大的滑雪道及山地自行车道；

滑雪场大：拥有北美最大的滑雪场地，面积为3036公顷；

冰川滑雪：全北美唯一可以在冰川上滑雪的旅游地；

山顶缆车：缆车往来于惠斯勒山山顶和黑冠山山顶，是全球同类型中最高（415米）和最长的无支撑（3.024千米）的高空索道缆车；

高尔夫球：拥有四个顶级高尔夫球场，皆由名家设计，如Jack Nicklaus，Arnold Palmer，Robert Trent，Jones Jr. 和Robert Cupp等；

仲夏欢乐：有四十多个不同的夏日活动，包括山顶进餐、健行、观光、自然之旅等；

水上天堂：拥有五个波光粼粼的湖泊，以及无数河流，可供游客进行各种水上运动和休闲活动；

购物之乐：拥有200多个零售商店；

轻酌慢饮：有超过30个酒吧、小酒馆、雅座酒吧和夜总会；

美味佳肴：有90多个餐厅可以选择，从高档大餐到家庭聚会都能找到合适的场所；

住宿选择：有3200个酒店房间，5000多个其他可供游客住宿的单位，包括公寓、家庭旅馆以及度假小木屋；

林间漫步：整个惠斯勒山谷有数百条自行车径和步行远足小路；

山地骑车：惠斯勒山地自行车公园有200多千米长的车径，并有索道运载服务；

冬日梦幻：有各种各样的冬季活动，从越野滑雪、雪靴行走，到雪地摩托车和雪橇滑行；

休整放松：超过18个温泉水疗馆、美发廊和专业按摩服务，助您放松，恢复体力，犒赏自己。

惠斯勒小镇每年会接待大量的游客，游客到这里可以参加各种活动，据不完全统计，惠斯勒小镇每年大概会有260场活动。这也为到此游玩的游客增添了很多的乐趣。

【思考】

1. 惠斯勒小镇在发展过程中有哪些优势？
2. 惠斯勒小镇属于哪种小镇类型？
3. 在该案例中小镇采用了哪些相关的发展策略？
4. 通过惠斯勒小镇的研究，你觉得在哪方面的做法值得我们学习借鉴？

（二）国内体育旅游特色小镇的案例

1. 嵩皇体育小镇

基本情况：位于河南登封，坐落于风景秀美的嵩山三皇寨风景区，由河南嵩皇体育产业有限公司和河南省锦绣智达置业有限公司联手打造，规划占地31平方千米，小镇近距登封各景点。

发展特色：联合体育、航空、户外和旅游企业共同打造大众化、多元化以及体验式的体育旅游小镇。聚焦赛车、航空体育运动、登山、乒乓球和拓展等多种运动训练项目为一体，融合观光、餐饮、住宿、会务、婚礼、养生等多种元素的户外体育运动主题公园。

借鉴意义：借助著名风景区，探索体育项目集聚。河南登封被誉为“功夫之都”“武术之乡”，体育小镇借助于少林寺的影响力和武术产业基地，兴起马拉松、汽车拉力赛、登山等其他运动项目，逐渐向多元化旅游产业方向发展。

2. 德清莫干山“裸心”体育小镇

基本情况：位于浙江德清莫干山，目前德清本地有体育产业企业 70 多家，均以体育健身休闲、场馆服务及体育用品的销售和制造为主，实现体育产业销售收入过百亿元，体育产业集群效应明显。2016 年上半年，德清乡村旅游接待游客 176 万人次。

发展特色：小镇以打造“裸心”体育为主题，规划“一心一带两翼多区”全力打造体育特色小镇。将体育、健康、文化、旅游等有机结合，以探索运动、户外休闲和骑行文化等为特色，带动生产、生活、生态融合发展。建设部分重点项目：（1）Discovery 探索极限基地；（2）久祺国际骑行营；（3）莫干山山地车速降赛道；（4）“象月湖”户外休闲体验基地。

借鉴意义：依靠体育产业传统优势，活化“体育 + 旅游”产品。小镇将长期打造能辐射长三角地区的户外休闲运动品牌，将体育产业、文化、旅游三元素有机结合，打造成为具有山水特色的“户外运动赛事集散地、山地训练理想地、体育文化展示地、体育用品研发地、旅游休闲必经地和富裕民众宜居地”。

3. 绍兴柯桥酷玩小镇

基本情况：坐落在绍兴市柯桥区柯岩街道，小镇建设面积 3.7 平方千米，总投资 110 亿元，核心项目东方山水乐园投资 80 亿元，计划打造“旅游小镇、运动小镇、产业小镇”。小镇区域内有国家 4A 级景区柯岩—鉴湖—鲁镇景区、乔波滑雪馆、鉴湖高尔夫球场等旅游休闲资源，还有在建和在规划中的天马赛车场、若航直升机场、毅腾足球训练基地、酷玩城市体育综合体、鉴湖水上运动基地等项目。

发展特色：小镇聚焦在体育设施方面，柯岩“酷玩小镇”包括八大体育休闲类项目，乔波滑雪馆、若航直升机场、天马赛车场，另外，还将新建环鉴湖慢行道、鉴湖码头、酷玩乐园、综合体育场等，可满足大众康体休闲和专业高端运动的需要。

借鉴意义：“政府 + 企业”合作，打造体育旅游新概念。柯岩街道建设“酷玩小镇”已具备山水环境、产业基础等先天优势，经过政府、企业之间的接洽形成小镇蓝图。打造一个涵盖低、中、高端游乐特色，融合基础服务、休闲旅游、运动体验于一体的特色小镇，为柯桥和绍兴带来经济、社会和生态多重效益。

4. 海宁马拉松小镇

基本情况：海宁“马拉松小镇”总面积约 3.6 平方千米。产业定位为运动休闲旅游，以马拉松运动主题为核心，兼顾发展徒步、暴走、毅行、定向、拓展、露营和自行车等相关项目，形成休闲运动与旅游相结合发展的体育旅游经济。2014 年，景区游客量达 315 万人次。

发展特色：借助景区内全长约 12 千米的生态绿道，打造永久的马拉松项目，将体育与休闲结合起来促进当地发展。同时，计划引进房车营地、帐篷酒店以及木屋酒店等旅游休闲、运动产业，用运动休闲来刺激当地的体育旅游产业发展。

借鉴意义：时尚体育项目 + 知名景区优势。结合海宁盐官镇百里钱塘观潮景区优势，发展以马拉松为特色的运动休闲旅游。设计为广大马拉松爱好者训练、体验、测试的地方，将这里定位成体育爱好者的基地，成为大众运动休闲的去处。

5. 平湖九龙山航空运动小镇

基本情况：位于平湖乍浦古城东首、杭州湾出口处、乍浦港东侧，平湖市九龙山省级旅游度假区内。小镇规划面积 3.45 平方千米，建设面积 1586 亩，由浙江九龙山开发有限公司开发建设。小镇 3 年计划总投资 57.8 亿元。预计至 2017 年，预期实现营业收入 20 亿元，税收 1 亿元，接待游客 200 万人次。

发展特色：小镇建设航空运动体验园、赛马马球赛车运动体验园、星海湾国际安养基地、海角城堡养老养生基地、九龙山阿平汉国际学校等一批支撑项目。坚持创新国内健康运动产业发展模式，构建以健康运动为龙头、健康养生为主导、联动发展健康旅游、培育发展体育和禅修文化的综合产业体系。

借鉴意义："体育运动 + 养生养老"特色旅游度假区开发模式。以运动健康为主题，并通过举办马球、赛马、高尔夫、帆船等国内外大型赛事以及论坛峰会，拥有较高知名度。入围省级特色小镇创建名单后，九龙山的运动产业转型为消费群体更广的大众化健康休闲运动项目，比如依山建设山地自行车赛道等。同时，还提出了健康养老的概念，九龙湾将建设多个养老基地。

6. 北京丰台足球小镇

基本情况：足球小镇占地 2200 亩，建设 50 片五人制足球场、10 片七人制足球场和 5 片十一人制足球场，足球小镇将囊括足球大厦、足球会议中心、足球风情街、足球博物馆、足球嘉年华、足球狂欢广场、足球奥特莱斯、北京第一座专业足球场等设施。

发展特色：小镇将着重发展足球产业，在建设中引入竞技体育和群众体育高度结合的智能场地技术，引入同步数据分析系统，开发专门的 APP，实现网上定场地、约赛的功能，打造京城最大的足球社区，最终建成融合足球竞技、足球文化、足球科技等概念和要素、城市发展和足球发展对接的创新发展平台，形成足球产业集群和足球产业链，打造中国第一个将城市发展和足球发展对接的创新发展平台。

借鉴意义：突出优势体育赛事，形成足球产业聚群和产业生态链。

7. 银湖智慧体育产业基地

基本情况：位于浙江富阳银湖新区，规划面积 3 平方千米，建设面积 1 平方千米，项目一期用地约300亩。项目总投资逾50亿元，其中基础设施投入30亿元，产业投资20亿元，涵盖智慧体育相关领域的总部经济业态、旅游休闲娱乐业态、产学研综合业态，建成投运后预计年产值300亿元。

发展特色：聚焦各种室内外新型智慧体育健身娱乐活动，游客可以体验比如打3D高尔夫、玩3D马球等各种VR/AR体育体验项目，突出智慧体育产业特色。

借鉴意义：智慧产业+体育产业，集中于新城区建设，实现智慧体育新区发展。

【知识小卡片】

中国体育小镇典型案例“万达长白山国际度假小镇”

长白山国际度假区位于吉林省白山市抚松县松江河镇，长白山西麓，是万达集团投资230亿元打造的高端山地度假体验区。度假小镇位于长白山国际度假区的中心，集购物、娱乐、餐饮、休闲、运动、文化等多功能于一体，是整个度假区的核心设施。通过借鉴欧美体育旅游小镇的形式，打造的长白山国际度假区拥有滑雪服务中心、大剧院、商业街、娱乐中心、温泉洗浴中心、室内水上游乐园、公寓式酒店以及人工湖等设施。

1. 滑雪场

滑雪场是由世界排名第一，设计过五届冬奥会比赛场地的加拿大Ecosign公司进行设计制作的，滑雪场的各项指标都能达到冬奥会等国际赛事要求。滑雪场总占地面积7平方千米，拥有滑雪道43条，雪道总长度约30千米，可同时容纳8000位滑雪者。每小时运送力达到2.2万人。这里不仅拥有初学者的滑雪体验区还有滑雪高手的野雪高级道，能够满足不同人群对于滑雪的需求。在夏季，可以体验山地大本营、山顶观景台、征西度假农场三大主题，共计30余个小项目。

2. 雪圈公园

佛库伦雪圈公园是娱雪活动全家的首选，公园里覆盖着厚厚的积雪，无论是想体验踏雪而行的乐趣，还是体验雪圈俯冲的刺激，这里一定可以让游客在冰雪的世界里体验狂欢带来的喜悦。

3. 高尔夫球场

度假区共规划建设有两个特色山地森林高尔夫球场。18洞森林高尔夫球场，占地面积1.34平方千米，由世界排名第一的高尔夫球场设计大师杰克·尼克劳斯亲自设计并每洞签名。36洞峡谷高尔夫球场，占地面积2.75平方千米。由世界排名第二的高尔夫球场设计大师罗伯特·琼斯亲自设计并每洞签名。球道嵌于长白山原始森林之中，“百年孕育，自然天成”，尽显纯净呼吸之美妙。

在高尔夫项目上有两个球会——松谷球会和白桦球会。松谷球会共36洞，由东西两个标准杆分别为72杆的18洞球场组成，东场球道总长7344码，西场球道总长7101

码。球场树种以红松紫椴为主，按五星标准建造的会所建筑面积越7800平方米。而白桦球会72杆的18洞球场，世界顶尖级设计，紧邻度假村酒店群球道总长7238码，按五星级便准建设的高尔夫会所建筑，建筑面积约6000平方米，高尔夫练习场配备全球自动发球系统，设有20个打位。

4. 万达长白山水上公园

夏季长白山休闲度假区的温度只有22℃，建在室内的水上乐园，秉承长白山风情与北欧风情相结合的奇思妙想，集戏水、SPA水疗、惊险刺激的高空水滑道、养生、餐饮、主题商品于一体。可以让游客充分感受到参加水上乐园的欢乐。

5. 住宿

在万达长白山国际度假小镇中，拥有一流的住宿设施设备，集结了众多的国际酒店集团的关注。长白山国际旅游度假区共规划9个顶级度假酒店，客房总数3000套，包括柏悦酒店、威斯汀酒店、凯悦酒店、喜来登酒店、假日酒店以及公寓式酒店等。

6. 萨满文化馆

萨满文化馆是一座以体验与参与为主的普及萨满文化知识的体验馆，面积1800平方米。从视觉、听觉、触觉、嗅觉等多方位展现萨满原始先民的祭拜、民族的渔猎生活、长白山特有的景致、传说的“松桦恋”以及体现萨满思维与生活的岩洞壁画，使游客置身其中，领略萨满先民的祭祀、渔猎等日常生活，从中感知萨满文化的内涵及价值，展示长白山作为萨满文化发源地的历史渊源，揭示萨满文化的独特魅力。

【思考】

1. 万达长白山国际度假小镇有哪些特点？

2. 万达长白山国际度假小镇采用何种方式应对淡旺季？

3. 通过该小镇的研究，你觉得有哪些做法值得国内其他的特色小镇学习？

第三节　特色体育旅游聚集区

一、国家体育产业示范基地

国家体育产业基地是指经大陆体育主管部门命名或认定的、在体育产业发展方面具备相当基础、规模和特色的地区，在体育产业重点领域具有较大影响力和较强竞争力的单位或机构，以及在体育产业特定领域成绩显著、具备较好经济和社会效益的活动或项目的总称[①]。这些体育产业基地大多也是特色体育旅游的聚集区。

---

① 王小朋. 国家体育产业基地发展情况报告［R］. 第八届两岸运动产业研讨会，2017.

（一）崇礼国家体育产业示范基地

崇礼位于河北省西北部，地处内蒙古高原和华北平原过渡地带，特殊的山形地貌和良好的生态植被造就了崇礼独具特色的“小气候”，冬季平均气温零下 12℃，降雪早、积雪厚、存雪期长，山地坡度适中，可供开发滑雪场的面积达 600 多平方千米，是发展滑雪产业最理想的区域。目前全区已建成有万龙滑雪场、密苑·云顶乐园滑雪场、多乐美地滑雪度假山庄、长城岭滑雪场、太舞四季文化旅游度假区、富龙滑雪小镇 6 大雪场。其中，富龙滑雪小镇启动的夜间滑雪项目。在这六大雪场中，按照国际标准建成高、中、初级雪道 133 条，总长 136.6 千米。各类索道魔毯 56 条，总长 31.1 千米，全区雪场索道每小时总运力达到 4 万多人次。目前，六大雪场现有雪具 1 万余套，最大承载量近 5 万人，目前一个雪季可接待游客 200 多万人次。为了均衡冰、雪运动的发展，2015 年崇礼建成室外滑冰场，面积约 2 万平方米。为了提升基地的影响力，崇礼已经举办了“全国大众滑雪系列赛”“国际雪联高山滑雪系列赛”等，同时，这里也是北京 2022 年冬奥会自由式滑雪、单板滑雪、北欧两项等多个项目的举办地。

（二）徐家汇国家体育产业示范基地

徐家汇位于上海市徐汇区的核心区域，上海体育馆、上海体育场、上海游泳馆等城市体育综合体都坐落在徐家汇，这里还汇聚了国际、国内一系列重大体育赛事和一批品牌体育企业、社会组织。徐家汇位于上海的中心区域，为了促进人们参与到体育锻炼中来，通过体旅结合、拆违改造等，建设健身步道、篮球场等体育设施。并积极推动徐家汇体育公园的建设，公园占地 40.6 公顷，总投资 20 亿元，目前还在建设中，该项目建成后将 24 小时对外开放。为了满足多样化的民众需求，徐汇区还建造了冰壶运动场地，充分响应“北冰南展”的政策方针。除了这些利民的运动场地设施的改善，这里还聚集了一批高水平的体育运动赛事，如上海国际马拉松赛、国际田联钻石联赛上海站、上海斯诺克大师赛等。

（三）武进国家体育产业示范基地

常州市武进区位于江苏省的中南部，有较为丰富的水系。如西太湖星河阳帆水上运动基地，占地面积 6500 平方米，主要功能包括船舶专业培训、运动员保障服务、赛事组办活动、单位团体活动、日常体验接待及水岸文化传播。此外还有滆湖公园，这里以湿地修复、低碳展示、体育休闲等为主题，在保护滆湖生态环境的基础上，打造一个集科普、宣传、教育、体育和生态休闲为一体的湿地公园。其中路亚竞钓基地占地约 954 亩，每年承办全国千人渔具店长钓鱼大赛等赛事。2015 年武进区实现体育产业增加值 26.6 亿元，体育彩票销售额达 4.24 亿元。此外，该基地还建有雪堰龙凤谷滑雪场等运动场地。

（四）团泊国家体育产业示范基地

静海区团泊湖位于天津市西南部，距离市区 40 千米，距离滨海国际机场 60 千米。团泊国家体育产业示范基地建有团泊足球场、国际网球中心、自行车馆、射击馆、曲棍球场、棒垒球场、团泊公路自行车赛道、橄榄球场、小轮车场、射箭场、天津体育学院及其体育设施（水城内摩托艇、赛艇、龙舟、皮划艇等）、天津中医药大学篮球馆、国家 4A 级景区萨马兰奇纪念馆等大型体育场馆及团泊尚柏奥莱体育装备商业区。在这里举办过国际铁人三项赛、WTA 天津网球公开赛、环团泊湖公路自行车赛等赛事。目前，团泊湖已经成为集体育旅游、体育休闲、体育竞赛为一体的多功能体育赛事基地，年接纳游客 80 多万人次。

（五）乌鲁木齐国家体育产业示范基地

乌鲁木齐县位于新疆乌鲁木齐市西南，这里拥有多种地形，可供开展多样的体育运动。为了满足大多数民众的需求，乌鲁木齐市在 640 个社区配置了全民健身器材，并投入 500 万元，改善人们健身运动的场地设施，并为全市 1100 个晨晚练运动场所，配备了近 1 万名体育运动健身指导员。保证民众的健身运动安全、有效。为了更有效地促进民众健身运动，为民众提供优质的健身运动场所，目前，乌鲁木齐市正在建设奥林匹克体育中心，占地面积约 480 亩，总建筑面积约 30.46 万平方米，主要包括综合体育馆、体育场、游泳馆、全民健身馆、综合田径馆、运动员宾馆（新闻中心），以及商业建筑、停车场（停车位共 2860 个）和设备用房，项目总投资 38 亿元。此外，乌鲁木齐还举办了第十三届全国冬季运动会等。从 2003 年开始举办的“丝绸之路冰雪风情节”已经成为乌鲁木齐重要的名牌，在这里还有近几年非常火热的丝绸之路国际滑雪场。

（六）宜兴国家体育产业示范基地

宜兴位于江苏省无锡市，苏浙皖三省交界处。被誉为“陶的古都，洞的世界，茶的绿洲，竹的海洋”。宜兴市拥有国家 4A 级景区 8 处，省重点文物保护单位 10 处等。2015 年开始，宜兴市的体育旅游业、健身休闲业、体育竞赛表演业、体育用品制造和销售业、体育场馆服务业、体育建筑业、体育康复业、体育培训业、体育中介服务业等齐头并进，产业效益日渐显著。2016 年宜兴体育产业总收入 57.37 亿元，体育产业增加值为 17.62 亿元。为了促进体育产业的发展，宜兴市依山傍水建造了很多的体育运动场地，如龙背山森林公园、湖㳇深氧健身公园、丁蜀太湖自行车公园、阳山荡健身公园、龙珠水库健身公园等。并投资 1 亿多元建造了以自行车运动为主题的龙池山自行车公园，除了自行车骑行，还开设轮滑、小轮车、定向越野、登山、垂钓、真人 CS、跑马、越野行走、帐篷露营、风筝、笼式足球、游泳等近 30 项体育运动项目。并在基地内举办了环太湖国际公路自行车赛、国际越野行走公开赛、国际滑水公开赛、国际摩托艇大奖赛、国际动力冲浪板赛等。

（七）河西走廊（县域）国家体育产业示范基地

河西走廊（县域）国家体育产业示范基地由甘肃酒泉市的肃州区、玉门市和金昌市的金川区等县（市、区）组成，充分利用西部地区戈壁、沙漠、山地、盐湖、矿井等自然环境和人文遗存发展体育产业，形成了西部地区独有的产业特色。金昌·国际青少年生存训练营已经成为金昌市的重要品牌，这项活动有沙滩足球、沙滩排球、沙滩拔河、沙漠 10 千米越野等比赛项目，还有搭建帐篷的体验项目。从 2012 年起，金昌市每年接待的旅游人数增幅都会在 20% 以上，2016 年的旅游收入达到 17.8 亿元。

从 2016 年开始，酒泉市开始实行将体育与文化、旅游产业相结合的发展模式，打造西部户外运动之都的美誉。2017 年上半年酒泉市举办的有底可查的各类户外休闲体育赛事活动有 88 场，参与活动的人数达到 20 万之多，赛事活动费用达到千万元级别，直接带动的周边的餐饮、住宿等消费超过 2 亿元。

狭长的河西走廊地区有着丰富的地形地貌，成为开展探险、徒步、骑行、漂流、攀岩、自驾、滑翔等运动的“户外天堂”。这里开展的戈壁马拉松、沙漠冲浪、青少年生存训练营、汽车拉力赛等，常常能够吸引很多体育运动爱好者参与其中。

（八）万盛经开区国家体育产业示范基地

万盛经济技术开发区位于重庆南部，这个产业示范基地成功的帮助当地贫困村脱贫。经过政府的鼓励与支持，在 2016 年关坝镇地区的生产总值为 13.8 亿元，成功帮助当地的凉风村脱贫。该地依托九锅箐森林公园，打造天梯、定向测向、森林探险、悬空桥梁、网道、步道、秋千、飞狐索道、真人 CS 等户外运动，建设集运动、会务、游乐等为一体的渝黔边城时尚休闲度假区。据统计，2016 年，关坝镇运动休闲人数增长 34.6%，综合收入增长 35.6%。为了提升服务，该基地还建设了十一人制足球场，占地 1000 平方米的拼装式游泳池以及篮球场、羽毛球场、乒乓球场等设施。

（九）永康国家体育产业示范基地

永康市位于浙江省中部，有“中国门都”“中国运动休闲车之都”等称号。目前，永康市开辟了大寒山、白云山、盘龙谷、虎踞峡等登山休闲健身路线，供市民及游客进行登山健身运动，还建有江南街道圆周村、方岩镇先盆村、唐先镇上仁村、前仓镇大陈村、芝英镇松塘园村等体育健身运动休闲公园等。此外，永康市还打造了 7 条“美丽乡村”风景线，推广开展登山、骑行、露营、垂钓、徒步、自驾等休闲运动项目。为了更好地迎合当前消费者的心理诉求，永康市已经开始打造龙山体育旅游特色小镇，该区域建设面积达到 3 平方千米，其中包括中央复合型体育公园、运动休闲用品制造类工业项目以及工业游项目。永康国家体育产业示范基地，还承办了很多的比赛项目，以吸引体育运动爱好者到此比赛或旅游参观。如中国全地形车锦标赛、中国越野摩托车大奖赛等。

（十）日照经开区国家体育产业示范基地

日照位于黄海之滨，山东半岛东南。由于日照临近海边，拥有得天独厚的自然条件开展水上运动。这里曾经举办了中国水上运动会，在建成的场地中，能够举办皮划艇、赛艇、帆船、帆板、游泳等各项水上运动赛事和活动。因此，吸引了相关器材装备制造企业、体育培训机构、广大水上运动爱好者和游客来到日照市。日照经济技术开发区不仅拥有水上运动项目，还有庞大的体育用品销售、零售类企业等，有上万人的工作人员，年产值在 15 亿元左右。

（十一）北京奥园国家体育产业示范基地

北京奥园国家体育产业示范基地位于北京市朝阳区，处于北京市中轴线的北端。奥林匹克公园占地 11.59 平方千米，分为森林公园、主要场馆和配套设施以及奥体中心和奥体文化商务区三个部分。这里拥有北京奥运会期间的 44% 的比赛场馆，如鸟巢、水立方等。在后奥运时代，北京奥林匹克公园成功转型，现在主要的产业是文化、体育、会展、旅游、商业、休闲等业态进行融合发展。公园先后举办各种大型活动及高端会议展览 7500 余场，其中有国际知名的体育赛事，如 2015 国际田联世界田径锦标赛、中国网球公开赛等，国际性活动近 1000 场。奥园也通过积极探索与社会、企业合作，不断完善健身配套设施，建立公共服务、便民服务、利民服务、志愿服务有效衔接的全民健身服务体系。同时，包括占地 680 公顷的森林公园在内的整个奥园公共区域，以及健身步道、轨道棋、乒乓球长廊等健身设施和网球、篮球、足球、羽毛球等体育设施全年向社会免费、低收费开放，每年平均惠及民众达到 5000 万人次[①]。

二、国家体育产业示范项目

（一）环青海湖国际公路自行车赛

环青海湖国际公路自行车赛创办于 2002 年，比赛线路以青海湖为中心，宁夏黄河金岸、甘肃河西走廊、青海东部平原农业区、西部牧野区和荒漠区、南部高原草甸草原区也会设计在内，这项赛事每年 6~8 月期间在青海、甘肃和宁夏举办。环青海湖国际公路自行车赛是亚洲顶级自行车公路多日赛，也是世界上海拔最高的国际性公路自行车赛，仅次于环法自行车赛、环意大利自行车赛、环西班牙自行车赛等职业巡回赛。

① 国家体育产业基地动态（微信公众号）. 后奥运场馆可持续发展的成功之路——北京奥园国家体育产业示范基地［OL］. 2017-05-26.

（二）厦门国际马拉松赛

厦门平均气温在20℃，空气质量非常好，非常适合举办马拉松赛事。厦门马拉松创建于2003年，与创办于1981年的北京马拉松成“一南一北”之势。经过多年的发展，厦门国际马拉松因其较高的竞赛水准、众多的参与民众、丰富的配套活动以及较大的影响力而被国际田联评定为“国际田联路跑金标赛事”。赛事举办之初都是在每年三月最后一个周六进行，从2008年开始厦门国际马拉松改为更适宜比赛的一月的第一个星期六举行。2017年升级后，厦门国际马拉松赛仅设男女全程马拉松赛。

（三）南宁市李宁体育园

南宁市李宁体育公园，是由前体操奥运冠军李宁等筹建的非营利性公园。公园位于南宁东盟商务区，建筑面积为3.59万平方米，景观绿化面积为23万平方米。体育园致力于促进广西体育运动的普及，推动全民健身运动的发展以及挖掘少年体育人才。体育园主要由体育运动区、文化活动区、极限运动区、亲子互动区和服务配套区五部分组成。园内建有游泳、乒乓球、羽毛球、网球、篮球、足球、攀岩等项目运动场地。此外这个公园还为市民提供了很好的体育休闲场所，同时建有5000平方米左右的休闲景观平台，提供一些休闲食品和趣味运动设施。

（四）杭州马拉松赛

杭州马拉松原称杭州国际马拉松，位于浙江省杭州市。这项赛事是在原西湖桂花国际马拉松赛和杭州国际友好西湖马拉松赛的基础上举办的。赛事的主要线路是沿西湖、茶园和钱塘江风景区举行，沿途的风光让人流连忘返。这项赛事主要设置了五个比赛项目：全程马拉松、半程马拉松、小马拉松（7千米）、情侣跑（4.5千米）、家庭跑（1.2千米）。赛事的举办时间为每年的11月份，参赛人数控制在3万人。

（五）乌海市金沙湾旅游景区沙漠体育步道

乌海市位于内蒙古自治区西南部，东邻鄂尔多斯高原，西接阿拉善草原，南连银川平原，北近河套沃野。金沙湾旅游景区沙漠体育步道位于乌海市北5千米。该地区的主要项目有沙漠特色旅游，滑沙、沙地摩托车、沙漠冲浪车、沙漠越野车、沙滩排球、沙疗健身娱乐等。

（六）江苏红山体育公园

红山体育公园位于江苏扬州仪征市是集度假旅游、休闲娱乐、商务等为一体的综合性体育主题公园。该公园成立于2007年，红山体育公园地理位置优越，有独特的山坡、森林、水库资源。该公园投资10亿元以上，陆地面积4200多亩，水上面积1600多亩。

该公园涉及会议、酒店、餐饮、体育、旅游、娱乐以及拓展培训等方面。公园中有滑翔伞、马术、山地卡丁车、飞碟打靶、射箭、镭战、快艇、碰碰船、钓鱼、环湖自行车等运动项目。

（七）亚太汽车拉力锦标赛中国（龙游）拉力赛

龙游县位于浙江省衢州市，是重要的交通枢纽。龙游县的地理位置优越，拥有山脉、丘陵、平原以及河流。龙游得天独厚的竹林公路和乡间小路，非常适合汽车拉力赛。自从汽车拉力赛进入中国以后，龙游县就一直活跃在这类赛事的前沿。这项赛事经常会有日本、意大利、英国、丹麦、新西兰等国家的车队参加。龙游县曾经在2003—2005年举办了全国汽车拉力锦标赛，并在2006年第一次举办了亚太汽车拉力锦标赛。

（八）海澜马术表演项目

海澜国际马术俱乐部位于江苏省江阴市，是集马术表演、训练、比赛以及休闲度假于一体的马术训练表演基地。俱乐部内设马术训练区、表演区、比赛区、马匹休闲活动区等场地，以及风情酒吧、桃花岛酒店等各类配套服务设施，并建有标准马术比赛场馆、练习场馆、表演场馆、马厩区以及马匹健康管理中心等。训练馆占地1.2万平方米，可以满足各种马术训练以及比赛项目。马术表演馆占地9000平方米，可容纳666人观赏马术盛装舞步表演，场馆内采用的是奥匈帝国皇家宫殿式的设计风格。海澜马术盛装舞步表演项目还得到了世界吉尼斯的认证，央视“吉尼斯之夜”也多次在这里举办。

（九）四川茂县九鼎山国际高山滑雪场

四川茂县九鼎山国际滑雪场位于四川省阿坝州，是青藏高原向川西平原过渡地段。该滑雪场拥有1500米雪道，可以容纳3000人同时滑雪。初、中、高级雪道长度共计32千米。一期工程共投资1.22亿元，建设白龙池步游木栈道1.4千米；初级雪道3条约900米及造雪系统；游客接待中心以及停车场等。滑雪场除了滑雪道以外，还有戏雪区，这里包含雪上飞片、雪船、马拉雪橇、冰上自行车等项目。

（十）湖南九岭汽车运动文化产业园

湖南九岭汽车运动文化产业园位于常德市汉寿县，总投资5.18亿元，占地1600亩，建筑面积14万平方米，产业园主要包括：汽车运动场、汽车运动文化展览，园内的自然景观和人文景观。园区很好地将旅游、体育、文化相融合，让园区内有了更多的旅游吸引物。此外，园区曾多次承办湖南汽车越野年度总决赛、第二届全国汽车场地越野争霸赛、汉寿汽车文化旅游节等汽车运动赛事。

（十一）陕西渭南卤阳湖航空运动体验项目

陕西渭南卤阳湖航空运动体验项目位于渭南市，产业区面积约31.08平方千米，以卤阳大道为界，北侧结合机场发展民机试飞、航空货运及物流、通航运营、航空制造、航空运动等，南侧重点打造航空文化创意产业、风情小镇及配套居住等产业，形成以民机飞行试验为核心，航空装备制造、通航运营保障、航空文化旅游、航空货运物流、民航旅客运输五大产业板块为基础的“一核五位”航空产业发展格局，致力于将卤阳湖打造成为“民机试飞智谷，生态航空新城”①。

（十二）贵州余庆松烟万亩茶海生态体育公园

贵州余庆松烟万亩茶海生态体育公园位于贵州省遵义市。这是集休闲、观光、娱乐、户外运动、生态养生于一体的健康度假旅游生态园。这里拥有3800亩绿茶基地、5000亩烟烤基地、丰富的水库资源。公园占地面积约6.4平方千米，建有骑游广场、茶园木栈道、专业自行车赛道、山地自行车赛道等。2013年这里举办了自行车公路赛、自行车茶山山地赛、自行车环湖休闲赛、自行车农家耐力赛、自行车场地表演赛等赛事。

三、发展特色体育旅游聚集区的思路②

（一）特色体育旅游聚集区一定要有特色和差异

特色体育旅游聚集区内，可能是几个区县结合形成，也可能是同一地方的几个特色区域相结合。无论哪种形式，都要注重聚集区内的各个板块的地方有差异性同时要有各自的特色，让特色体育旅游聚集区内有足够的吸引力，吸引游客到此参观体验。各个区域板块的差异越大，聚集区内的协同作用就越大。在规划设计特色体育旅游聚集区时要将差异和特色作为考量的关键因素。

（二）在内容与形式上要创新

特色体育旅游聚集区内容与形式的创新是吸引旅游者的重要因素。在内容和形式上要注重体育运动玩法的创新、商业模式的创新、运营模式的创新、运动场景消费的创新、旅游体验纪念品的创新等。为游客的体验感着想，让游客在游览、运动中感受到创新的要素。为特色体育旅游聚集区树立良好的口碑。

---

① 卤阳湖现代产业开发区（微信公众号）.渭南卤阳湖现代产业综合开发区航空产业发展规划（2018—2030）［OL］. 2018-03-15.

② 根据鲍明晓《体育产业与旅游产业融合发展报告》整理 .

（三）完善聚集区内的其他配套设施

运动休闲区内场所配套设施要根据相关的规定进行规划、布局、运营。如游客接待中心、停车场、公共厕所、聚集区内的指示标牌、休息座椅、健身或休闲步道、公共交通工具、商业相关的配套设施等。相应的配套设施要与聚集区内的发展相协调。

（四）注重安全保障

聚集区要选在无次生灾害威胁的地方，建筑物及各种设施设备应当符合技术和安全标准。在运行过程中要有安全运营规范、高素质的运营管理团队以及医疗救护体系。在员工、设备等的保险上要有实质的保障。保证设施设备的安全有效地运行，将安全放在项目筹建的重中之重。

（五）资源开发合理，注重生态循环发展

特色体育旅游聚集区有时是选在有自然优势的地理环境中，如滑翔伞需要的场地，自然雪场等。在筹建特色体育旅游聚集区时都会选在有一定地势高度的地方进行开发，但是这会导致山体上的生态环境遭到不同程度的毁坏。因此，在选用相应场地时，要注意对生态环境的保护，保证生态的循环可持续发展。

（六）区域统筹，协调发展

要在整体规划的指引下，围绕核心吸引物和重大项目，统筹使用各类资源，特别是土地资源，构建以核心吸引物为串联的“大区域、大项目、大产业”的格局，形成主题互补、季节互补、功能互补的整体运营态势，吸引大资本、大机构进入，实现集约发展、高端发展、特色发展、创新发展。

第五章

体育旅游运营

一般情况下，体育旅游活动的开展由体育旅行社和体育运动俱乐部两大经营实体完成。此外，还有一些体育旅游赛事运作企业、户外运动经营企业（诸如滑雪企业、高尔夫经营企业等）等都积极参与到了体育旅游的运营中。以满足市场体验需求为主导的体育旅游活动组织管理与传统的旅游活动组织管理存在一定的差异。在具体的操作执行中，体育旅游活动更加突出体验式参与，从而对体育旅游服务管理提出更高的要求[①]。这意味着对体育旅游相关企业的要求也要高于普通的旅游企业。

第一节 体育旅游赛事运作企业

体育旅游赛事运作是体育旅游发展中一项非常重要的工作内容。目前，我国举办的大型国际比赛数量及质量不断提升，体育旅游赛事所带来的社会效益以及经济效益日趋明显。体育旅游赛事运作企业（公司）拥有强大的保障团队，能够合理有效地安排赛事进程，疏散巨大的人流量，保证体育旅游赛事顺利、安全地举办。

一、体育旅游赛事分类

体育旅游赛事有多种分类方式，根据不同的需要可以进行不同的分类。根据体育旅游赛事的举办规模、参赛选手的水平、类别和分类标准等可以将体育旅游赛事分为超大型综合赛事、大型综合赛事、单项顶级赛事、单项品牌赛事、单项商业赛事和一般赛事。具体的分类情况可见下表 5–1。

---

① 曹可强，席玉宝．体育产业经营管理［M］．北京：高等教育出版社，2017.

表 5-1 体育旅游赛事分类

赛事类型	参赛选手水平、规模	典型案例
超大型综合赛事	水平最高、规模最大、影响最大、周期性明显	奥运会、洲际运动会、全运会等
大型综合赛事	水平较高、规模大、影响力与重视程度较高、周期性明显	大学生运动会、少数民族运动会等
单项顶级赛事	水平最高、规模较大、影响大、周期性明显	单项世锦赛、单项世界杯、足球世界杯等
单项品牌赛事	水平高、规模一般、影响较大	职业联赛如美国职业篮球联赛、土耳其女排联赛、德国足球甲级联赛、国际马拉松等
单项商业赛事	规模、时间、地点较随机，明星效应明显	对抗赛、擂台赛等
一般赛事	水平一般，规模较大、民众参与性较高	大众登山节、龙舟赛等

不同的体育旅游赛事对赛事组织筹办单位的要求也不一样。大型综合赛事，如奥运会，对组织筹办单位的要求非常高，不仅要考虑举办城市的交通、赛事场馆，还要考虑数量庞大的运动员及游客的餐饮住宿等情况，这要求组织筹办单位要有较强的协调、组织能力。其他的如大型赛事和一般赛事对于运作流程的要求都是一样的，只是相较于大型综合赛事要简单一些。

二、体育旅游赛事运作企业

（一）北京体育之窗文化传播有限公司

北京体育之窗文化传播有限公司成立于 2001 年，是中国领先的体育产业平台公司，其公司主要经营赛事业务、场馆业务以及资源开发业务等。历经十多年的积累，布局全产业链的生态系统，将场馆资源和版权赛事资源融合移动互联网，打造创新模式的体育运营平台；从场馆、现场运营，到目前基于体育资源版权的体育资产运营，体育之窗正在利用移动互联网变革体育行业，实现全体育、全娱乐、全产业生态链的价值重组。

体育之窗与中国国家足球队、北京国安、上海绿地申花、广州恒大淘宝、CBA 首钢、NBA 国际系列赛 @ 中国、中国女排、我爱足球等优质赛事成为长期合作伙伴。公司提供的服务内容包括赞助、票务、游戏、特许、包厢、球迷会等[①]。2015 年，北京体育之窗文化传播有限公司在体育产业大公司的排名中跻身前 20 名。

体育之窗的赛事业务主要分为三个级别，见图 5-1。

① 体育之窗官网 .http：//www.irenaworld.com.

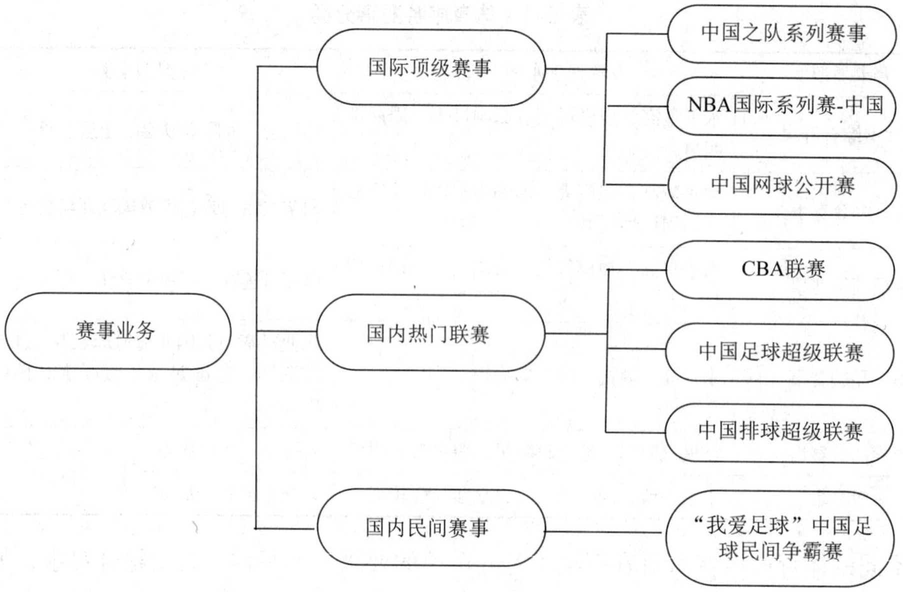

图 5-1　体育之窗赛事业务

场馆业务方面，体育之窗目前管辖六家体育场馆：北京人工体育场（馆）、长沙贺龙体育中心、上海虹口足球场、天津市奥林匹克体育中心、陕西省体育场以及海口五源河文化体育中心，同时管理着赛前售票、赛中运营、赛后维护、闲置期的利用等，尽量将体育场馆的收益达到最大化。体育之窗成功策划、组织了多场国内联赛，如上海虹口足球场，不仅举办过高水准国际、国内足球比赛以及大型演艺活动，同时还开发了适合大众的具有健身休闲娱乐功能的各类体育赛事与演艺活动，如王菲、张学友、齐秦、张信哲等著名歌星的演唱会，以及“国庆焰火晚会”“劲舞飞扬中国行”等大型文艺活动，都取得了良好的收益。

资源开发业务方面，体育之窗致力于全国体育场馆开发、体育相关商业开发、赛事活动开发、职业俱乐部开发、产城一体化开发等创新业务开发和产品研发，实现了业务的良性可持续增长。

（二）北京春秋永乐文化传播股份有限公司

北京春秋永乐文化传播股份有限公司，前身为永乐票务，成立于 2003 年。2014 年企业进行改革，集团旗下陆续成立了永乐演艺、永乐影业、永乐体育、永乐韩国、永乐经纪、永乐科技和永乐金融等子公司。

截至 2014 年，永乐体育已经积累了数百万注册用户，并且建立了中国最大且最精准的体育赛事目标群体数据库。同时，在大型体育赛事活动的票务营销、整合推广方面，永乐体育具有业内同行无可比拟的资源优势及项目操控经验[①]。

永乐体育运作涉及多种体育项目，如足球、赛车、田径、马拉松、排球、篮球、花样滑冰、F1、网球公开赛等多种运动项目。现在的永乐体育，利用精准且庞大的数据库以及场地资源、知名体育明星和体育机构等资源，主要从事体育赛事引进、体育项目运营执行、体育项目互动营销、青少年体育公益活动等业务板块。经过多年的积累和历练，永乐体育现在已经总结出项目运营流程与资源整合的有效管理方法，见图 5-2。

图 5-2　项目运营流程与资源整合关系图

（资料来源：永乐文化官网）

（三）中国国际体育旅游公司

中国国际体育旅游公司成立于 1986 年，在全国各地设有分支机构，公司下属汽车旅游大巴车队、北京高尔夫球俱乐部、北京朝阳高尔夫俱乐部、双育国际公关有限公司、中体旅圣奥（北京）文化传媒有限公司、汽车运动发展有限公司及“十佳”商标和“十佳”体育用品等。

中国国际体育旅游公司开创了中国体育旅游的先河，是中国特种旅游活动的奠基人，是专业从事中国户外运动及探险活动的第一家。公司在策划实施与组织接待国际性的体育交流、体育旅游与特种旅游和从事探险活动以及体育赛事活动方面具有较强的优势。为我国的汽车、摩托车拉力赛、自行车、马拉松、铁人三项、热气球等特种体育运动项目的发展做出了重大贡献。

① 永乐文化官网 .http：//www.yles.cn.

第二节　户外运动经营企业

随着中国经济的不断发展，人们生活水平的不断提升，户外运动项目受到越来越多的人青睐。户外运动经营企业是指从事相关户外运动咨询服务、技术服务、产品生产、商品销售和组织管理等活动的独立经济体。

一、户外运动组织的发展

相较于国外，我国的户外运动起步较晚。20 世纪 90 年代，户外运动在北京、上海、深圳等地迅速发展，得到越来越多的关注。1989 年我国第一家民间组织协会——昆明登山旅游探险协会的成立标志着我国户外运动组织的出现。户外运动以优美的自然环境和独特的运动方式，吸引了广大民众的参与。随着近几年国家对体育旅游的重视，不断出台了一系列户外运动的政策法规，这不仅规范了户外运动俱乐部和户外运动相关经营企业的管理，也规范了户外运动的发展，推动了户外运动用品零售业、户外运动咨询服务和自助、自驾游行业的发展，并逐步形成了一个较为完整的户外运动产业[①]。

截至 2011 年，我国登记注册的户外运动经营企业有千余家，主要涉及户外运动咨询、户外运动组织、自助游以及户外运动装备销售等服务。

二、户外运动经营企业

（一）卡宾滑雪[②]

北京卡宾滑雪隶属于北京卡宾滑雪体育发展股份有限公司，是国内从事滑雪产业服务的综合化服务企业，是中国规模较大的滑雪产业综合服务商之一。公司旗下涵盖滑雪场规划设计、滑雪道施工设计、滑雪场设备器材销售租赁、滑雪场经营管理、冰雪旅游项目投资、冰雪旅游产品研发生产及进出口贸易等业务。

公司旗下有 6 家分公司，立足于国内市场，积极拓展欧洲、亚洲、北美市场，业务覆盖中国所有滑雪区域，为北京、天津、重庆、山东、青海、河南、河北、黑龙江、吉林、山西、陕西、湖南、辽宁、新疆、内蒙古等 20 多个省、市、自治区的数百家滑雪场提供服务并建立战略合作关系。

公司合作伙伴遍及亚洲、欧洲，包括日本北海道联盟、韩国曼克斯、奥地利

---

① 邱承柏．面临休闲时代我国户外运动经营实体的 SWOT 分析——以湖北省为例［D］．武汉：中国地质大学，2012.

② www.bjcarving.com/indexs.html.

Tyrolean滑雪联合会、意大利莱特纳集团等。

公司以“专注规划设计最前沿，引领冰雪产业新风尚”为理念，努力打造中国冰雪产业一站式服务第一品牌。公司借助冬奥会东风，把握冰雪产业发展新机遇，通过参与冬奥会建设，共同实现3亿人上冰雪的美好愿望。

公司的目标是“致力于建设生态环保与休闲旅游相结合的现代新型综合冰雪度假区；努力成为国内领先、国际化、可持续发展的现代化企业；以高度的责任感和使命感，为中国冰雪产业发展做出贡献”。

公司致力于推动中国阿勒泰古老滑雪文化的弘扬传承，独家冠名资助“阿勒泰毛皮滑雪板比赛”，并成为“2015阿勒泰人类滑雪摇篮国际研讨会”的协办单位，出资策划《2015中国·阿勒泰国际古老滑雪文化论坛报告》的出版工作。

（二）悦球嘉美体育①

深圳市悦球嘉美体育发展有限公司创立于2014年，致力于专业的青少年高尔夫教育，旨在全面推动高尔夫运动在中国的普及，提高中国青少年的运动能力和综合素质。

悦球青少年高尔夫教育是由教育部、共青团中央、国家体育总局联合成立的“全国青少年学生阳光体育——中国青少年高尔夫促进工程”项目的主要实施机构，是阳光体育在全国范围内唯一授权的推进青少年高尔夫运动普及和发展的教育基地。

悦球采用由加拿大及美国职业高尔夫球员协会高级PGA教练和阳光体育专家团队设计的全新独特的高尔夫+（Golf Plus）课程，引入先进的教学系统及设备，配合中英文双语教学，以高尔夫为载体，素质教育为目的，让孩子全方位学习和发展。

悦球高尔夫南山教育基地面积1500平方米，包括一间主教室，四间分教室，多个散打位，迷你十八洞和标准跑道，所有设施均为小朋友设计，校内采用高科技模拟器，高度模拟世界各著名球场环境，全程拍摄、刻录、对比、分析学员的挥杆动作，同时给予教练精确的数据，以保证更有效地教授高尔夫技能。高尔夫模拟器已被普遍应用在各个先进国家，全面解决学习高尔夫球所面临的球场少、贵、远、易受天气影响等问题，也是中国未来高尔夫教育的趋势。

此外，悦球定期组织国内外活动和比赛，如青少年高尔夫比赛（户外球场）和国外交流学习团等，丰富学生生活阅历，使学生保持竞技精神，促进综合全面发展。

悦球通过科学的教学体系、完善的教学设施及专业的教学团队，以兴趣培养为切入点，通过趣味游戏及互动让学生从乐趣中学习高尔夫，打破传统枯燥的学习方法，为学生打造独一无二和创新的教学方法，迅速有效地让学生在学习中增加专注力、掌握技能、拓展文化知识。除了体能及技能训练，课程渗入高尔夫实战与心理元素，不仅提高学习者的逻辑思维和批判力，更能培养学习者的自信心及包括诚实、正直、自律、尊

① www.golfjoyclub.com/index.php?s=/Index/index.

重、毅力、责任与分享在内的高尔夫运动精神。

（三）中体路跑[1]

中体路跑（北京）体育文化产业有限公司致力于路跑体育基础设施建设及赛事运营信息化服务。

中体路跑在2015年发布的专业运动芯片，是第一枚在赛事计时领域的“中国芯”，目前该芯片已经广泛应用在欧美赛事中。随着中国大众体育运动和体育产业的蓬勃发展，中体路跑以专业计时芯片为基础，将多种趣味运动形式与智能设备相结合，融合中体路跑孵化出的具备产业突破的高科技孵化项目——Health Care Sports Loop云平台，推出了“慧趣跑道”“慧趣步道”系统等建设项目，将广泛应用于体育公园、登山步道、滑雪场、运动训练、学校体育教学等多个领域，已经应用在澳大利亚、德国等国家城市。

中体路跑公司还为马拉松、铁人三项、越野赛，滑雪等专业赛事提供整体咨询策划服务与包括计时服务在内的赛事运营信息化服务。

第三节　体育旅行社

体育旅行社是指为体育旅游者代办出境、入境和签证手续，招徕、接待体育旅游者，为体育旅游者安排体育旅游中的食、宿、行、游、购、娱等有偿服务的经营活动并从中获取利润的经营性企业[2]。

一、体育旅行社分类及业务

体育旅行社按照经营许可范围可以分为国际体育旅行社和国内体育旅行社，开展的业务主要分为两种，一是组织和接待团体的包价体育旅游，二是接待和安排散客体育旅游。

包价体育旅游。包价旅游即全包价旅游，指旅行社经过事先计划、组织和编排旅游活动项目，向旅游者推出的包揽一切有关服务工作的旅游形式。团体包价体育旅游又分为团体包价体育旅游、半包价体育旅游、小包价体育旅游和零包价体育旅游。包价体育旅游通常是以团体为主，每个团体至少为15个人的旅游团。随着经济的发展和人们需求的提升，体育旅行社也会根据旅游者的具体需求灵活制定相应的包价方案，满足不同人群的需求，更大程度地扩大市场。

散客体育旅游。近年来散客旅游者的数量逐渐攀升，据有关数据显示，国内的旅游散客人数占到旅游总人数的70%，散客的旅游市场十分巨大，如何利用好这个市场也

① www.sportsloop.cn/index.html.

② 张军平．体育旅游理论与实践发展研究［M］．北京：九州出版社，2016.

是各个旅行社之间竞争的关键所在。随着国内体育赛事的增加，特别是大型高端体育赛事，吸引了来自国内外的旅游散客到赛事举办地进行观赛。由于散客对于体育赛事观赛的时间、场次等有很大的自主选择权，不像团体客人有很多的限制性因素，散客的自由性更大。

二、知名体育旅行社介绍

在国内有一些从事体育旅游业务的旅行社都有比较成功的组织游客参加赛事参观的经验。

（一）众信旅游：多管齐下分享赛事红利

众信旅游早些年曾冠名赞助北京足球、篮球、排球三大球球迷群体的“京都球侠”评选，并与首钢篮球俱乐部达成合作关系并成为其唯一指定旅行社。

在欧洲杯上，众信旅游与乐视体育携手为广大球迷及游客送出福利，通过众信旅游参团欧洲旅游的乐视超级体育会员在每日行程结束后将有机会获得惊喜大奖——当天的欧洲杯观赛门票。

众信旅游曾作为索契冬奥会、仁川亚运会中国区唯一票务接待服务中心占得体育旅游先机。在积累了一定体育赛事消费者服务经验后，众信旅游战略投资了具有国内绝对领先的国际马拉松赛事报名权——“来跑吧”，切入体育产业，以马拉松旅游产品为突破口，逐步扩展产品范围，深耕户外运动领域，推出了柏林、东京、神户、巴黎等遍及亚欧美及大洋州的“六大满贯”马拉松旅游产品，在马拉松成为全民运动的当下成功在体育产业站稳脚跟。

（二）凯撒旅游：重资金投入体育产业

凯撒旅游在运营国际顶级赛事观赛产品的同时，借助里约奥运会的契机，进一步促进体育旅游市场的发展。公司作为里约奥运会中国奥委会票务代理及接待服务供应商的顶级合作伙伴，于 2016 年上半年在中国市场推出了包括开、闭幕式在内的近 26 大类，40 小类的 200 多个场次赛事的观赛门票。同时推出了巴西一国、巴西加南美多国的观赛团队游产品等 20 个自由行及半自由行产品。

凯撒旅游已在体育旅游市场探索多年，并确立了世界杯、奥运会、欧洲足球赛事、美国职业篮球、网球、高尔夫等国际顶级赛事的旅游产品研发优势。而与体育观赛相比，户外健身类的体育旅游项目更具有亲和力，今年上半年开发了多条以登山、滑雪、徒步、骑行等为主题的体育旅游产品，并成为越来越多游客的选择。

（三）中青旅：集中力量专注体育品牌

中青旅遨游通过体育旅游品牌“如是户外”，协同古北水镇、乌镇等景区为赛事运营切入点，发挥中青旅遨游行业的运营优势，联合体育公司为平台，凭借丰富的体育赛事资源和专业经验，提供体育赛事运营、体育活动经营等。

2016 年年初，中青旅与中国足球协会、“中国之队”官方运营商中国福特宝足球产业发展公司达成合作，成为中国男子国家足球杯预选赛亚洲区 12 强客场比赛中国之队官方授权的体育旅游服务商。

第四节　体育旅游俱乐部

体育运动俱乐部，是在全民健身的大形势下催发出的产物，也是体育旅游发展的必然需求。参加俱乐部的人大部分都是高端体育旅游消费者，一般而言，体育运动俱乐部是以自娱自乐为目的，而不是以营利为目的。其中多数运动俱乐部是带有旅游属性的，如登山俱乐部、探险俱乐部、越野俱乐部等，这些在户外进行的运动项目，和旅游有着千丝万缕的联系，也使得体育运动俱乐部成为体育旅游供给主体中的一部分。

一、全球极限玩家俱乐部

全球极限玩家俱乐部是为高净值人群（主要是企业家、青年价值人群及其家人）提供的户外特色运动、极限运动和军事游全程服务的运动商务平台，是具有高信任度的顶级社交商务平台，通过口碑、平台运作和社会关系网络维系，达成了客户圈层间的生意往来，深度服务人群，在商业运作上深耕细作，达成互相间的合作，举办各项活动商业论坛、海外投资、海外商务考察、建立基金等，目标是将品牌发展为全球化的极限运动品牌，成为极限运动的代名词、传递正能量的引路人。

在国内，浙江正在筹备建设第一座极限运动主题公园，未来还将举办极限运动赛事、VR 内容制作、影视及节目拍摄，开放社会间的合作，更好地服务国内的客户。

目前，平台上汇聚了全球顶级目的地资源，经营全球狩猎、俄罗斯军事游、战斗机飞行体验、深海潜艇、滑翔伞、翼装飞行、太空边缘跳伞、澳洲户外森林探险穷游、非洲食人族部落探寻、金字塔探寻等极限运动和户外运动，为客户提供全程优质服务，进行运动知识培训及当地深度游。

（1）俄罗斯军事游，“实弹射击”让客户真枪实弹的实弹射击。各种型号的枪支实弹射击体验，专业的教官及翻译现场教授，熟悉枪支不同性能，颁发枪会证书。

（2）“坦克驾驶”：很多人驾驶过豪车、跑车，但未必驾驶过坦克。此项运动为客户提供各种重型坦克，客户可以亲自驾驶坦克、发射炮弹，模拟作战。

（3）“战斗机飞行”：在高空提供各型号飞机、直升机、战斗机飞行，客户可以体验特技飞行、各特定动作技巧飞行，感受人与宇宙间发生联系时的微妙体感，上天揽月实现追星逐月的快感。

（4）“深海潜艇”：潜艇下潜，亲自发射鱼雷，探索深海的未知。

（5）“游轮观光”：在莫斯科停靠的游轮带客户观光城市河流夜景。

（6）“行政机构内部参观”：当别人只能在门口拍照的时候，我们可以有权限进入著名行政机构的内部进行参观，参观政治家办公的场所，跨时空感受一件件历史事件的发生。

（7）“当地高端俱乐部深入体验”：只服务当地人的高端俱乐部，作为进入的华人尽可能地探寻当地生活的神秘。为了更好地、周全地服务客户，我们在当地配备奔驰、路虎高级车队作为标配坐骑，特种保镖贴身保护，让客户身心处于安全状态。

（8）全球狩猎，包括美国、加拿大、南非、新西兰、俄罗斯在内的国家，都会提供周全的狩猎服务和标本制作服务，很多猎场是我们自己投资的和半自建的，合作的猎场全是最高端的皇家猎场，符合国人的居住习惯和对品质的要求。与最优秀的猎手合作，教授枪支的使用方法和狩猎技巧，通过我们的知识服务体系让客户对这项运动有更深的体验，在技巧上逐渐进阶。狩猎的环境是野生森林的环境，在美国，很多父亲会带着五六岁的儿子开始简单的狩猎运动，但如果国内的父亲不想让孩子见到猎杀的场景，我们也会安排一家人感受野生动物，认识野生环境，观察野生动物迁徙。

（9）欧洲建有滑翔伞和翼装飞行的基地和学校，客户可以体验滑翔伞、动力伞等空中动力项目，同时为专业爱好者提供翼装飞行的全套服务。不仅可以感受欧洲的城堡游，在城堡内举办婚礼、活动，也可以邀请皇室贵族前总统家族子女，为隆重的活动增添独特的记忆。

（10）澳洲是户外运动的天堂，澳洲的度假村为高净值企业家开辟富豪级穷游、户外森林探险，锻炼自己最原始本性的生存能力，锻炼人们在突发状态下的荒野求生能力。

（11）在非洲探寻食人族部落和神秘的金字塔，为好奇的自己做出解答。

（12）太空边缘跳伞，一般跳伞高度为30~40千米，太空边缘跳伞是人类身着宇航服，经过一系列前期训练后进行的跳伞活动。

二、超级俱乐部

2017年起，全国最大的团队运动社交平台——超级俱乐部，联合石嘴山市旅游局、宁夏丝路风情旅游网络股份有限公司，在宁夏沙湖举办了一场近千人规模的沙漠冰雪公益挑战赛。

2017年1月15日，超级俱乐部组织的首届“丝绸之路”沙漠冰雪挑战之旅正式落幕，本次活动吸引了来自广东、福建、山西、辽宁、山东、湖北等10余个省份的近千名户外爱好者汇聚宁夏银川。这是国内首个在冬季举办的沙漠徒步的大型赛事，更是一次成功的“赛事＋旅游”的有益尝试。对此，超级俱乐部CEO焦一表示，针对本次沙漠挑战赛要发展赛事旅游，首先是要与文化深度融合，提升户外运动的吸引力，逐渐形成品牌；其次是提供高品质的服务，让户外运动爱好者享受到真正优质的服务。于是，在国家大力发展体育旅游的背景下，超级俱乐部在丝绸之路的重要节点——宁夏，打造出一个融合赛事＋文化＋旅游的体育旅游 IP。“赛事＋旅游”将成为继“互联网＋体育”之后的新风尚，而超级俱乐部也欲将该模式推向全国。

作为全国最大的团队运动社交平台，超级俱乐部为户外运动俱乐部提供了完善的会员运营平台。还为活动组织者提供如活动发布、免费短信、活动签到等运营管理、服务功能，内设一套完整的会员成长体系，让会员可以相互交流、分享。

超级俱乐部帮助俱乐部会长提高其管理效率，提供百万装备的扶持政策，受到了众多俱乐部管理者的欢迎和信任。目前入驻平台的俱乐部高达 1.3 万余家。

第六章

体育旅游标准化建设

标准最早起源于20世纪初企业的内部管理需要，企业对生产中80%的常规性、重要性的工作制定标准，以保证产品和服务的质量。标准的制定及标准化工作是企业提高管理效率的有效手段，是企业的核心竞争力。对于标准的研究最早可以追溯到泰勒的《科学管理原理》(1911年)，其后续发展不再是对一个企业生产的研究，更是对一个行业生产的研究，并从工业领域开始逐步扩展到农业领域和服务领域。

第一节　体育产业标准化

体育产业标准化是通过体育标准的编制、发布和实施，在体育领域内获得最佳秩序的过程与活动。

体育产业标准化是我国现阶段加快转变体育发展方式和提高行业管理效益的重要技术支撑与科学基础。2008年奥运会，我国在竞技体育方面取得了举世瞩目的成绩。而在体育产业、国际规则和国际标准制定、体育行业“软实力”及国际“话语权”上，我国与发达的西方体育强国仍存在较大差距。体育行业越发展，竞技运动水平越高，参加体育活动的人数越多，人们对运动安全、体育用品、体育场地设施设备等方面的要求就越高，其作用就越显著。标准的制定必须以科学研究和经验积累为基础，以促进最佳的效益为目的。因此，标准水平的高低直接代表着我国体育行业发展的“软实力”。

随着我国体育事业快速发展，标准的重要地位与作用得以凸显。国家体育总局前局长刘鹏指出：“体育事业的快速发展为我国体育标准化工作的开展提供了难得的发展环境和空间，标准对体育事业的科学发展所起的技术支撑作用已经开始显现。”以全民健身为例，2009年10月1日，《全民健身条例》正式实施，要求有关主管部门加快研制高危险性体育项目相关体育设施国家标准及配套措施，为体育主管部门行使经营高危险性体育项目行政审批权提供技术依据。

为了更好地促进我国体育产业的标准化，2008年全国体育标准化技术委员会成立。从体育用品标准化开始，体育装备中心、体育经济司、体育用品联合会以及部分体育生产企业共同组建的体育用品标准化技术委员会，负责跨行业领域体育用品的基础、通用标准的制定、修订，体育用品标准化的组织、协调工作，组织制定体育用品行业标准体系，提出体育用品行业制定、修订国家标准的规划和年度计划的建议。

第二节　旅游产业标准化

我国旅游标准化始于20世纪80年代中后期，其标志是制定发布《旅游涉外饭店星级的划分与评定》标准。

1995年2月，原国家旅游局率先成立了第一个国家级旅游标准化专员委员会——全国旅游标准化技术委员会。1998年8月，原国家旅游局在质量规范与管理司设立“质量标准处”，负责全国旅游行业的质量标准化工作。2001年初，又成立了全国旅游质量认证管理委员会，初步建立了旅游标准制定与实施的领导机构。2003年3月，经国家质量技术监督局批准，原国家旅游局颁布施行《旅游标准化工作管理暂行办法》，对全面提高旅游服务质量和管理水平，实现旅游业科学管理，起到积极的促进作用。

我国旅游业近年来飞速发展，有力地带动了第三产业的发展，旅游标准化对推动服务标准化产生了积极影响。在《关于推进服务标准化工作的意见》的文件号召下，我国旅游业标准化工作开展得较早，除了全国旅游标准化技术委员会（SAC/TC210）外，国家标准化管理委员会（SAC）还成立了其他与旅游相关标准化组织。2010年原国家旅游局全面部署旅游标准化试点工作，景区、旅行社、酒店、旅游公司等旅游相关企业都积极投入到旅游标准的试点示范工作中，为旅游产业结构升级做出了积极的努力。户外体育旅游被大多数景区归为生态旅游的范围，是旅游业的新业态，由于涉及运动安全专业组织，标准的制定相对较为滞后。

国际上，全球旅游标准机构主要有国际标准化组织于2005年成立的“旅游及其相关服务”技术委员会ISO/TC228，秘书处设在西班牙标准化和认证协会（简称AENOR）和突尼斯国家标准化和工业产权研究所（简称INNORPI），截至2010年12月，共有正式会员53个，观察员18个。我国于2001年4月加入国际标准化组织。ISO/TC228下设8个工作组，分别是潜水服务、保健旅游服务、旅游信息中心信息提供和接待服务、高尔夫球服务、海滩和自然保护区域探险旅游服务、游艇俱乐部和码头旅游服务。截至2010年12月，已发布了9项国际标准（其中饭店术语标准和6项潜水服务系列标准被国际标准采用），已制定、待发布的标准有9项。从ISO/TC228工作组的名称以及颁布的标准来看，世界旅游标准中户外体育旅游占的比重相当大。

第三节　户外体育旅游标准化

一、户外体育旅游业

从体育产业分类出发，体育产业包括三个本体产业：健身休闲业、赛事表演业、运动技术培训业。体育旅游从属于健身休闲业，是体育产业的一个重要组成部分，它是体育与旅游融合发展的一个新兴复合产业，有时被称为“特种旅游”。体育旅游又分为两大类：一类称为体育赛事旅游，是指以赛事观光带动的游览观光性旅游，另一类称为户外体育旅游，是一种野外自然景观与户外运动项目有机结合的运动参与性旅游，如徒步、登山、漂流、滑雪、潜水等。

从旅游业分类出发，旅游分为观光益智旅游、休闲娱乐度假旅游、商务会展节事旅游、专项（主题）旅游和特殊兴趣旅游，体育旅游属于休闲娱乐度假旅游。

二、户外体育旅游标准及标准化

户外体育旅游标准是“对户外体育旅游业经营活动中重复性事物和概念所做的统一规定。它以科学、技术和实践经验的综合成果为基础，经有关方面协商一致，由主管机构批准，以特定形式发布，作为共同遵守的准则和依据。”

户外体育旅游标准试题与标准与旅游标准的交集部分，属于服务性标准，可以由企业、行业、地方或国家制定与实施，相应称为企业标准、行业标准、地方标准与国家标准。

中国国家标准化管理委员会（中华人民共和国国家标准化管理局）（SAC）服务业标准部是服务性标准制定指导与颁发的国家管理机关，对涉及区域经济发展战略和保护国家及消费者安全、卫生、健康与环保的一些领域制定强制性或推荐性国家标准，或者积极推动一些标准化工作取得卓有成效的企业标准逐步上升为地方标准、行业标准、国家标准、区域标准和国际标准。

户外体育旅游标准化是一项有组织的活动过程，包括四个阶段：制定标准（P）、组织实施标准（D）和对标准的实施进行监督或检查（C），并作相应的处理（A），标准化基本过程就是 PDCA 循环。

三、体育旅游标准化的必要性

（一）户外体育旅游标准化是提高体育旅游管理水平的途径

2011 年 3 月，中央发布的《中华人民共和国国民经济与社会发展第十二个五年规划纲要》将旅游业与体育产业定为“十二五”时期需大力发展的生活性服务业的两个重要产业类别，体育旅游业对于两大产业各自的发展乃至我国生活性服务业的整体发展都具有重要的产业价值。

许多传统景区和山地资源丰富的新开发景区都开始开拓新的生态旅游线路，打造户外体育旅游基地，充分利用资源以及户外体育旅游风险防范和山地户外救援。同时，一些旅行社，或是户外俱乐部通过网上发帖形式组织户外体育旅游。

（二）户外体育旅游标准化是政府现代科学管理的手段

在政府职能转变的改革中，国务院取消了体育经营活动的前置审批，改为认证监管形式，仅对一些户外体育项目如攀岩、游泳、滑雪、潜水四个高风险项目实行前置和认证双重监管形式，因此户外体育旅游标准对政府部门加强体育市场监管功能有了更重要的意义，为我国体育政府现代管理标准化指明工作方向。

（三）户外体育旅游标准化是企业发展的内在驱动力

户外体育旅游标准的实施有外在的强逼机制也有内在的主观驱动，提升素质、增强自身竞争力、获得社会和经济效益，如体育休闲基地星级标准、户外俱乐部星级标准的应用，体育标准的研究应为我国体育企业、行业协会制定和实施标准提供方法。同时，许多企业把自己核心竞争的专利技术融入标准化中，随着企业标准化的推动升级，成为行业标准或地方标准，其专利技术也为企业带来丰厚的经济效益。

（四）户外体育旅游标准化是帮助消费者选择服务等级的重要方法

目前户外行业是一个门槛低、规模小、核心竞争力没有形成的自由竞争市场，随着体育消费的不断增加，消费者需要权威机构对产品与服务做出质量甄别及认证，体育旅游标准的研究应为我国体育消费者多层次需要提供服务。

第四节　我国出台的体育旅游标准

2003 年 5 月，我国服务标准化技术委员会（SAC/TC264）成立，2007 年联合六部委印发了《关于推进服务标准化工作的意见》，文件决定在全国范围内进一步推进服务标准化试点工作。

近年来出台了若干国家标准、行业标准和企业标准，并有一些体育用品生产企业正在进行相关标准的认证工作。对体育服务标准及标准化的推进工作，国家体育总局着力推进的是体育场所标准化，如《保龄球场馆星级的划分及评定》是国家颁布得较早的体育服务标准，截至 2011 年 12 月，我国一般体育类国家标准、行业标准 118 项，涵盖各类体育场所开放条件与技术要求、体育场所等级划分、体育场地使用要求及检验方法、中小学体育器材标准等。相对旅游行业我国体育标准化的推进工作较为缓慢。

建设体育旅游标准化，能够为市场竞争与群众选择提供有效的依据和标准。体育旅游的标准化建设应当考虑消费者、经营者、行业管理者等多个方面，通过比值系数的不同调整各个方面所占的比重，达到重点突出的目的。在标准制定时还应考虑涉及的标准在执行过程中的接受性、实际操作性和推广性方面的问题。

近年来，我国的体育旅游呈现快速发展的趋势，国家在政策上的大力支持，使得各地方政府对于体育旅游的发展投入了越来越多的精力。

在国家层面，体育与旅游相关管理部门正在研究制定相关标准，以引导和规范体育旅游持续健康发展。

在地方层面，上海市在发布的《上海体育旅游休闲基地标准》中指出，将体育旅游示范基地划分为三个等级，从低到高依次是三星级、四星级、五星级。并对资源类型、环境要求、安全要求、卫生要求、配套设施、服务要求、运营要求、等级划分、评定机构等方面进行了详细的阐述。在《上海市体育旅游休闲基地等级评定管理办法》中，还对体育旅游休闲基地等级评定、申请方式、监督等进行了详细的规定。

对体育旅游宏观的标准化规定是非常必要的，当然也不能缺少具体的单项体育旅游更加细致的标准化建设，这样更有利于各个体育旅游类型的发展。

在汽车露营方面，虽然国内发展的较晚，但是由于发展速度较快且国外有非常成熟的经验可以借鉴，所以我国已经制定了《汽车露营营地建设条件和要求》，以规范汽车露营地的建设，为汽车露营运动今后更好的发展起到基础保障作用。

在冰雪运动休闲旅游方面，我国在 2017 年 7 月，召开了全民健身冰雪运动安全标准化建设研究课题启动会议，明确了《滑雪场所安全运营管理规范》《雪杖》《冰刀鞋》《滑雪服》4 项国家标准的制定单位和完成时限，并围绕我国冰雪运动产业的标准化体系构建进行了安排部署，这将对我国的冰雪运动有非常重大的发展意义。

我国在其他体育旅游运动项目上关于标准化建设的相关政策、制度等相对较少，这也是我国今后的体育旅游发展的一个重要内容，制定相关的体育旅游标准化的政策法规，规范体育旅游市场，促进体育旅游市场的健康、可持续发展。

第七章 体育旅游的政策和法规

第一节 体育旅游的整体政策法规

近年来，随着人们健康意识的提升以及健康锻炼的需求，国家为了进一步促进全国居民身体健康指数，在 2009 年颁布了《全民健身条例》，为适应快速多变的社会环境，又在 2013 年和 2016 年对其进行了修订。2010 年发布《关于加快发展体育产业的指导意见》，2014 年发布《关于加快发展体育产业促进体育消费的若干意见》等都体现了国家对民众健康的关注，相关政策的出台也促进了体育产业的快速发展。

随着社会的快速发展和人们可随意支配收入的增加，体育旅游的发展也逐渐得到了重视，2016 年 5 月，原国家旅游局和国家体育总局专门签署了《关于推进体育旅游融合发展的合作协议》，提出了未来两个部门在体育旅游领域联动发展的构想。在此形势下，体育旅游发展的相关政策和法规相继出现，填补了我国在体育旅游相关政策法规方面的部分欠缺，由于发展时间相对较晚，我国在体育旅游方面还需要制定更多的政策法规，尽最大力度保证体育旅游的可持续发展。

如表 7-1 所示为我国近年发布的体育旅游行业整体政策文件。

表 7-1 2008—2018 年国家推动体育旅游发展的相关政策

序号	发布单位	发布时间	政策名称	涉及的相关内容
1	国务院办公厅	2018-03	《国务院办公厅关于促进全域旅游发展的指导意见》	推动旅游与科技、教育、文化、卫生、体育融合发展。大力发展冰雪运动、山地户外运动、水上运动、汽车摩托车运动、航空运动、健身气功养生等体育旅游，将城市大型商场、有条件景区、开发区闲置空间、体育场馆、运动休闲特色小镇、连片美丽乡村打造成体育旅游综合体

续表

序号	发布单位	发布时间	政策名称	涉及的相关内容
2	国务院	2017-01	《“健康中国2030”规划纲要》	进一步优化市场环境，培育多元主体，引导社会力量参与健身休闲设施建设运营。推动体育项目协会改革和体育场馆资源所有权、经营权分离改革，加快开放体育资源，创新健身休闲运动项目推广普及方式，进一步健全政府购买体育公共服务的体制机制，打造健身休闲综合服务体。鼓励发展多种形式的体育健身俱乐部，丰富业余体育赛事，积极培育冰雪、山地、水上、汽摩、航空、极限、马术等具有消费引领特征的时尚休闲运动项目，打造具有区域特色的健身休闲示范区、健身休闲产业带
3	国务院	2016-12	《国务院关于印发“十三五”旅游业发展规划的通知》	注重产品创新，扩大旅游新供给，加快发展自驾车旅居车旅游、大力发展海洋及滨水旅游、大力发展冰雪旅游、加快培育低空旅游
4	国务院办公厅	2016-11	《国务院办公厅关于进一步扩大旅游文化体育健康养老教育培训等领域消费的意见》	制定出台邮轮旅游发展总体规划，研究改进旅居车准驾管理制度。加快研究出台旅居车营地用地政策。制定并实施冰雪运动、山地户外运动、水上运动、航空运动等专项运动产业发展规划
5	国务院办公厅	2016-10	《国务院办公厅关于加快发展健身休闲产业的指导意见》	完善健身休闲服务体系：即普及日常健身，发展户外运动（冰雪运动、山地户外运动、水上运动、汽车摩托车运动、航空运动），发展特色运动（武术、舞龙、舞狮），促进产业互动融合，推动“互联网+健身休闲”
6	国务院	2016-06	《国务院关于印发全民健身计划（2016—2020年）的通知》	大力发展健身跑、健步走、骑行、登山、徒步、游泳、球类、广场舞等群众喜闻乐见的运动项目，积极培育帆船、击剑、赛车、马术、极限运动、航空等具有消费引领特征的时尚休闲运动项目，扶持推广武术、太极拳、健身气功等民族民俗民间传统和乡村农味农趣运动项目，鼓励开发适合不同人群、不同地域和不同行业特点的特色运动项目
7	国务院办公厅	2015-08	《国务院办公厅关于进一步促进旅游投资和消费的若干意见》	实施旅游投资促进计划，新辟旅游消费市场，加快自驾车房车营地建设。鼓励社会资本大力开发温泉、滑雪、滨海、海岛、山地、养生等休闲度假旅游产品
8	国务院	2014-10	《国务院关于加快体育产业促进体育消费的若干意见》	发展健身休闲项目。大力支持发展健身跑、健步走、自行车、水上运动、登山攀岩、射击射箭、马术、航空、极限运动等群众喜闻乐见和有发展空间的项目
9	国务院	2014-08	《国务院关于促进旅游业改革发展的若干意见》	拓展旅游发展空间，积极发展休闲度假旅游，建立旅居全挂车营地和露营地建设标准，完善旅居全挂车上路通行的政策措施，推出具有市场吸引力的铁路旅游产品。积极发展森林旅游、海洋旅游。继续支持邮轮游艇、索道缆车、游乐设施等旅游装备制造国产化，积极发展邮轮游艇旅游、低空飞行旅游
10	国务院	2013-10	《国务院关于促进健康服务业发展的若干意见》	发展全民体育健身。进一步开展全民健身运动，宣传、普及科学健身知识，提高人民群众体育健身意识，引导体育健身消费。加强基层多功能群众健身设施建设，到2020年，80%以上的市（地）、县（市、区）建有“全民健身活动中心”，70%以上的街道（乡镇）、社区（行政村）建有便捷、实用的体育健身设施

续表

序号	发布单位	发布时间	政策名称	涉及的相关内容
11	国务院办公厅	2013-02	《国务院办公厅关于印发国民旅游休闲纲要（2013—2020年）的通知》	加强国民旅游休闲产品开发与活动组织。鼓励开展城市周边乡村度假，积极发展自行车旅游、自驾车旅游、体育健身旅游、医疗养生旅游、温泉冰雪旅游、邮轮游艇旅游等旅游休闲产品，弘扬优秀传统文化
12	原国家旅游局	2012	《2012年度全国旅游监管工作要点》	制定度假型饭店、会议饭店、汽车旅馆、房车营地等行业标准
13	国务院	2012-12	《国务院关于印发服务业发展"十二五"规划的通知》	以体育健身休闲业、体育竞赛表演业为先导，带动体育用品、体育中介等行业的联动发展
14	国务院	2011-02	《国务院关于印发全民健身计划（2011—2015）的通知》（已废止）	促进全民健身与竞技体育协调发展，扩大竞技体育群众基础，丰富人民群众精神文化生活，形成健康文明的生活方式，提高全民族身体素质、健康水平和生活质量，促进人的全面发展
15	国务院办公厅	2010-03	《国务院办公厅关于加快发展体育产业的指导意见》	大力发展体育健身市场，努力开发体育竞赛和体育表演市场等
16	国务院	2009-12	《国务院关于加快发展旅游业的意见》	培养新的旅游消费热点，支持有条件的地区发展体育旅游
17	国务院	2009-09	《全民健身条例》	明确全民健身工作的目标、任务、措施、保障等内容
18	国务院	2008-04	《国务院2008年工作要点》	积极发展体育事业。加强城乡公共体育设施建设，广泛开展全民健身活动，不断提高竞技体育水平

如表 7-2 所示为地方层面发布的体育旅游政策文件。

表 7-2 部分地方推动体育旅游发展的相关政策

序号	发布省份	发布时间	政策名称	涉及的相关内容
1	北京市	2017-02	《北京市全民健身条例》	市、区人民政府及其有关部门应当利用公园、绿地、广场、河湖沿岸、城市道路等区域安排健身步道、登山步道、自行车道或者绿道等全民健身活动场地
2	北京市	2017-02	《北京市"十三五"时期体育发展规划》	体育融合发展取得新突破。群众体育、竞技体育、青少年体育、体育产业等领域协调发展，体育深度融入教育、医疗、文化、旅游、科技、金融等领域，京津冀和"一带一路"沿线体育交流活动广泛开展
3	天津市	2016-12	《天津市体育事业发展"十三五"规划》	到2020年，体育产业总规模达到400亿元，基本建成布局合理、功能完善、门类齐全的体育产业体系。体育产品更加丰富，市场机制不断完善，消费需求愈加旺盛，产业聚集效应初步显现，示范项目特色鲜明，体育产业增加值在全市生产总值中所占比重明显提高

续表

序号	发布省份	发布时间	政策名称	涉及的相关内容
4	天津市	2016–11	《天津市全民健身实施计划》	在各郊野公园配建健身步行、自行车骑行、轮滑等专用道，增建一批健身休闲、体育旅游、户外营地等设施。建成海河划艇运动基地、团泊湖及武清南湖体育休闲圈、七里海户外营地等多元化健身设施，建设一批海上、航空运动营地等休闲时尚设施
5	山东省	2017–12	《山东省全民健身条例》	县级以上人民政府应当按照有关规定，建设公共体育场、全民健身活动中心、体育公园、健身广场等设施，在城镇、农村社区实施体育健身工程。各级人民政府和有关部门应当利用公园、绿地、广场、河湖沿岸、城市道路等区域，建设健身步道、登山步道、自行车道或者绿道等全民健身活动场地
6	山东省	2017–08	《山东省人民政府办公厅关于贯彻国办发〔2016〕85号文件进一步扩大旅游文化体育健康养老教育培训等领域消费的实施意见》	支持低空飞行、旅游演艺、养生度假、生态休闲、康体健身、自驾房车等旅游新业态项目建设
7	四川省	2016–08	《四川省人民政府办公厅关于加快发展健身休闲产业的实施意见》	大力发展体育旅游，编制四川体育旅游发展规划，实施体育旅游精品示范工程。支持和引导有条件的旅游景区拓展体育旅游项目，鼓励旅行社结合健身休闲项目和体育赛事活动设计开发旅游产品和路线
8	四川省	2015–11	《四川省人民政府关于加快发展体育产业促进体育消费的实施意见》	大力开展户外运动，制定公路、山地、森林、水上、冰雪运动规划，大力发展汽车自驾、公路自行车、山地自行车、登山、攀岩、徒步穿越、露营、漂流、滑水、垂钓、滑雪、滑冰、攀冰等富有特色的户外运动项目，扶持发展滑翔、跳伞、直升机等航空体育和低空旅游
9	云南省	2013–01	《云南省人民政府关于加快发展体育产业的实施意见》	加大力度开发高尔夫、网球、登山、攀岩、漂流、探险、定向运动、汽车、自行车、水上运动等各具特色体育旅游项目。充分发挥我省户外运动资源优势，积极稳妥开展户外运动、极限运动等项目经营活动，不断提升体育旅游产品文化内涵，积极开展体育特色旅游、全民健身旅游、赛事专线旅游、民族民间体育旅游等服务
10	云南省	2013–01	《云南体育产业发展规划（2006—2020年）》	怒江、金沙江、澜沧江三江并流等雄、险、奇、秀的立体自然地貌景观，极具开发体育休闲、体育旅游、探险旅游的资源禀赋，尤其适合开展登山、高尔夫球、游泳、自行车、定向运动、民族马术竞技、体育训练、探险、漂流、汽车拉力、高山滑雪等项目

续表

序号	发布省份	发布时间	政策名称	涉及的相关内容
11	重庆市	2016-12	《重庆市体育发展“十三五”规划》	打造5个以上在国内有较大影响力的群体经典赛事，实现体育赛事与旅游、文化、休闲娱乐等领域的融合式发展，持续扩大全民健身社会影响力。立足区域特色，普及武术、龙舟、舞龙等传统体育项目，扶持板鞋竞速、独竹飘、射弩等少数民族传统体育项目，力争赛事活动“区区有品牌、县县有特色”
12	浙江省	2016-07	《浙江省体育发展“十三五”规划》	扶持发展体育影视、体育传媒、体育动漫、电子竞技等新兴体育服务产业，促进体育与旅游、文化、科技、会展、健康、传媒等领域的深度融合。大力培育体育中介服务业，鼓励发展体育中介组织，大力开展体育经纪、体育技术、信息咨询、体育保险等中介服务

第二节　专项体育旅游政策法规

一、冰雪运动休闲旅游

如表 7-3 所示为我国国家和地方发布的冰雪运动休闲旅游领域的政策法规。

表 7-3　冰雪运动休闲旅游相关的政策法规

序号	发布单位	发布时间	政策名称	涉及的相关内容
1	国务院	2017-01	《“健康中国2030”规划纲要》	要积极培育冰雪项目等具有消费引领特征的时尚休闲运动项目
2	承德市	2016-12	《承德冰雪运动旅游及休闲体育产业规划》	到2025年，预计承德冰雪产业年总值达到100亿元，冬季旅游客量将达到600万人次，年收入超过70亿元，能缓解直接就业岗位2.5万个，间接就业岗位4.5万个
3	国家体育总局	2016-11	《冰雪运动产业发展规划（2016—2025）》	到2025年，实现冰雪运动基础更加坚实，普及程度大幅提升，直接参加冰雪运动的人数超过5000万，并“带动3亿人参与冰雪运动”；冰雪运动竞技水平和国际竞争力全面提升，力争在2022年冬奥会上综合实力跻身世界先进行列；产业体系较为完备，2020年冰雪产业总规模达到6000亿元，2025年冰雪产业总规模达到1万亿元的目标

续表

序号	发布单位	发布时间	政策名称	涉及的相关内容
4	国家体育总局	2016—11	《全国冰雪场地设施建设规划（2016–2022）》	到2022年，全国滑冰馆数量不少于650座，其中新建不少于500座；滑雪场数量达到800座、雪道面积达到10000万平方米、雪道长度达到3500千米，其中新建滑雪场不少于240座、雪道面积不少于7000万平方米、雪道长度不少于2500千米
5	北京市人民政府	2016–03	《北京市人民政府关于加快冰雪运动发展的意见（2016—2022年）》	到2022年，本市参与冰雪运动人口达到800万，冬奥会、观赛礼仪和冰雪运动知识进校园覆盖率达到100%。全市冰雪体育产业收入规模达到400亿元左右，实现增加值80亿元左右
6	中国滑雪协会	2005–12	《中国滑雪场所管理规范（试行）》	规范中对于滑雪场所的开发建设、滑雪场所的运营、滑雪场所的安全管理以及滑雪场所的检查进行了明确的规定

为了进一步推动我国的冰雪运动休闲旅游的发展，2017 年 7 月 22 日，在河北省石家庄市召开我国全民健身冰雪运动安全标准化建设研究课题启动会议。会议明确了《滑雪场所安全运营管理规范》《雪杖》《冰刀鞋》《滑雪服》4 项国家标准的制定单位和完成时限，并围绕我国冰雪运动产业的标准化体系构建进行了安排部署。国家标准化管理委员会有关领导指出，冰雪运动安全标准化建设研究课题的启动，对推动我国冰雪运动健康规范发展的意义重大。

二、水上运动休闲旅游

如表 7–4 所示为我国国家和地方发布的水上运动休闲旅游领域的政策法规。

表 7–4　水上运动休闲旅游相关的政策法规

序号	发布单位	发布时间	政策名称	涉及的相关内容
1	国家体育总局	2016–11	《水上运动产业发展规划》	到2020年，水上运动产业总规模达到3000亿元。水上运动俱乐部达到1000个，全国水上（海上）国民休闲运动中心达到10个
2	浙江省	2013–05	《浙江省海洋体育发展规划（2011—2020年）》	滨海运动休闲及相关产业的增加值超全省GDP的增长幅度，滨海运动休闲及相关产业的就业人数有大幅度提高。建成一批高、中、低配置合理的沿海运动休闲基地，力争建成3~5个高质量的滨海休闲综合体，建设2~3个国际钓鱼基地，建设1~2个国际海岛野外生存户外拓展挑战赛基地，建设8~10个游艇、帆板（帆板）俱乐部；打造若干游艇、帆船、帆板和龙舟生产线，形成独具优势和特色的外向型海洋运动休闲产业结构模块和功能体系，培育1~2个知名海洋体育品牌产品

目前，国内关于水上运动休闲旅游的相关规定较少，但是随着供给侧结构性改革不

断深入，随着国家“一带一路”建设及“海洋强国”战略不断推进和“全民健身”“健康中国”国家战略的逐步实施，我国的水上运动将迎来前所未有的发展之势。

（三）山地运动休闲旅游

如表 7–5 所示为我国国家和地方发布的山地运动休闲旅游领域的政策法规。

表 7–5　水上运动休闲旅游相关的政策法规

序号	发布单位	发布时间	政策名称	涉及的相关内容
1	国家体育总局	2016–11	《山地户外运动产业发展规划》	加快场地设施建设，丰富赛事活动供给，培养多元市场主体，全面提升产业能级，积极引导大众消费，健全安全救援体系
2	四川省体育局	2015–12	《四川省登山管理办法》	县级以上地方人民政府应当推进体育与旅游、文化相融合，将登山活动与促进全民健身等体育运动相结合，推动全省登山等体育健身消费及体育产业发展
3	中国登山协会	2013–03	《国家登山健身步道标准》	此标准对国家登山健身步道（以下简称登山步道）系统的新建、扩建、改建的规划设计与施工维护、管理等方面有指导性的意义
4	登山运动管理中心	2005–07	《国内登山管理办法》	对登山活动的申请和批准以及处罚等做了明确的规定
5	登山运动管理中心	2005–07	《攀岩攀冰运动管理办法》	此办法对攀岩、攀冰工作人员、竞赛活动以及处罚进行了明确的规定，以保证攀岩、攀冰运动的规范有序的管理与发展

（四）自行车汽车摩托车运动休闲旅游

汽车摩托车运动在我国开展得相对较少，因为汽车摩托车在我国主要是作为交通工具使用，现行相关的法规政策较少。2012 年 2 月份中国摩托车协会颁布了《全国摩托车运动管理规定》，该规定为加强对我国摩托车运动的管理保障和推动摩托车运动健康有序发展，对举办摩托车赛事的企业应具备的条件以及一些相关赞助等事项进行了明确的公示。

自行车运动在我国有庞大的群众基础，有着良好的发展趋势。为了更好地发展我国的自行车运动，国家体育总局于 2018 年 1 月发布了《自行车运动产业发展规划》，规划中指出，建立完善投资主体多元化、融资方式多样化、运作方式市场化的新机制，基本形成组织机构完善、赛事管理制度健全、赛事活动规范成熟、自行车健身场所供应充足、自行车设备器材不断升级、群众基础坚实的自行车运动产业新局面。到 2020 年，自行车运动产业总规模力争达到 1500 亿元，各级各类自行车赛事活动达到 5000 场。

（五）路跑运动休闲旅游

随着路跑运动在我国盛行，马拉松运动及相关的体育运动项目得到了发展。国内的马拉松运动赛事也逐年增多，为了规范赛事的发展，中国马拉松于 2016 年 8 月发布了《中国境内马拉松及相关运动赛事管理办法》，该办法对马拉松及相关赛事进行了明确的规定，并对赛事认证、组织、管理等进行了详细的界定，以便马拉松赛事的运营与发展。随着马拉松市场不断增大，2018 年 1 月中旬，国家体育总局发布了《马拉松运动产业发展规划》，规划中指出我国的马拉松运动到 2020 年的发展目标是：马拉松运动产业规模将达到 1200 亿元。出现具有相当实力和影响力的十大品牌赛事运营公司和 10 家品牌马拉松运动产业技术服务装备商。全国马拉松赛事场次（800 人以上规模）达到 1900 场，中国田径协会认证赛事达到 350 场，各类路跑赛事参赛人数超过 1000 万人次。各级各类赛事内容丰富，层级清晰，升降有序，在赛事组织、选手服务、安全保障、环境保护、信息发布、赛事补给等方面形成较为完备的标准规范。

（六）低空飞行运动休闲旅游

如表 7–6 所示为我国国家和地方发布的低空飞行运动休闲旅游领域的政策法规。

表 7–6　低空飞行运动休闲旅游相关的政策法规

序号	发布单位	发布时间	政策名称	涉及的相关内容
1	国家体育总局	2016–11	《航空运动产业发展规划》	到2020年，初步构建布局合理、功能完善、门类齐全的航空运动产业体系，基本形成安全规范、管理有效、广泛参与、军民融合的航空运动产业发展格局；整体产业经济规模达到2000亿元，建立航空飞行营地2000个、各类航空运动俱乐部1000家，参与航空运动消费人群达到2000万人
2	中国航空运动协会	2016–06	《热气球运动管理办法》	对飞行人员驾驶执照、培训、竞赛、表演、俱乐部、飞行事故等进行了具体的要求，对于奖励与惩罚也进行了详细的阐述。让热气球运动更加安全贴近民众，为将来的良好发展做好铺垫
3	中国航空运动协会	2015–02	《全国滑翔伞教练员管理办法》	对教练员的等级、注册与晋级、职责和需要具备的条件进行了明确的划分
4	中国航空运动协会	2015–03	《滑翔伞运动管理办法》	分等级的对飞行人员需要具备的条件、滑翔伞俱乐部的成立条件、安全管理、装备器材管理等进行说明
5	中国航空运动协会	2014–12	《动力伞运动管理办法》	阐述飞行人员的等级划分条件、动力伞飞行条件、气象条件、装备器材管理、安全规定等
6	中国航空运动协会	2014–12	《动力悬挂滑翔运动管理办法》	分等级的对飞行人员需要具备的条件、器材管理、动力悬挂滑翔运动俱乐部的申办条件与职责义务等进行说明
7	中国航空运动协会	2014–12	《中国航空运动协会飞行基地命名办法》	阐述申请的条件、申请命名飞行基地的程序、飞行基地的权利与义务等

（七）汽车露营运动休闲旅游

如表7-7所示为我国国家和地方发布的汽车露营运动休闲旅游领域的政策法规。

表7-7　汽车露营运动休闲旅游相关的政策法规

序号	发布单位	发布时间	政策名称	涉及的相关内容
1	汽车摩托车运动管理中心	2017-07	《汽车自驾运动营地发展规划》	到2020年，基本形成布局合理、功能完善、门类齐全的汽车自驾运动营地体系。重点打造一批精品汽车自驾运动赛事活动，培育一批专业化程度高的汽车自驾运动俱乐部，推出一批主题鲜明的汽车自驾线路，壮大一批具有影响力的汽车自驾运动营地连锁品牌企业，建成1000家专业性强、基础设施完善的汽车自驾运动营地，初步形成“三圈三线”自驾线路和汽车自驾运动营地网络体系
2	中国汽车摩托车运动联合会	2016-12	《中国汽车自驾运动营地星级评定办法》	为适应我国汽车露营活动普及发展的需要，促进汽车自驾运动营地建设和管理水平提升，增强汽车自驾运动营地星级评定工作的规范性和科学性
3	原国家旅游局	2016-09	《关于加快推进2016年自驾车房车营地建设的通知》	加快自驾车房车营地建设，2016年建设500个营地
4	中国汽车流通协会	2016-03	《旅居车（房车）租赁服务规范》	旅居车（房车）租赁服务的基本要求，以及旅居车（房车）租赁服务场所、车辆、服务和服务质量管理的相关要求
5	原国家旅游局	2015-07	《自驾游管理服务规范》	对自驾游组织机构、管理服务系统、路线与服务、合同与文件、人员、工作车及设备设备、安全与应急等管理的基本要求
6	国家标准委	2015-06	《休闲露营地建设与服务规范》	对自驾车露营地、帐篷露营地、青少年营地的选址、规划、功能区的设置、服务质量、安全等进行了详细的规定
7	上海市	2013-11	《体育旅游休闲基地服务质量要求及等级划分》	体育旅游休闲基地应包括但不限于以下类型：（a）对公众开放的、具有旅游休闲功能的体育建筑与设施，如体育场馆、体育博物馆、体育公园、体育度假村、体育运动训练基地等；（b）对公众开放的、具有体育设施的旅游休闲场所，如旅游度假区、森林公园、郊野公园等；（c）对公众开放的体育赛事、民族民俗体育表演节目、体育旅游节庆/会展等

（八）民族特色运动休闲旅游

少数民族是中华民族的重要组成部分，少数民族地区因其特有的历史、文化、民风民俗等成为游客前往旅游参观的重要吸引点。同时，少数民族还有非常多的传统体育运动项目，这些运动项目非常具有民族特色。为了更好地发展、传承这些民族特色运动，国务院于 2017 年 1 月份发了《国务院关于印发“十三五”促进民族地区和人口较少民族发展规划的通知》，通知中强调要营造民族团结友爱的良好氛围。以发展民族风情旅游、民族特色产业为抓手，充分利用少数民族传统节庆活动、文艺演出、体育竞技、文化宣传栏、村规民约等多种形式，大力宣传党的民族政策、民族知识和民族法律法规，结合当地特点开展多种形式的民族团结进步创建活动，以促进不同地区不同民族的群众之间相互欣赏、相互借鉴、相互交流、和谐共处。

参考文献

［1］Van Dalen D B，Bennett B L. A world history of physical education：cultural，philosophical，comparative［J］. A World History of Physical Education Cultural Philosophical Comparative，1953，3（1）：72–74.

［2］Finley M I，Pleket H W. The Olympic games：the first thousand years［M］// The Olympic Games：the first thousand years. New York: Viking Press，1976.

［3］Kurtzman J，Zauhar J. Sport Tourism，by Joy Standeven and Paul DeKnop. Human Kinetics Europe，1999. No，of pages：356［J］. International Journal of Tourism Research，2002，4（4）.

［4］Vamplew W. Pay up and play the game［M］.Cambridge: Cambridge Vniveisity Press，1988.

［5］付业勤，郑向敏. 国外体育旅游的内涵与类型［J］. 湖南医科大学学报，2010（4）：211–212.

［6］柳伯力 . 中国西部体育旅游开发：理论探讨与对策研究［M］. 成都：电子科技大学出版社，2004.

［7］北京体育蓝皮书［M］. 北京：社会科学文献出版社，2005.

［8］http：//www.sport.gov.cn/n16/n1077/n1467/n3895927/n4119307/7153937. html.

［9］全国第六次体育体育场地普查数据公报［R］.

［10］体育旅游专调研报告［R］. 2011.

［11］史登登 . 户外运动相关概念辨析与界定［D］. 沈阳：沈阳体育学院，2013.

［12］董立 . 大学生户外运动［M］. 成都：西南交通大学出版社，2010.

［13］董范，刘华荣，国伟 . 户外运动组织与管理［M］. 北京：中国地质大学出版社，2009.

［14］柳伯力 . 体育旅游概论［M］. 北京：人民体育出版社，2013.

［15］孟令军 . 论冰雪文化资源的内在机理与开发［J］. 冰雪运动，2014.

［16］张丽梅 . 冰雪旅游策划［M］. 哈尔滨：哈尔滨工业大学出版社，2011.

［17］黄海燕，张林 . 体育旅游［M］. 北京：高等教育出版社，2016.

［18］孙承华，伍斌，魏庆华等 . 冰雪蓝皮书——中国滑雪产业发展报告［R］. 北京：社会科学文献出版社，2016.

［19］孙轲 . 中央拟建政策性森林保险［EB/OL］.（2008–11–21）. http：//www.

cs.com.cn/bxtd/02/200811/t20081121_1661145.htm.

［20］http：//www.sport.gov.cn/n14442/c773627/content.html.

［21］http：//www.sport.gov.cn/n14442/c773626/content.html.

［22］王玲．国内外冰雪旅游开发与研究述评［J］．生态经济，2010（3）：66-69.

［23］浙江省旅游局，浙江省体育局，浙江省运动休闲旅游范例［M］．北京：中国旅游出版社，2015.

［24］吴业锦．临沂市“水上运动”市场开发的研究［J］.Proceedings of 2015 5th International Conference on Education and Sports Education（ESE2015），2015.

［25］党挺．英国户外休闲产业发展经验及其启示［J］．体育文化导刊，2016（8）：147-151.

［26］江伟，曲进．一带一路背景下广东滨海体育旅游发展策略研究［J］．广州体育学院学报，2016.

［27］莫双瑗，卢俊佩，张丹．湖北省西部地区开展山地运动的分析与研究［J］．四川旅游学院学报，2016.

［28］http：//www.sport.gov.cn/.

［29］丁祥华．大陆户外运动产业状况［C］．第八届两岸运动产业研讨会，2017.

［30］肖峰．举办大型体育赛事对城市旅游的影响［J］．沈阳体育学院学报，2004（6）：70 — 71.

［31］宋翃．曼彻斯特不光有足球［N］．北京晨报，2012-08-05.

［32］李享等，旅游出行方式研究——消费行为视角［M］. 北京：旅游教育出版社，2011.

［33］王雷亭等．泰山区旅游发展研究规划［M］．济南：山东人民出版社，2014.

［34］汲羽丹，刘孟祥，辛莉等．汽车文化［M］．哈尔滨：哈尔滨工业大学出版社，2013.

［35］王新宝．全国汽车场地越野锦标赛营销策略研究［D］．北京：北京体育大学，2010.

［36］https：//www.021f1.com/view-f1xinwen-719.html.

［37］刘宏章．越野 e 族阿拉善梦想沙漠汽车航空文化主题乐园入围“国家体育旅游示范基地”［N］．内蒙古日报（汉），2017-07-10（002）.

［38］李昕，青少年课外知识全知道［M］，北京：中国华侨出版社，2015.

［39］机车网，http：//www.jiche.com/article/qixing—2583.html.

［40］缪圆圆，路跑运动热的社会学原因探析—基于符号互动理论［J］．体育成人教育学刊，2016.

［41］朱伟，“路跑”运动的城市体育文化探析［J］．福建体育科技，2015.

［42］2017 年度中国马拉松白皮书

［43］白莉莉，冯晓露．美国路跑赛事发展特征、问题及启示［J］．中国体育科技，2017.

［44］刘昌亚，朱卫东，郃崇禧，雍明．波士顿马拉松赛及其启示［J］．体育文化导刊，2017.

［45］王蕾芳，北京市航空体育运动俱乐部的运营现状及发展前景研究［D］．北京：首都体育学院，2014.

［46］秦海生，我国航空运动节研究［J］．体育文化导刊，2016.

［47］蔡若愚．许家崖航空运动小镇：一个特色小镇的绿色发展模式［N］．中国经济导报，2017.

［48］谭玉梅等，美国汽车露营发展研究［M］．成都：四川大学出版社，2015.

［49］Outdoor Industry Foundation. The Active Outdoor Recreation Economy.2006.

［50］李凤，孙枫等，中国自驾车房车营地空间分布特征及其驱动机制［J］．资源科学，2017.

［51］潘姿伊．阿勒泰地区特色体育旅游资源开发研究［D］．乌鲁木齐：新疆师范大学，2017.

［52］毛艳，田晓，徐祥．我国体育旅游发展研究［M］．咸阳：西北农林科技大学出版社，2016.

［53］宋金平，于萍，王永明等．世界旅游城市建设的理论与实践［M］．南京：东南大学出版社．2015.

［54］国家旅游局，关于大力发展体育旅游的指导意见，旅发［2016］172 号．

［55］张清华，宋年春．体育特色小镇构建背景下峡山区体育旅游 SWOT 分析与对策研究［J］．辽宁体育科技，2017.

［56］2017 年中国体育旅游行业发展趋势及市场前景预测．

［57］王晓易．体育健康特色小镇“特”在哪里？［N］．扬子晚报，2017-4-25.

［58］http：//blog.sina.com.cn/s/blog_465c85930102x55e.html.

［59］林峰．体育小镇激活体育产业新蓝海［J］．中国房地产，2017-4-15.

［60］蒋清，敬艳．全域旅游视域下体育特色小镇的开发［J］．开放导报，2017 年第 5 期．

［61］王小朋．国家体育产业基地发展情况介绍 PPT. 第八届两岸运动产业研讨会，2017.

［62］国家体育产业基地动态（微信公众号）．［巡礼］后奥运场馆可持续发展的成功之路—北京奥园国家体育产业示范基地，2017-05-26.

［63］卤阳湖现代产业开发区（微信公众号）．《渭南卤阳湖现代产业综合开发区航空产业发展规划（2018-2030）》获市政府批准实施，2018-03-15.

［64］根据鲍明晓，体育产业与旅游产业融合发展 PPT 整理修改．

［65］曹可强，席玉宝．体育产业经营管理［M］．北京：高等教育出版社，2017.

［66］体育之窗官网 .http：//www.irenaworld.com.

［67］永乐文化官网 .http：//www.yles.cn.

［68］邱承柏．面临休闲时代我国户外运动经营实体的 SWOT 分析——以湖北省为例［D］．中国地质大学（武汉），2012.

［69］www.bjcarving.com/indexs.html.

［70］www.golfjoyclub.com/index.php?s=/Index/index.

［71］www.sportsloop.cn/index.html.

［72］张军平．体育旅游理论与实践发展研究［M］．北京：九州出版社，2016.

后 记

本书旨在为学习、教授和研究体育旅游者提供实战性参考。本书从体育旅游发展背景出发，对体育旅游基本定义、体育旅游城市概念等基本概念和相关理论进行了深入浅出的阐释。分别就冰雪运动休闲旅游、水上运动休闲旅游、山地运动休闲旅游、自行车汽车摩托车运动休闲旅游、路跑运动休闲旅游、低空飞行运动休闲旅游、汽车露营运动休闲旅游、民族特色运动休闲旅游以及体育旅游特色小镇等进行了详细的分析，以大量翔实的案例对体育旅游的各个分项产品进行了介绍，并对体育旅游运营、标准化建设以及政策与法规等方面的知识进行了梳理，力求全方位多层次阐述体育旅游的发展。

作者以旅游从业及教学对体育旅游的思考和观点为出发点，针对我国当前的体育旅游现状进行概述。著书的过程，也是作者重新认识自我，认识体育旅游的过程：虽然体育旅游在我国的发展处于起步阶段，但是由于顺时代潮流而动，其发展速度之快、发展势头之猛，已经成为体育产业和旅游产业领域重要的增长点。本书若能为旅游从业者特别是体育旅游从业者开启更多关于体育旅游发展的思考，为我国的体育旅游发展贡献一点自己的力量，作者将不胜荣幸。

承蒙中国旅游出版社的重视，本书由北京联合大学旅游学院曾博伟和张晓宇担任主编，负责全书的设计、编写及统稿工作。参编人员包括北京联合大学旅游学院的学生张广义、刘双妍和刘双婧。尽管已经作了最大的努力，但受时间限制，文中难免有不尽如人意的地方，期望读者能够批评指正。

本书在编写过程中得到了国家体育总局经济司王小朋处长、赵颖副处长，文化和旅游部资源开发司魏立忠副处长等人的大力支持，以及杭州师范大学凌平教授、上海体育学院黄海燕教授等业界专家的倾力帮助，我们谨在此表示诚挚的感谢。

项目策划：段向民
责任编辑：李忠忠　武　洋
责任印制：谢　雨
封面设计：何　杰

图书在版编目（CIP）数据

体育旅游发展新论 / 曾博伟，张晓宇主编．-- 北京：中国旅游出版社，2018.12

普通高等教育体育旅游类“十三五”精品教材系列

ISBN 978-7-5032-6163-3

Ⅰ．①体…　Ⅱ．①曾…　②张…　Ⅲ．①体育－旅游业发展－研究－高等学校－教材　Ⅳ．①F592.3

中国版本图书馆 CIP 数据核字（2018）第 272942 号

书　　名：体育旅游发展新论

作　　者：曾博伟　张晓宇　主编
出版发行：中国旅游出版社
（北京建国门内大街甲9号　邮编：100005）
http://www.cttp.net.cn　E-mail:cttp@mct.gov.cn
营销中心电话：010-85166503
排　　版：北京旅教文化传播有限公司
经　　销：全国各地新华书店
印　　刷：北京明恒达印务有限公司
版　　次：2018年12月第1版　2018年12月第1次印刷
开　　本：787毫米×1092毫米　1/16
印　　张：11.5
字　　数：245千
定　　价：39.80元
I S B N　978-7-5032-6163-3